심리학이 행복의 길을 묻다

우리가 찾아가는 행복의 길

심리학이 행복의 길을 묻다
우리가 찾아가는 행복의 길

인 쇄 2023년 8월 14일
발 행 2023년 8월 21일

저 자 이종목
발행인 김광석
발행처 전남대학교출판문화원

등 록 1981. 5. 21. 제53호
주 소 61186 광주광역시 북구 용봉로 77
전 화 (062) 530-0571~2 마케팅 530-0573
팩 스 (062) 530-0579
홈페이지 http://www.cnup.co.kr
이메일 cnup0571@hanmail.net

값 15,000원

ISBN 978-89-6849-979-1 (03180)

인간이 행복(幸福)의 문제에 관심은 갖기 시작한 것은 매우 오래 되었지만, 세계인의 행복을 객관적으로 수량화하여 비교하기 시작한 것은 최근의 일로서 이제 꼭 10년이 되었다. 국제연합(UN)이 2012년에 매년 3월 20일을 "국제 행복의 날"로 제정하고, 자문기구인 지속발전가능해법네트워크(SDSN)에서 전 세계 150여 국가를 대상으로 세계 각국 국민들의 행복수준을 조사하여 "세계행복보고서(World Happiness Report)"를 발표하고 있다. 2023년도 보고서를 보면 핀란드, 덴마크, 아이슬란드, 네덜란드, 스웨덴, 노르웨이 등 북유럽 국가들이 최상위에 올라있고, 아시아에서는 싱가포르(25위), 대만(27위), 일본(47위), 한국(57위), 몽고(61위), 중국(64위), 베트남(65위) 등의 순이다. 한국은 매년 약간의 차이는 있지만 대체로 세계 행복 순위에서 평균 50위권에서 크게 변하지 않고 있다. 지난 7년 동안의 순위를 보면 2017년에 56위, 2018년에 57위, 2019년에 54위, 2020년에 61위, 2021년에 62위, 2022년에 59위였으며, 2023년에는 57위에 올라 있다. 특히 한국은 OECD 38개 국가 중에서는 35위로 꼴찌 수준이다.

우리는 이미 경제적으로 세계 10대 강국에 올라 있지만 행복수준이 이처럼 높지 못한 이유가 어디에 있는지를 밝혀 보려는 것이 책을 쓰게 된 계기다. 우리의 전통적인 삶의 가치관과 행동에서 행복에 영향을 미치는 긍정적 요인과 부정적 요인이 무엇인가를 집중적으로 살펴 볼 것이다. 행복이라는 주제는 철학, 정치학, 법학, 문학, 경제학, 경영학, 심리학 등 인문과학은 물론이고, 자연과학 분야에서도 자주 언급되는 주제다. 심리학 분야에서도 주장하는 학자에 따라 욕구 충족이론, 목표이론, 비교이론, 적응과 대처이론, 의미론 등 여러 이론들이 논의되고 있다.

욕구 충족이론은 인간은 전통적으로 욕망이 충족되는 상태에 도달하게 될 때 행복을 느낀다는 생각에서 출발한다. 인간은 식욕, 성욕, 재물욕, 권력욕, 명예욕 등과 같은 다양한 욕망이 충분히 충족되었다고 생각할 때 행복을 느낀다는 쾌락주의 입장과 맥을 같이 한다.

목표이론은 우리가 오랫동안 추구해 왔던 목표를 달성했을 때 행복을 느낀다는 이론이다. 욕구 충족이론의 발전된 형태로 보는데, 이는 욕구를 좀 더 구체적인 목표로 명료화했기 때문이다. 인간은 목표설정, 목표를 향한 도전, 그리고 목표한 것을 성취했을 때 행복을 느끼게 된다고 말한다.

비교이론은 인간의 정보처리 과정을 강조하는 인지이론에 해당한다. 인간은 자신의 상태를 어떤 기준과 비교하여 그 기준과 긍정적인 차이를 인식할 때 행복을 느낀다고 말한다. 가장 중요하게 사용하는 평가 기준으로 주로 다른 사람, 과거의 삶, 이상적인 자기 상, 지향하는 목표 등이 활용된다.

적응과 대처 이론은 아무리 긍정적인 환경과 행복 속에 있더라도 그런 상태가 오래 지속되면 다시 적응현상이 일어나서 행복감은 또 다시 낮아지기 때문에 환경에 대한 적응 문제와 적극적인 대처 개념이 다시 검토되어야 한다고 주장하는 이론이다.

프랭클(Victor Frankl)이 주장하는 의미론에서는 행복은 목표가 아니라 삶의 과정에서 의미 있는 가치를 깨닫고 거기에서 경험하고 느끼는 것이기 때문에 삶에서 아무리 힘든 순간이라도 자신을 구원할 수 있는 의미를 찾고 발견하는 것이 중요하다는 이론으로 칙센트미하이(Csikszentmihalyi)의 몰입(Flow) 개념과도 상통한다. 의미론은 실존적 심리치료 기법으로 의미치료(Logo theraphy)라는 개념으로 사용된다.

그러나 이 같은 딱딱하고 재미없는 이론적 탐색에서 벗어나 우리가 살아오면서 느끼고 경험했던 전통적인 복(행복)의 개념에서 행복에 긍정적 또는 부정적 영향을 미치는 요인들에 대해서 살펴보려 한다. 지금까지 행복을 다룬 책이 많이 있었지만 서양 이론에 치우치거나, 특정 분야에 제한된 책이 많았다. 예를 들면 생물학적 유전적 측면이나 경제적 물리적 측면에서 행복을 다룬 책들이 많다. 그러나 이 책은 행복에 영향을 미친다고 생각되는 생물학적 요인과 경제적 요인을 포함하여 심리적 의도적 행동 등을 모두 망라하여 논하였으며, 특히 우리의 사고와 행동에 영향을 미치는 우리 문화의 정신과 행동에 관해서도 살펴보려 노력했다.

우리는 오래 전부터 복(행복) 많이 받으라는 덕담을 주고받으면서 인사를 하는 전통문화가 있다. 복은 보통 수(壽), 부(富), 강녕(康寧), 유호덕(攸好德), 고종명(考終命) 등 오복을 말한다. 장수하는 것(壽), 재산이 넉넉한 것(富), 육신이 건강하고 마음이 편한 것(康寧), 덕을 좋아 하는 것(攸好德), 그리고 명대로 편히 살다가 죽는 것(考終命) 등 오복을 말한다.

이러한 오복을 좀 더 구체적으로 보면 남의 눈에 잘 보이는 "건강하고 부유하게 오래 사는 것"과 남의 눈에 잘 보이지 않는 "덕과 예의를 갖추고 마음 편히 사는 것"이다. 이러한 두 가지 삶의 목표는 지극히 평범하고 정상적인 우리들의 희망이다. 그래서 우리는 열심히 살아 온 덕에 남의 눈에 쉽게 보이는 첫 번째 목표인 "건강하고 부유하게 오래 사는 목표"는 이루어 냈다. 경제력과 장수 통계로 보면 이미 세계 10위권의 선진국 대열에 올라 있기 때문이다.

그러나 국민 행복의 수준은 실망스럽게도 세계에서 50위권인 중위권, OECD 국가 중에서는 사실상 꼴찌 수준에 있다. 두 번째 목표인 "덕과 예의를 갖추고 마음 편히 사는 목표"를 이루어 내지 못했기 때문일 것이다. 다시 말하면 물질적인 욕망은 바라는 만큼 이루어 냈으나 정신적 심리적으로는 성숙하지 못한 수준에서 벗어나지 못하고 있는 실정이다.

지금 우리는 겨우 행복의 사다리 중간 정도에 올라 있을 뿐이고, 아직도 더 올라야 할 두 번째 목표가 기다리고 있다. 그런데 우리는 부자가 되어 오래 사는 것이 행복의 전부인 양 부귀를 손에 쥐고 장수하는 것에 목숨을 바치고 열심히 살아 왔다. 그래서 우리는 어느새 부자가 되고 높은 자리에 올라 출세하여 오래 살게 되면 모든 복을 다 받을 것으로 착각하며 살아 왔다.

그러나 예의를 갖추고 심리적으로 마음 편히 살기 위해서는 그 동안 부귀영화에 모든 것을 바쳤던 것처럼 이곳에도 전심전력하는 노력을 쏟아야 한다. 그래야 진정한 행복 선진국의 대열에 올라 설 수 있기 때문이다. 이 책은 행복하게 살기 위해서 “예의를 갖추고 마음 편히 사는 것” 이외에 또 다른 의도적 행동이 있는지도 함께 살펴보고 그런 요인들을 알기 쉽게 설명해 보려고 노력했다. 이 책을 읽으면서 잃어버린 반쪽의 행복을 찾아내는 길이 열리기를 기대한다.

이 책을 처음부터 끝까지 세밀하게 읽고 좋은 책이 되도록 조언을 아끼지 않은 전남대학교 김선미(金善美) 박사에게 진심으로 감사의 뜻을 표하며, 독자의 입장에서 글의 흐름과 맞춤법 교정에 노력을 아끼지 않은 친구 김양일과 박종산, 그리고 원고의 모든 컴퓨터 작업을 도와준 교원대학교 이세연 교수에게도 감사를 표한다. 또한 이 책의 출판을 흔쾌히 허락해 주신 전남대학교출판문화원에도 깊은 감사를 표한다. 끝으로 오랜 세월 병마와 싸우다가 끝내 삶의 마지막 끈자락을 놓아버린(7월 26일) 진정 사랑했던 아내에게 이 책을 바친다.

2023년 7월

雪峰 이 종 목

차례

제1장

행복에 영향을 미치는 유전

제2장

행복에 영향을 미치는 환경

제3장

행복에 영향을 미치는 의도적 행동

들어가는 말

이 세상에 살고 있는 인간과 동식물을 포함한 생명체는 살아가려는 생존본능과 후손을 남기려는 생식본능, 즉 생명을 다할 때까지 살아가며 후손을 남기려는 두 가지의 원시본능에 충실하며 살아간다.

그런데 식물과 동물과 인간 모두 그런 욕망을 충족하려는 방법에서는 모두가 조금씩 다르다. 식물은 오직 이 두 가지 욕망을 충족하는 것에만 생명을 걸고 삶을 살아간다. 그런데 동물도 식물처럼 원시본능 프로그램에 모든 것을 걸지만 식물과는 조금 다른 삶을 산다. 동물들은 이런 본능에 충실하기 위해서 접근 또는 회피행동도 하면서 삶을 살아간다. 그리고 그런 결과로 얻는 만족과 불만족을 행동으로 표현한다. 강아지는 먹이를 주는 주인에게 꼬리를 흔들거나 어떤 행동을 통해서 만족을 표현하기도 하고, 그와 반대의 경우에 처하게 되면 불만을 표시하는 회피행동도 한다.

그런데 사람은 동식물처럼 먹고 사는 생존 문제와 자식을 낳아야 하는 생식의 문제에도 많은 노력을 하지만, 동식물과 다른 점은 또 다른 행복이라는 욕망을 충족하기 위해서 적극적으로 탐색하고 노력도 한다. 다시 말해 인간은 동식물처럼 생존본능과 생식본능 충족에 충실하지만,

사람은 이 두 가지 본능 이외에 행복이라는 제3의 고차적인 욕구까지 충족하려는 특징이 있다. 그러기 위해서 적극적인 의도적 활동을 활발하게 전개한다.

따라서 사람으로 태어나서 생존본능과 번식본능이라는 두 가지 원시본능만 충족하고, 행복하고자 하는 욕구 충족에는 게으르다면 동물적 생활을 넘어선 인간적 삶은 포기했다고 말할 수 있다. 생존과 생식이라는 동물적인 원시본능에만 집착하는 배부른 돼지로 사육되고 있을 뿐이다. 사람으로 태어났다면 배부른 돼지로만 만족하지 말고, 비록 배가 고픈 소크라테스가 되더라도 행복을 충족하려는 인간적인 삶을 살아야 한다.

앞으로 상세히 논하겠지만 배부르게 살면서 자식농사를 잘 지었다고 해도 그러한 삶이 곧 행복을 의미하지는 않는다. 생존과 생식본능의 충족은 또 다른 행복 충족을 위한 기본적인 조건을 마련한 것일 뿐이다. 계속해서 행복이라는 욕구를 충족하기 위해서는 또 다른 의도적 행동이 개입 되어야 한다. 축구에서 미드필더가 공을 공급해 주는 역할에 따라 경기 결과가 달라지는 것처럼 두 가지 원시본능으로 행복이라는 골인점까지 도달하기 위해서는 또 다른 조건, 즉 의도적 행동이 뒤따라야 한다. 이런 의도적 행동을 효율적으로 활용하는 방법을 알게 되면 행복의 길이 멀지 않겠지만, 이런 행동을 알지도 못하고 준비도 못하고 활용도 못하는 사람은 마치 배부른 돼지처럼 동물적 삶을 살아갈 뿐이다. 이러한 사람들은 모두 비록 배는 고프더라도 행복한 소크라테스를 그리며 살아야 한다. 마치 맛 좋은 커피 맛을 내기 위해 커피 맛에 집중하지 않고 커피 잔에만 신경을 쓰는 사람과 같다.

행복의 본질에 대해 연구하는 많은 이론가들 중에 캘리포니아대학의 류보머스키(Sonja Lyubomirsky)는 그 동안 행복에 대해 논의한 연구결과를 종합하여 행복에 관여하는 요인들을 유전요인, 환경요인, 의도적 행동요인 등 세 가지로 요약했다. 이 중에서 행복에 가장 크게 영향을 미치는 요인으로 유전을 들고 있는데, 이 요인은 전체 행복의 절반인 50% 정도까지 영향을 미친다고 한다. 이러한 유전요인은 크게 생물학적 요인과 문화적 요인으로 나누어서 설명하기도 한다. 그리고 흔히 행복에 결정적인 영향을 미친다고 믿어왔던 물리적 환경요인은 실제로는 겨우 10%만 영향을 미친다. 마지막으로 유전요인에 못지않게 행복의 40%를 좌우하는 개인의 의도적 행동이라는 요인이 있는데, 이러한 의도적 행동의 효율성에 따라 행복의 방향이 크게 달라진다. 유전을 자동차의 모델을 결정하는 설계도라고 하고, 환경을 자동차의 내부를 장식하는 인테리어라고 한다면, 의도적 활동은 자동차를 실제로 움직이게 하는 핸들과도 같다.

이런 그의 이론적 모델을 기준으로 보면 행복의 절반인 50%는 유전요인에 의해서 영향을 받고, 환경요인은 기껏해야 10% 정도만 영향을 미친다. 그리고 각 개인의 의도적인 행동이 40% 정도 영향을 미치는 것으로 해석할 수 있다. 그러나 개인들의 의도적인 행동이 행복에 40% 정도의 제한적인 영향을 주는 것으로 보이지만, 보다 깊히 분석해 보면 유전요인과 환경요인도 개인의 의도적 행동에 따라 상당부분 좌우될 수 있기 때문에 그러한 효과까지 감안한다면 실제로는 개인의 의도적 행동에 따라서 전체 행복의 70～80% 정도는 영향을 미친다고 단언할 수 있다.

이 책도 유전 50%, 환경 10%, 의도적 행동 40%라는 그의 주장에 근거하여 딱딱한 이론에서 벗어나 우리 주변의 관련 이야기를 심리학자의 눈으로 알기 쉽게 풀어서 설명해 보려고 한다. 이 책을 읽으면서 독자들이 자기 자신의 행복을 손에 넣는데 실제적인 도움이 되는 행복의 길라잡이가 되기를 기대한다.

제1장

행복에 영향을 미치는 유전

한 공간에 성인 100명을 모아 놓고 마술지팡이를 휘둘러서 그들의 학력, 연령, 성차와 경제력, 사회적 지위 등 물리적 환경요인과 의도적 행동 요인을 모두 동일하게 통제하고 유전요인만을 다르게 작동하도록 마술을 건다고 가정하자.

그렇게 할 수만 있다면 유전 요인만으로 그의 행복 수준의 50%까지 설명해 낼 수 있다고 한다. 끊으려고 해도 끊을 수 없는 핏줄, 정말로 피는 물보다 진하다는 의미를 충분히 이해할만 하다. 유전이라는 개념은 생물학적 개념으로 이해하지만, 개념의 범위를 조금 더 넓게 생각하면 사회 문화적으로 개인의 사고와 행동에도 영향을 미치는 집단적 전통 신념이나 가치관과 같은 문화유전자도 있다. 이러한 개인의 사고와 행동에 결정적 영향을 끼치는 집단의 전통적 습관과 문화적 가치의 개념을 밈(meme)이라고 한다.

생물학적 유전자와 문화적 유전자를 함께 고려하면 이들 요인이 우리 행복의 절반인 50%까지 영향을 준다고 한다. 생물학적 유전요인으로 가장 중요하게 생각할 수 있는 것은 성과 관련된 요인들이다. 그리고 우리의 행동을 유전적으로 통제한다고 생각되는 지능, 성격, 스트레스에 대처하는 요인들이 있다. 여기에 우리의 사고 형태와 행동에 크게 영향을 주는 전통적인 감정 해소 방법과 정신적인 전통 가치관에 대해서도 이야기 하려고 한다.

유전자는 행복의 궤도만을 따라서 달린다

1930~1940년대에 학계는 사람의 행동과 행복은 유전과 환경 중에서 어떤 요인이 더 큰 영향을 미치는가 하는 문제로 갑론을박하고 있었다. 그래서 켈로그(Winthrop Kellogg)라는 미국의 심리학자가 1931년에 이에 관련된 흥미 있는 연구를 발표하여 학계를 깜짝 놀라게 하였다. 그는 아내를 설득하여 10개월의 노널드(Nonald)라는 아들과 생후 7개월 된 침팬지 구아(Gua)를 똑같은 환경에서 똑같은 방법으로 9개월 동안을 키워가면서 그들의 행동변화를 관찰하고 기록하여 그 결과를 "유인원과 어린이"라는 책으로 출판했다. 관찰 결과는 예상과 달리 대부분의 행동 영역에서 침팬지 구아가 인간 노널드에 비해서 훨씬 더 빨리 배웠다.

대소변을 가리고, 부모님들과 소통하는 문제, 부모에게 보인 애착과 애교 등 모든 영역에서 원숭이가 훨씬 빨랐다. 반면에 노널드는 같은 또래의 아이가 50개 정도의 언어를 구사할 때 겨우 3~4개 언어만 구사할 수 있었다. 이처럼 많은 영역에서 침팬지 구아가 사람의 행동을 잘 따라서 배웠지만, 노널드는 오히려 침팬지 행동을 배우려 했다. 똑 같은 환경에서 인간과 함께 자라게 했지만 침팬지의 학습속도가 훨씬 더 빨랐을 뿐 아니라 인간 노널드는 오히려 침팬지의 행동을 배우려 했던 것이다. 켈로는 더 이상 실험을 진행할 수 없는 위기를 느끼고 실험을 중단하게 되었다. 모든 실험이 끝난 후부터 노널드는 정상적인 성장과정을 밟으면서 하버드대학 의과대에 입학하여 정신과 의사가 된다. 이와 같은 실험 결과에서 우리들은 종이 다른 개체는 각기 자기 유전자 프로그램에 따라서 잠재하고 있던 행동들이 일정한 속도와 방향으로 나타난다는 사실을 알 수 있었다.

이번에는 사람의 유전자가 얼마만큼의 잠재력이 있는지를 검증하기 위하여 가계연구(家系研究)를 단행했다. 미국에서 사회적인 위치가 높은 청년이 세계 제2차 대전에 참전하면서 독일의 한 부대에 배치되었다. 독일에서 근무하는 동안 그는 유흥가를 드나들다가 어느 술집 작부와 살림을 하면서 몇 명의 자식을 낳았고, 전쟁이 끝난 후 술집 작부와의 살림을 끝내고 미국으로 돌아갔다. 그는 바로 미국에서 사회계층이 비교적 높은 집안의 처녀와 정식으로 결혼하고 자녀도 낳았다. 그런 일이 있은 수 십년이 흐른 후에 양쪽 자손에 대한 가계연구(家系研究)가 진행되었다. 연구 결과는 그 당시 사회에 엄청난 파장을 일으켰다. 독일 태생의 후손들의 학력은 대부분 중졸 정도였고, 교도소 출입이 잦은 범죄자들이 많았지만, 미국의 후손은 대부분 대학을 졸업한 후 교수, 정치가, 목회자 등 사회지도층으로 성장했다.

국내에도 이와 관련된 연구결과가 있다. 한국경제학회가 발행한 경제학연구(2023, 2호)에 의하면 대학등급과 생애임금과는 높은 상관이 있음이 확인되었다. 국내 143개 대학(의과대학 제외)의 수능점수를 기준으로 5개 등급으로 나누어 1998년부터 2000년까지 출신대학에 따른 생애임금의 차이를 추적하여 분석했다. 분석 결과 가장 높은 상위 5등급 대학의 졸업자들은 하위 1등급 대학 졸업자에 비해서 취업 초기에 24.6%의 임금 격차를 보였으며, 40~44세에는 차이가 50.5%까지 벌어지다가 45~49세부터 격차가 줄어들고 50세 이후에 10% 미만으로 줄어들었다. 상위 등급 졸업자들이 대기업에 더 많이 취업하는 결과라고 판단되지만 이 연구에서 주목할 또 다른 점은 상위 등급 졸업자들의 부모 역시 고학력자인 비율이 높아서 대학 입학 전부터 인적자본을 쌓을 수 있는 유리한 점이 있다는 사실이다.

그렇다면 정말 부모의 사회적 성공이 자녀들에게도 그대로 이어지는가 하는 의문이 생기게 된다. 부모의 권력이 자녀의 사회진출에 어떠한 영향도 주지 못하는 북유럽의 안정된 국가에서 이루어진 연구에 의하면 우리가 기대하는 것처럼 부모의 사회적 지위에 따라 자녀의 사회적 지위가 비슷하게 결정되는 상관계수가 0.80이나 된다는 사실을 확인했다. 부모의 지위를 보고 자녀의 지위를 64% 정도 예측할 수 있다는 설명이다.

이상의 연구를 통해 "콩 심은데 콩 나고 팥 심은데 팥 난다"는 우리의 옛말을 새겨 볼 필요가 있음을 암시하고 있다. 우리의 행동은 오랜 세월동안 진화를 거치면서 중요 행동과 행복에 관련된 세부적인 프로그램을 유전자를 통해서 전하고 있다. 그래서 태어날 때 각자의 고유 행복 설정값이 들어있는 자동 프로그램 유전자를 가지고 태어나게 된다. 사람은 고정된 행복의 설정값을 가진 유전자를 가지고 태어난다는 것이 쌍둥이 연구에서 확실히 밝혀졌다. 일란성 쌍둥이는 유전자 공유율이 거의 100%에 이르기 때문에 이들에 관련된 연구가 많이 이루어지고 있다.

가장 유명한 연구는 서로가 다른 지역에서 살다가 30년이 지난 후에 우연히 만난 일란성 쌍둥이에 대한 사례다. 이들은 어린 시절에 잠시 함께 살다가 각자 태평양 연안과 대서양 연안으로 갈라져 살았다. 서로 만났을 때 두 사람의 키는 모두 182cm에 몸무게는 81kg으로 똑 같았다. 둘은 다 셀렘 담배를 피웠으며, 밀러 라이트 맥주를 즐겨 마시고, 손톱을 물어뜯는 습관도 같았다. 두 사람 모두가 "린다"라는 여자와 결혼했으며, 집안 곳곳에 아내에게 사랑의 메모를 남기기를 좋아했으며, 그들의 맏아들은 엘런(Alen)과 엘른(Allen)으로 한 글자 다른 이름을 사용했다. 이들은 같은 연한 파란색 자동차를 탔으며, 휴가 기간에 둘 다 플로리다의 해변에 차를 몰고 가기도 했다.

연구자는 두 사람들이 똑같이 행복하거나 불행할 것이라는 데 무엇을 걸더라도 내기를 할 것이라고 주장했다. 연구자는 유전이 행복과 불행을 결정할 것이라는 근거가 확실하다는 결론을 내리고 있다. 우리들은 특정한 수준의 행복 설정값을 가지고 태어난다고 주장할 수 있다. 핵심적인 문제는 새로운 인간관계나 갑작스러운 사건이 행복 수준을 끌어 올리거나 내릴 수 있지만, 시간이 흐르면 행복 수준도 이미 유전으로 정해진 원래의 행복값으로 되돌아가는 경향이 강하다.

호주에서 수행했던 한 연구가 있다. 1981년에서 1987년까지 7년간 성인을 추적 조사하면서 새로운 친구, 결혼, 아이들의 심각한 문제, 해직 등의 긍정과 부정적인 사건들을 조사했다. 짐작하겠지만 그러한 사건들은 행복과 만족 수준에 많은 영향을 주었다. 그러나 사건의 시간이 흐르면 원래의 설정값으로 다시 되돌아간다. 우리들은 어떠한 사건 때문에 일시적인 희열을 느끼거나 실망할 수 있지만 결국 자신의 설정값으로 돌아간다. 행복은 원래 설정값으로 되돌아가는 복원력이 상당히 강하기 때문에 사람은 어김없이 모두 이미 설정된 행복의 범위 안에 돌아가야 한다. 모처럼 찾아온 행복한 순간을 오래 간직하고 싶지만 자동 온도조절 기능이 있어서 설정된 상태로 되돌아가야 한다. 그러나 이런 복원력 덕분에 불행한 일을 당했을 때 그 불행에서 빠져나올 수 있는 긍정적인 역할도 하게 된다.

이 처럼 행복의 설정값이라는 의미를 표면적으로 해석한다면 사람은 모두 유전적 프로그램 범위 안에서 행복이나 불행을 느껴야 하는 운명을 가지고 태어났다는 운명론을 주장할 수 있지만 다행스럽게도 그것은 사실이 아니다. 우리들의 삶과 관련된 행동들이 모두 유전자 혼자만 결정하는 것이 아니기 때문이다. 사실 유전자는 삶의 과정에서 경험하게 되는 많은 환경과 자신의 의도에 따라서 상당한 영향을 받는다. 유전적 설정값을 가지고 태어났다고 하더라도 그 유전자가 완전히 작동하기 위해서 많은 조건이 맞아야 한다. 씨앗이 자라려면 씨앗이 발아하는데 꼭 필요한 토양과 햇볕과 기후 등과 같은 조건들이 맞아야 하는 이치와 같다. 유전자가 작동하는데 필요한 환경과 의도적 행동에 관해서는 제2장과 제3장에서 상세히 논하겠다.

유전자는 철저한 이기주의자다

먹고 싶은 음식을 마음껏 맛있게 먹고 배가 부르면 정말 행복함을 느낀다. 마찬가지로 아름다운 사람과 흠뻑 사랑을 나누고 나면 한없는 행복감에 취하게 된다. 이 같이 맛있는 음식을 맛나게 먹거나, 나를 꼭 닮은 후손을 남기려는 행동은 모두 유전자의 생물학적인 비밀 지령인데, 이런 지령에 따라서 임무를 완수할 때 행복이라는 부가적인 인센티브가 주어진다. 따라서 우리가 경험하는 행복은 삶의 목적이 아니라 생식본능이나 생존본능을 수행하기 위한 과정에서 얻어지는 부수적인 수단에 불과한 것이다. 이처럼 인간 행동을 생물학적 유전자 개념으로 설명하려는 사람 중에 도킨스(Richard Dawkins)라는 학자가 있다. 그는 1976년에 35세로 "이기적 유전자(The selfish gene)"라는 책을 출판하여 학계를 놀라게 했다.

인간의 팔꿈치는 필요하면 팔을 펴서 옆 사람 입에 먹을 것을 넣어 먹여 줄 수도 있지만 기본적으로 팔꿈치는 내 입에 넣는데 사용한다. 유전적으로 언제나 내 입안에 넣는데 쓰는 것으로 설계되어서 옆 사람 입에 넣어 주는 생각은 별로 하지 않는 이기적인 동물로 진화해 왔다.

남에게 주어 기분 좋은 것보다 언제나 받아먹어야 기분이 좋다. 도킨스의 이기적 유전자 이론에 따르면 유전자는 자신을 보존하고 유지하기 위해서 만들어진 기계이기 때문에 비정하면서도 이기적으로 이용되는 단순한 기계라고 본다.

이런 유전자의 목적을 충실하게 수행하기 위해서 원래의 목적도 이기적이지만 간혹 보이는 이타행동까지도 자신과 비슷한 유전자를 남기려는 행동의 일부분일 뿐이라고 한다. 그는 모성애든지 부성애도 자신에게 투자하는 것보다 나보다 더 오래 살 수 있는 자식에게 더 많은 투자를 하는 것이 종족번식과 보존을 위해서 현명하다고 각인되어 있는 유전자 명령이라고 본다. 그러므로 자식이나 손주가 나를 닮을수록 더 예뻐 보이고 더 애착이 가는 것도 이기적인 유전자의 명령이라는 것이다. 자식을 위해서는 목숨까지도 아끼지 않지만 자식은 부모에게 그렇게 하지 못한다. 우리의 "내리 사랑은 있어도 치사랑은 없다"는 속담이나 "한 아버지가 열 아들을 키워낼 수 있지만 열 아들은 한 아버지를 봉양하기 어렵다"는 독일의 속담도 이런 이기적 유전자의 뜻이 담긴 것으로 해석된다.

타인을 돕는 봉사활동이나 기부행위, 하늘도 모르게 하는 선행도 모두 자신의 자존감을 고양시키고 행복감을 주는 것이기 때문에 결국 이기적인 것이라고 본다. 따라서 행복은 별다른 것이 아니고 유전자의 명령에 잘 따르게 되면 그 행위 자체가 행복이 되는 것이라고 본다. 행복하기 위해 사는 것이 아니라 살아가는 것 자체에서 행복감을 느끼도록 설계되어 있다는 것이다.

사마귀 수놈은 교미를 하기 위해 암놈 위에 올라타는데, 교미하려는 순간에 암놈에게 걸리면 수놈은 머리에서부터 먹히게 된다. 그러나 머리가 먹혀도 교미행동은 무사히 완수할 수 있다. 어째서 수놈은 목숨을 걸면서까지 교미 행동을 완수하는 것일까? 이는 목숨을 바쳐서라도 번식이라는 이기적 유전자 명령에 따라야 하기 때문이다. 이러한 행동을 "집단 선택설"이라고 부른다. 자신이 희생되어도 개체군을 통해서 자기 유전자가 살아남도록 하는 본능적 프로그램이 작동하는 것이다.

집단선택 이론의 또 하나의 좋은 예는 꿀벌의 행동에서도 볼 수 있다. 꿀벌은 집단 본능에 의해 움직이는 사회적 동물로 알려져 있다. 꿀벌 세계는 크게 여왕벌과 일벌로 나눠진다. 정자를 보관할 주머니를 따로 갖고 있는 여왕벌이 수벌과의 교미를 통해서 수벌로부터 수억 마리의 정자를 받아 저장하고 있다가 난자가 생성하면 저장했던 정자의 일부분을 뿌려 수정하게 된다. 이때에 가장 빠른 정자를 받아 수정한 후, 정자 주머니에 그대로 남아 있는 정자는 무성 생식을 통해 번식 능력이 없는 일벌로 태어난다.

그러기 때문에 일벌은 평생 동안 여왕벌을 위해서 목숨을 바칠 뿐만 아니라 침입자들을 퇴치하기 위해서 독침을 쏘고 장렬히 죽어간다. 이같이 번식도 한 번 못하고 평생 일과 방어에 바치는 행동은 유전적으로 개체군에 유리한 집단 이기적 본능으로 해석된다. 이러한 행동은 겉으로는 집단에 희생하는 것으로 보이지만 궁극적으로는 자신의 유전자를 집단을 통해서 지속시키려는 호혜적 이기주의적 행동으로 설명할 수밖에 없다.

그는 종(Species)의 진화 현상도 적자생존의 자연선택 과정을 통해서 이뤄진다고 말한 다윈(Charles Darwin)의 적자생존 이론과 자연선택의 개념도 유전자의 단위로 설명하고자 했다. 도킨스에 의하면 다윈이 밝혀낸 진화의 메카니즘이란 바로 자연의 선택이며 곧 유전자의 역사라는 것이다. 그러므로 동식물은 물론 인간에 대한 분석 틀도 유전자 개념에서 설명되어져야 한다고 주장 한다. 유전자라는 입장에서 본다면 동식물은 모두 유전자의 자기본능적 욕구를 충실히 수행하는 생존기계에 불과하기 때문에 인간도 유전자를 보존하기 위해 계속 진화해 나가려는 일종의 생존기계에 불과한 것이라고 주장 한다.

그래서 성공적인 유전자의 중요한 특징은 “이기주의”라는 것이다. 이기적이라는 것은 자기 생존 혹은 보존 가능성을 말한다. 자신의 생존 가능성을 높이는 행동은 이기적인 것이고, 반대로 자신의 생존 가능성을 낮추는 행동은 이타적인 것이라고 정의한다. 이러한 이기적 유전자 개념은 생존본능 개념뿐만 아니라 인간의 문화적인 행동에도 확대해서 적용하고 있다. 그리스어 “모방”을 뜻하는 미메메(mimeme)라는 말에서 빌린 “밈(meme)”이라는 신용어를 만들어서 음악, 사상, 패션, 관습, 의식, 건축, 언어, 종교 등 각 영역의 문화적 요소들을 복제해서 다음의 세대까지 전달해 주는 매개 역할을 담당하는 것으로 설명한다. 생물학적 복제를 유전자(gene)가 담당한다면 정신적 문화적인 것의 복제는 밈(meme)이 담당한다.

다윈이 1859년 “종의 기원”에서 진화론을 발표할 당시에는 기독교가 지배하고 있던 유럽 사회에 엄청난 파장이 일어났다. 그 파장은 지금도 이어져 내려오고 있어서 진화이론에 반대하는 기독교 신학자와 진화론자 간의 찬반 논쟁이 지속되는 실정에 있다. 그러던 중 1976년에 도킨스가 "이기적 유전자"를 발표하면서 생명 진화과정을 유전자 단위로 설명하는 "이기적 유전자설"을 제안했다. 불난 집에 기름을 끼얹듯이 논쟁은 한층 더 심화되기에 이르렀다.

이 이론이 사회생물학자와 진화 생물학자들에게 뜨거운 관심거리가 되었던 것은 과연 생명체의 진화가 단지 유전자만으로 설명할 수 있는 생물학적 환원주의 또는 결정론에 빠지게 되는 논란을 촉발하게 되었고, 동물과 달리 문화를 가지고 사회를 이루는 특별한 존재라고 생각되어 온 인간도 유전자가 살아남으려는 허울 좋은 껍질일 뿐이라는 가설에 대한 반발을 일으켰기 때문이었다. 학자들은 본능과 정반대 쪽에 있는 개념인 이성과 자유의지를 가지고 있는 인간이 과연 유전자 명령에만 따를 것인지, 아니면 어떠한 목적을 가지고 행동을 하지만 그것은 결국 이기적 유전자에 의해 조정 당하는 것인지 등 여러 가지 의문점에 대한 논쟁이 이어지고 있다.

남녀의 유전자는 서로 다르게 진화하였다

사람을 포함한 동물들은 암수에 따라 신체 크기가 다르다. 사자와 같은 동물들은 대개 수컷이 더 크고 여왕벌과 같은 곤충류들은 대개 암컷이 더 큰데, 보통 몸집이 큰 쪽이 작은 쪽을 지휘하고 통제하는 생활을 한다. 사람들도 남성이 여성에 비해 몸집이 더 커서 자연스럽게 남성 중심적인 사회로 진화하였고, 성적 역할에 따라서 일도 다르게 분화되어 진화했다.

여자는 결혼하기 전까지는 미래에 대한 걱정을 하지만 남자는 아무 걱정 없이 살다가 결혼한 다음부터 걱정을 한다는 우스갯소리가 있다. 서양의 유머 중에 "남자는 필요한 1달러짜리 물건을 2달러에 사고, 여자는 필요하지도 않은 2달러짜리 물건을 1달러에 산다"는 속담도 있다. 백화점에서 청바지를 살 때도 남녀에 따라 큰 차이를 보인다. 대부분의 여성은 백화점에 있는 청바지 매장을 다 돌아보고, 한 매장 안에서도 모든 청바지를 종류별로 이것저것 살펴본다. 간혹 마음에 드는 바지가 있으면 반드시 입어보지만 그렇다고 꼭 사지도 않는다. 이런 행동도 부족해서 다른 백화점이나 백화점 근처에 있는 청바지 매장을 둘러보는 수고도 마다하지 않는다. 이에 반해 남성은 백화점 청바지 코너로 곧바로 올라간 후 평소에 자주 가는 단골 매장으로 가서 32인치 청바지 한 벌 달라고 말한 후에 입어보지도 않고 바로 계산한다. 세일한다면 좋겠지만 굳이 세일하는 날까지 기억했다가 세일하는 날 오는 사람은 거의 없다.

이처럼 식물이건 동물이건 사람이건 모두 살아가는 책임과 의무에 따라서 성별로 서로 다르게 특화된 프로그램을 후손에게 전달한다. 남자는 생존에 필요한 먹거리 확보를 위한 유리한 유전자를 가지고 태어나고, 여자는 자손을 낳아 기르는 일에 집중하도록 특화되고 진화되었다. 남자는 사냥이나 먼 거리로 나가서 열매 채취를 하는데 많은 힘이 필요하고 용감해야 하기 때문에 이러한 기능에 잘 맞게 유전자 기능이 발달하고 진화되어 왔다. 그래서 남자는 활동성을 최대화하기 위해 근육질이 발달하고, 반면에 여자는 아이를 낳아 키우면서 가정도 관리해야 하기 때문에 남자에 비해서 더 부드럽고 감성적인 유전자가 더 발달하였고 배고픔이라는 비상시에도 자녀 양육을 위해 더 오래 견딜 수 있도록 피하에 지방을 많이 비축하도록 진화되어 왔다. 따라서 남자가 먹거리 확보 활동에 게으르거나 여자가 가정관리와 아이 키우는 일에 게으르다면 진화의 방향이 잘못된 것이라 할 수 있다.

그래서 남녀는 서로 뇌의 기능이 다른 유전자를 가지고 태어난다. 남자와 여자는 뇌의 크기부터 달라서, 여자 뇌 무게는 1,200g으로 남자 뇌 무게 1,400g보다 200g이나 더 가볍고 크기도 작다. 세상을 탐지하는 기계로 비유한다면 남자는 큰 것을 중심으로 숲을 보려는 "거시적 내

비게이터"이고, 여자는 숲에서 작은 나무를 보려는 "미시적 내비게이터"라고 말할 수 있다. 그렇다고 해서 여성의 지적능력이 남성의 지적능력에 비해 떨어지거나 정보처리에서 더 어려운 것은 아니다. 오히려 일반 지능은 여성이 남성보다 약간 더 높다.

남녀의 성차는 뇌 무게의 차이보다는 뇌의 기능의 차이로 설명하는 것이 더 합리적이다. 여성의 뇌는 남성의 뇌에 비해 대뇌피질의 신경세포가 더 많은 반면에 남성의 뇌는 백질(白質: White Matter)이 더 두껍다. 정보를 주고받는 남성의 백질이 좀 더 두껍다는 것은 정보 전달력이 더 용이하다는 이야기가 된다. 그렇지만 좌우반구를 연결하는 여자의 뇌량(腦梁)이 남자에 비해 더 두껍다. 이는 좌뇌와 우뇌의 정보교환이 더 원활하고 양쪽 뇌를 더 잘 이용한다는 증거다. 결국 남자는 양쪽 뇌의 기능이 특화되고 세분화 되어 있지만, 여자는 양쪽 뇌기능을 통합해 활용하는 능력이 강하다.

다시 말하면 남성은 공포와 기쁨과 같은 감정을 담당하는 편도체(扁桃體)와 시상하부(視床下部)에 있는 "지배중추와 공격중추"가 여성보다 두 배 더 크기 때문에 남성은 공격적인 성향이 강하다. 그러나 여성은 보살핌 관련행동이나 사회적 관계를 담당하는 변연계(邊緣系)가 남성에 비해 두 배 정도 더 크기 때문에 공감능력이나 인간관계 능력이 더 우세하다.

이러한 뇌의 구조적인 차이 뿐 아니라 담당 기능과 역할도 모두 다르다. 좌반구는 신체의 반대편인 오른쪽을 통제하며 언어, 수리, 논리, 분석, 기계, 인공, 남성, 동물, 문명, 전쟁 등과 관련된 역할을 통제한다.

그리고 우반구는 신체의 왼쪽을 통제하면서 감성, 공감, 예술, 상상, 직관, 문학, 음악, 자연, 공간지각, 여성, 원시, 평화 등과 관련된 역할을 통제한다. 남성성이 강한 좌뇌는 낙관과 연관되어 있고, 여성성이 강한 우뇌는 비관과 관련되어 있다. 좌뇌에서는 도파민과 테스토스테론 분비를 촉진하여 좌뇌가 항상 앞으로 전진하도록 하지만, 우뇌는 아직 해결책을 찾지 못한 문제와 맞닥뜨릴 때 더 활성화 된다.

남성이 직선적이고 실용적인 것을 좋아하고, 여성은 둥글고 부드러운 것에 관심이 많으며 남자보다 훨씬 더 많은 단어를 사용한다. 여성의 뇌는 청각, 시각, 후각, 미각, 후각과 같은 다양한 감각적 능력이 남성에 비해서 10～20% 더 민감하다. 여성의 직감능력을 남성은 당해낼 수 없을 정도로 예리한 이유를 알 것 같다. 여성은 외모와 매력을 위해서 항상 에스트로겐이 분비되고, 남성에게는 우월감과 강력한 추진력을 위해 테스토스테론이 분비된다. 결국 여성은 조화와 관련된 시스템이 더 강하고 남성은 지배와 관련된 시스템이 강하다. 여자들은 30대가 되면 행복 호르몬이라는 엔돌핀 분비로 아이들과의 관계에서 행복을 느끼는데, 아이가 없는 여자는 반려동물을 키우면서 행복을 느끼려 한다. 보살핌을 담당하는 프로락틴 호르몬은 신체적 접촉이 늘어나게 되면 분비 수준이 증가한다.

아직까지는 좌측의 측두엽을 "행복 센터"라고 단정해서 말할 수 없지만 이 영역이 긍정적인 감정과 연관되어 있는 근거는 확실하다. 신생아도 빨기 좋은 물건을 주면 뇌의 좌측 두뇌가 더 활발하게 활동하고, 성인이 코미디를 볼 때도 이런 현상이 관찰된다. 이에 비해서 우측의 전두엽은 불쾌하거나 부정적인 상황에서 활성화 된다. 이 처럼 긍정적이거나 행복하게 되면 좌측 전두엽이 활성화 되고, 부정적이거나 불행할 때에는 우측 전두엽이 활성화 된다. 그래서 여자에 비해 좌반구가 발달한 남자는 긍정적 가치와 행복에 더 적극적이고, 우반구가 발달한 여자는 부정적 가치나 불행 같은 슬픔에 더 적극적인 반응을 보인다.

주목할 것은 남성과 여성의 행복값은 비슷하지만 여자가 남자에 비해 편차가 커서 훨씬 더 행복해 하거나 훨씬 더 불행과 우울에 빠지기 쉽다. 이러한 행복의 민감성에서 남녀 간의 차이가 있는 것이 뇌 기능의 차이에서 오는 것인지 정서적인 상황을 표현하는 의지의 차에서 오는 것인지 분명치 않지만 남자가 좌뇌형이고 여자가 우뇌형인 기준으로 볼 때 여자가 남자에 비해서 행복과 불행의 폭이 더 클 것으로 예상할 수 있다. 여자들은 아주 작은 것에도 크게 행복할 수도 있고 크게 슬퍼할 수도 있는 깨지기 쉬운 유리그릇과 같아서 많은 조심이 필요하다.

성은 원초적 본능 행동이다

성적 욕구의 해결 문제는 인간의 기본적인 원시욕구를 해결하는 것이기 때문에 행복을 결정하는 여러 요인 중에서 매우 중요한 위치에 있는 요인이다. 결혼은 하지 않아도 후회하고 결혼을 해도 후회하는 어려운 문제이기 때문에 결혼을 하는 것이 더 낫다고 하는 말은 살아가면서 생기는 후회되는 일로 걱정하기보다는 우선 원시적 생식본능을 해결하는 것이 더 좋을 것이라는 해석이다.

생식본능은 모든 동식물과 인간이 반드시 해결해야 하는 원시 본능으로, 이는 전적으로 생물학적인 유전요인에 의해 통제된다. 기회가 되는대로 자신을 닮은 후손을 많이 낳으려는 욕구는 절대적 본능 프로그램에 가깝다. 따라서 동식물을 포함한 인류는 기회가 주어지면 즉각적으로 자신의 후손을 남기기 위해서 가장 효율적이라 생각하는 전략을 사용하도록 진화하여 왔다. 이러한 효율적인 방법은 동식물마다 생활하는 방식과 환경에 따라서 서로 다르게 진화되었다.

대다수 조류의 90%는 일부일처제를 택하지만, 5,000여 종의 포유류 중에서 일부일처제를 택하는 동물은 아주 적어서 3~5%에 지나지 않는다. 개는 보통 난혼관계를 갖지만 늑대, 여우, 비버, 재칼, 수달 등은 일부일처제로 유명하다. 그 중에서 수달과 들쥐는 지독한 일부일처제를 택하는 사랑꾼이다. 들쥐는 암컷과 짝을 이룬 후에 다른 암컷이 접근하면 수컷은 그 암컷에게 적극적인 공격행위도 불사한다고 한다. 여우, 늑대도 야생동물들 중에서 몇 안 되는 일부일처제를 택하는 동물로서 수컷은 거의 바람을 피우지 않는 사랑꾼이다. 만약에 암컷 늑대가 죽게 되면 간혹 재혼도 하지만 수컷은 대부분 사냥도 않고 굶다가 죽은 암컷 곁에서 최후를 맞이한다고 한다. 모든 동물 중에서 아마도 늑대만한 애처가는 없을 것이다.

지구상에 흩어져 살고 있는 인간도 각자의 생존본능과 주변의 환경과 따라서 각기 효율적이라고 판단하는 성적 행동을 활용하여 왔다. 예를 들면 중국의 어느 소수민족은 일처다부제를 택하고, 몽고의 어느 종족은 형제가 공동으로 부인을 맞는 일처다부제를 택하며, 북쪽의 어느 에스키모 종족은 친한 친구에게 자기의 부인을 대여해 주는 부분적인 난혼제도를 택하기도 한다. 세상에서 가장 선호하는 가족제도가 일부일처제라고 하지만 다혼제 역시 폭 넓게 수용되고 있는 실정이다. 미국 생물인류학자인 피셔(Helen Fisher)가 저술한 "사랑의 해부(1992)"를 보면 세계의 853개 문화권에서 16%만이 일부일처제를 택하고 있으며, 나머지 84%의 문화권에서는 남자가 두 명 이상의 아내를 맞이할 수 있는 권리를 갖는다. 그럼에도 불구하고 대다수 인류는 일부일처제가 가장 평등하고 뛰어난 문화적인 전략으로 판단하여 이 제도를 선호하고 있다.

조류 중의 약 90%는 일부일처제를 택하고 있다. 새는 둥지를 틀어 알을 품어야 하는데, 부화해서 새끼가 스스로 날 수 있을 때까지 암수가 번갈아 먹이를 공급해야 한다. 일부일처제의 가장 큰 장점은 이처럼 암수가 함께 협력해서 새끼가 독립할 때까지 건강하게 키울 수 있는 점이다.

인간이 일부일처제를 택하는 이유를 설명하는 여러 가설이 있는데, 그 중에서 대표적인 가설은 조류처럼 부모가 함께 공동으로 육아를 하는 "미숙아 양육설"이다. 소나 말과 같은 포유류 새끼는 출산하자마자 스스로 바로 걸을 수 있지만, 인간은 미숙아로 출산하여 장기간 적극적으로 보호하고 양육해야 한다. 이러한 양육의 부담을 엄마 혼자서 감당하기 힘들기 때문에 아빠와 함께 힘을 합치면 생존할 수 있는 확률이 더 높아지기 때문에 자연스럽게 일부일처제를 택하게 되었다는 가설이다.

이 같이 인간을 포함한 대부분의 조류와 소수의 포유류가 일부일처제를 택하고 있지만, 일부일처제를 택하고 있는 포유류 중 90% 정도가 호시탐탐 기회를 봐서 성적인 외도를 하고 있으며, 절대적인 일부일처제를 고집하고 있는 조류들도 새끼의 10% 정도는 부성과 일치하지 않는다. 이런 자료를 근거로 인간도 그러한 성적 외도가 있을 것이라고 생각하고 명문 집안 자녀의 Y염색체를 조사했더니 조류처럼 불일치율이 10%보다는 훨씬 낮았지만 예상치의 1/10인 1%에 달한다는 보고가 있다.

이처럼 인간들도 100명 중에 한 명은 부성이 불일치한다는 사실은 놀랄 만하다. 우리나라 2,000만 가구 중에서 자녀들과 함께 지내는 가구 수가 1,400만 정도라 하는데, 그 중 1/100에 해당하는 숫자를 단순 통계로 계산해도 대략 14만 명 정도는 된다. 14만 명 정도가 부성이 일치하지 않는 유전자를 가진 자녀라는 뜻이다. 세계적으로 수천 만 명이라고 추산되니 놀라지 않을 수 없다. 여기에 후손을 임신시키지 않고 성적 외도만을 즐기는 숫자까지도 포함하면 실제로는 1%보다 훨씬 더 많을 것이다. 이와 같은 추론에도 불구하고 그래도 인간만이 모든 포유류와 조류를 대표해서 "유전적 일부일처제"를 가장 잘 지키고 있는 대표선수라는 점에서 다소의 위안이 된다. 그러나 생식본능을 외도를 통해서 동물적으로 해결할 것인지 문화적 활동을 통해 인간답게 대리만족으로 해결할 것인지는 깊이 성찰해 볼 문제다.

성적 행동의 장단기 전략

남자가 보는 여자의 미의 기준은 다음과 같이 상징화 할 수 있다. 첫째로 여자는 젊어야 한다. 나이 든 여자보다 젊은 여자가 더 좋은 이유는 젊은 여자가 번식의 가치와 수정 능력이 우수하기 때문이다. 할리우드 배우의 부부 생활이 그리 오래 가지 못하는 이유도 이런 식으로 설명할 수 있다. 남자 배우는 끊임없이 더 젊은 햇병아리 스타 여배우와 만나거나 사귀고 있지만, 그의 부인은 그저 늙어가기만 하니 어찌하겠는가!

둘째로 머리가 긴 여자를 좋아 한다. 왜 머리가 긴 여자를 좋아하는가? 여자는 9개월 동안의 임신과 몇 년간 아이를 돌보아야 하기 때문에 여자의 건강이 결정적으로 중요하다. 따라서 남자가 건강한 여성을 선택하는 것은 당연하다. 그러면 여성의 건강은 어떻게 측정할 수 있을까? 지금은 병원에 가서 종합건강검진을 받아보면 되겠지만 예전에는 병원이라는 것이 없었다. 그래서 당시에는 건강을 측정하는 척도로 머리카락을 이용했다. 건강한 사람들은 머리카락에 윤기가 흐르고 빛나는 반면에 병약한 사람들은 머리카락에서 윤기가 사라진다. 따라서 건강하지 않은 여성의 머리카락에는 윤기가 없고, 머리카락도 길게 기를 수 없게 된다. 머리카락은 1년에 15센티 정도 자라기 때문에 여자의 머리카락이 어깨 길이 정도까지 자랐다면 4년 정도의 건강상태를 정확하게 판단할 수 있다.

셋째로 허리가 가는 여자를 좋아 한다. 어째서 여성의 이상적인 신체 치수가 36-24-36인가? 이 수치는 자의적으로 정한 것이 아니다. 텍사스 주립대학의 진화심리학자 싱은 허리-엉덩이 비율(WHR: Waist-to-Hip Ratio)이 낮은 여성을 좋아한다는 사실을 입증했다. 피험자들은 대부분 WHR이 0.7인 여자를 가장 선호한다는 사실을 알아냈다. 0.7이라는 수치는 신체 치수가 36-24-36인 신체와 상당히 근접해 있다. 싱 교수는 건강한 여자일수록 병약한 여자에 비해 WHR이 낮기 때문이라고 말한다. 당뇨, 고혈압, 뇌졸중, 심장마비, 담낭 등과 관련된 질병은 체지방 분포에 변화를 가져오므로 병약한 여자는 WHR을 낮게 유지할 수 없다. 그러나 WHR이 낮은 여자는 생식 호르몬을 충분히 지니고 있기 때문에 출산 능력이 매우 뛰어나다. 요즘 10대 소녀들이 몸통을 드러내 WHR이 낮음을 과감하게 표현하는 것은 나도 생식능력이 상당히 우수하다는 것을 숨김없이 표현하는 행위라고 말할 수 있다.

넷째로 남자는 가슴이 풍만한 여자를 더 좋아 한다. 남자들이 가슴이 풍만한 여자들을 더 좋아하는 이유를 진화심리학도 풀지 못한 미스터리 주제였다. 여자의 가슴 크기는 아이에게 수유하는 능력과 아무 상관이 없기 때문이다. 가슴이 풍만한 여자가 그렇지 않은 여자보다 엄마노릇을 더 잘 할 것으로 보이지도 않는다. 그런데 1998년 하버드대학의 인류학자 말로위 교수가 그 이유를 밝혀냈다. 고대에는 달력도 없었고 생일이라는 개념도 없었기 때문에 여자도 자기 나이가 정확히 얼마인지 알 수가 없었다. 고대 남자들은 그래도 여자의 나이와 번식 가치를 몇 가지 신체적 상태를 보고 추측해야 했는데, 여자의 가슴 모양이 좋은 단서가 되었다. 임신 최적기에 가슴의 크기가 가장 풍만하기 때문에 여자의 가슴이 풍만할 경우 남자는 여자의 나이를 좀 더 정확하게 알아낼 수 있었고, 가능하면 그런 여자를 짝짓기 대상으로 선택했을 것이다. 가슴이 풍만한 여자에게 매력을 느끼는 이유는 바로 이러한 임신 가능한 단서로 활용되었기 때문이다. 최근에 이에 필적할 진화심리학적인 설명이 또 등장했다. 폴란드 여성을 대상으로 한 연구에서 가슴이 풍만하고 허리가 가는 여자의 생식력이 월등히 뛰어나다는 사실이 밝혀졌다. 따라서 남자는 허리가 가는 여자를 좋아하는 것과 똑같은 이유에서 가슴이 풍만한 여자를 더 선호한다.

다섯 번째로 금발의 여자를 좋아 한다. 여자의 신체 특징을 있는 그대로 관찰할 수 있다면 여자의 나이와 번식 가치를 비교적 정확하게 추측할 수 있지만 여자가 두꺼운 옷 같은 것으로 온몸을 가리고 있다면 어떻게 추측하겠는가? 이때 사용할 수 있는 단서가 바로 머리카락 색깔이다. 신사는 금발을 좋아하는데, 나이가 들어가면서 색깔이 현저하게 달라지기 때문이다. 금발을 있는 그대로 유지하는 경우도 있긴 하지만 금발인 어린 소녀가 자라면서 성인이 되면 머리카락은 보통 갈색으로 변한다. 금발이 특히 스칸디나비아 반도와 북방 유럽에서 널리 진화되었는데 그만한 이유가 있다. 대부분의 진화 시간을 보낸 아프리카 대륙에서는 남녀가 모두 거의 알몸으로 생활했기 때문에 육안으로 여자의 나이를 정확하게 평가할 수 있었다. 그러나 추운 지방으로 이동한 다음부터 남녀 모두 옷으로 몸을 온통 감싸고 있기 때문에 남자가 여자의 번식 가치를 측정하기 어려워졌다. 그래서 결국 여자가 자신의 젊음을 홍보하는 수단으로서 금발이 진화되었을 것이라는 가설이 있다. 금발의 여자를 선택한 남자가 그렇지 않은 남자보다 많은 자손을 남겼기 때문이다. 금발인 여자가 멍청하다는 고정관념도 있는데, 여기에는 통계적인 근거가 있다. 당시에 금발인 여자의 평균 나이가 대략 15세 전후였고, 동일한 환경조건에서 갈색 머리를 한 여자는 개략 35세 전후였다. 열다섯 살짜리 여자는 서른다섯 살짜리 여자보다 당연히 더 순진하고 경험도 부족하고 미숙했으며 덜 현명했을 것이다. 금발의 여자가 멍청한 것이 아니라 아직 나이가 어렸기 때문에 좀 멍청하게 보였을 것이다. 가슴이 풍만한 여자가 멍청하다는 속설 역시 이 같은 논리로 설명할 수 있다.

여섯 번째로 남자는 눈동자가 푸른 여자를 더 좋아 한다. 이상적인 아름다움을 묘사하는 전형적인 글에는 항상 금발과 푸른 눈동자가 따라다닌다. 왜 남녀가 모두 푸른 눈동자를 좋아할까? 인간은 자기가 좋아하는 것을 보게 되면 동공이 확장된다. 여자는 어린 아기를 보면 무의식적으로 동공이 확장되고, 남자는 섹시한 여자를 보면 동공이 확장된다. 동공의 크기를 보면 다른 사람에게 관심이 있고 끌린다는 것을 고스란히 드러내는 근거다. 그런데 인간의 동공은 모두 어두운 갈색이며, 푸른색은 홍채 색깔 중 가장 밝은 색인데, 다른 사람에게 나의 가장 밝은 푸른 색 눈동자를 내보인다는 것은 나의 동공을 가장 크게 벌리고 있다는 신호가 된다.

현대 사회에서 사람들은 주름 제거수술, 염색 및 가발, 지방 흡입술, 가슴 확대수술, 그리고 컬러 콘택트렌즈 등을 이용하면 나이에 상관없이 어떤 사람이든지 이상적인 여성의 아름다운 특징을 지닐 수 있다. 그런데 남자들은 그런 가짜 여자에게 홀딱 반한다. 애석하게도 1만 년 전에 진화를 정지한 아프리카 사바나 두뇌로는 실리콘이 들어간 가슴이나 염색한 금발을 제대로 파악하지 못한다. 남자는 염색한 금발에 실리콘으로 탄탄해진 풍만한 가슴을 가진 여자가 실제로 열다섯 살이 아니라는 것을 머리로는 이해하지만 여전히 몸으로는 그런 여자에게 끌리고 만다. 남자는 이전 환경에는 존재하지도 않았던 현대문명의 의학적 발명품에 힘없이 농락당하고 있다.

성적 매력과 미의 기준

성적 매력이나 아름다움은 생존본능과 생식본능에 관련된 기본 기술이다. 매력이 넘치는 남성이나 아름다움으로 치장한 여성은 먹거리의 확보는 물론 후손 번식이라는 생식본능을 해결하는데 크게 도움이 된다는 보편적 고정관념이 있다. 그러나 이러한 원시본능의 해결이 행복본능에까지 영향을 미친다고 생각하는 생각은 잘못된 고정관념이다. 그것이 최소한의 영향을 미치는 기본 요인은 될 수 있지만, 생존과 번식이라는 원시본능은 행복이라는 고등한 욕구와는 차원이 다르기 때문이다.

그럼에도 불구하고 그러한 생존과 성을 자극하는 방식은 남녀에 따라서 상당히 다르다. 남성은 후손을 양육할 수 있는 조건들, 특히 물질적 먹거리와 이와 관련된 조건들이 매력의 기준이 되고, 여성은 임신과 육아의 조건과 관련된 것들이 아름다움의 기준이 된다. 이런 여성의 원시적인 미의 기준이 현대문화에서 승화된 것이 화장술, 성형술, 의상 패션과 같은 것으로 진화되었고, 남성은 직업과 권력, 물적인 부, 육체적 힘과 관련된 것이 매력의 기준으로 승화되었다.

남성은 임신이 가능한 여성에게 끌리고, 여성은 돈 많은 남성을 미와 매력의 기준으로 삼는다. 남자가 미인을 좋아하고, 여자가 돈 많은 남자들을 쫓아다니는 이유는 진화심리학적 입장에서 남녀가 각기 생존과 종족보존에 기여하는 역할이 서로 다르기 때문이다.

가장 큰 차이는 자녀를 낳고 양육하는 과정에서 투자하는 자원의 양이 다르다. 여성의 난세포는 남성의 정자보다 훨씬 클 뿐만 아니라 영양분 비축에 있어서도 난자의 기여도가 정자의 기여도를 크게 능가한다. 정자는 유전자를 가급적 빨리 난자까지 운반하는 것에만 관심이 있다. 정자는 아주 작아서 매일 수많은 정자를 만들어 낼 수 있고, 서로 다른 암컷을 이용해 단시간 내에 많은 수를 임신시킬 수 있는 잠재력을 가지고 있다.

그런데 정자와 난자가 일단 만나 수정만 하면 그 때부터는 전적으로 영양분 공급은 여성 난자가 담당해야 하기 때문에 투자해야 하는 자원의 양과 기여하는 방법에서 상당한 차이가 있다. 이런 의미에서 수컷은 교미 이전부터 암컷을 상대로 착취하기 시작한다고 말할 수 있다. 여성이 자녀를 낳고 양육하기 위해서 훨씬 더 많은 투자를 한다는 “부모투자 이론”은 그래서 매우 설득력이 있다.

그런데 재미있는 현상은 모든 환경과 문화에 관계없이 여자가 남자보다 평균 5~7년 더 오래 사는데, 이를 설명하는 재미있는 가설이 있다. 여자는 아이를 임신하고 출산하여 아이가 독립생활을 유지할 때까지 최소 1년까지는 여성의 희생이 뒤따라야 한다. 여성의 입장에서 볼 때 임신 기간을 합쳐 2년이라는 세월이 소요되는데 자손이라는 씨앗을 보존하기 위해서는 최소한 3명을 낳아야 한다는 생물학적 개념이 있다. 부부의 몫 2명과 사고 확률까지 계산해 최소한 3명은 낳아야 한다는 계산이다. 그런데 한 명을 양육하는데 최소 2년이 소요되므로 3명의 아이를 모두 양육하기 위해서는 모두 6년이란 세월을 투자해야 한다. 순전히 동물적·유전적인 면으로만 계산한 경우이지만, 조물주의 입장에서 볼 때 여자의 투자와 희생 기간을 책임지고 보상해 주려는 것이다. 그래서 여자의 수명을 6년 더 계산했다는 가설인데 상당한 수긍이 간다.

이러한 이유로 여성은 상대 남성을 선택할 때 상당히 신중하게 따져 보아야 한다. 남자는 빠른 시간 내에 많은 여자에게 임신시키려는 단기 전략이 목표지만, 여자는 자신과 자녀를 보호하고 지속적으로 물질적 지원을 보장하는 남자를 선택해야 하는 장기적 전략이 필요하기 때문이다. 남자는 출산 가능한 여자만을 찾지만, 여자는 자신과 자식을 보호하고 양육하는데 필요한 자원이나 능력을 보유한 남자를 찾는다. 즉 남자는 후손 생산이 가능한 젊고 건강하고 아름다운 여성에게 매력을 느끼는 공격형이고, 여자는 지위와 재력을 지닌 유능하고 근면한 신뢰할 수 있는 남자에게 매력을 느끼는 수비형이라 할 수 있다.

때문에 남자는 출산능력을 유혹하는 여자의 애정행위에 끌리는 반면에 여자는 자원을 과시하는 남자의 애정행위에 끌린다. 남자는 여자의 육체적 건강미나 아름다움을 과시하는 행동에 잘 유혹되는 반면에 여자는 남자의 재력이나 비싼 선물에 잘 유혹된다. 뿐만 아니라 남자는 자식이 자기의 친자임을 확인하는 정절에 민감하지만, 여자는 배우자의 물질적 자원을 감소시키려는 다른 경쟁자 유무에 민감하게 반응한다. 즉 남자는 배우자가 다른 남자와 성적인 외도를 하는 것에 민감하게 반응하고, 여자는 배우자가 다른 여자에게 심리적인 애정이나 물질적인 투자를 하는 행위에 매우 민감하게 반응한다.

결국 남자는 다음과 같은 단기적 책략과 장기적 책략에 관심을 갖는다. 어떤 여자가 성적으로 접근 가능하며, 어떤 여자가 임신 가능한가? 어떻게 하면 투자와 헌신을 최소화 할 수 있을까? 하는 단기 전략을 선호한다. 그리고 장기 전략으로 어떤 여자가 건강한 자녀를 낳을 수 있을까? 어떤 여자가 정조를 잘 지킬 수 있을까? 어떤 여자가 자녀 양육 기술이 훌륭한가? 어떤 여자가 장기적 관계에 헌신할 용의와 능력을 가지고 있는가? 하는 전략을 선호한다.

반면에 여자는 자녀 양육을 위해 다음과 같은 단기 책략과 장기 책략을 애용하게 된다. 어떻게 하면 남자로부터 즉각적으로 자원을 뽑아낼 수 있을까? 어떤 남자가 장기적인 관계를 유지할 수 있을까? 하는 단기 전략에 관심이 높다. 장기 전략으로는 어떤 남자가 나와 자녀에게 장기적으로 자원을 투자할 능력과 의사를 가지고 있는가? 어떤 남자가 훌륭한 아버지 역할을 할 수 있을까? 어떤 남자가 다른 공격적인 남자로부터 자신과 자녀를 보호할 능력과 의지를 가지고 있을까? 등등과 같은 문제에 관심이 많다.

성적 외도에 대한 잘못된 생각

인간의 비밀스러운 성적 외도 문제가 공식적인 사회적 주제로 논의되기 시작한 사건이 일어났다. 아직 80년도 지나지 않은 1948년에 미국 인디애나대학에서 동물학을 전공하던 킨제이(Alfred Kinsey)가 전국 18,000명의 남성을 대상으로 면접 조사한 결과를 정리한 "남성의 성적 행동"이라는 책이 출판되었다. 이 보고서에서 사창가를 갔던 경험이 있는 남성이 70%에 달했고, 기혼 남성의 85%가 혼전 경험이 있었고, 유부남의 45%가 바람을 피우고 있다는 놀란 만한 사실을 발표했다.

이 발표가 있은 5년 뒤인 1953년에는 "여성의 성적 행동"이라는 보고서를 연달아 출간했다. 여성의 60%는 자위행위를 하며, 55%는 혼전 경험이 있고, 유부녀의 30%가 혼외정사를 즐긴다는 충격적인 결과를 발표하여 보수적인 성향이 강한 미국 사회에 큰 충격을 주었다. 그 동안 현실적으로 유명 여성 인사의 섹스 스캔들은 남성에 비해 상대적으로 매우 적어서 스캔들의 주인공은 언제나 남자들의 몫이라고 믿었는데, 과학적으로 분석해 보니 전혀 그렇지 않다는 근거가 밝혀졌기 때문이다.

미국 에메리(Emory)대학의 정신건강의학과 영(Young) 교수팀은 남녀 불문 누구든지 사회적 힘이 강하게 되면 남성 호르몬인 테스토스테론이 더 많이 분비된다는 사실을 밝혀 여성들도 외도를 할 수 있다는 근거를 찾아냈다. 이런 이후에 네덜란드 틸버그(Tilburg)대학 사회심리학자 램머 교수팀도 남녀 1,561명의 직업인을 익명으로 인터넷 여론조사 방식을 사용하여 권력과 불륜과의 관계를 연구했는데, 특히 이 연구에서 남녀 누구나 권력을 갖게 되면 성과 관련된 스캔들에 휘말릴 수 있다는 사실을 밝혀냈다.

즉 남녀 상관없이 누구나 권력에 오르게 되면 그들의 사회적 명성이나 인품과는 상관없이 본능의 바람기가 고개를 든다는 것이다. 그래서 외도는 남녀 모두 일반인보다 재물이 많거나 권력을 행사하는 자리에 있는 사람들에게 보다 더 흥미로운 관심거리가 된다는 것이다. 이러한 사실은 평범했던 일반인도 재물을 모으고 권력을 행사하는 위치에 오르게 되면 권력을 유지하는데 필요한 남성 호르몬이 더 많이 분비되고, 이러한 호르몬 분비는 곧바로 성 관련 욕구도 함께 강화되어 호시탐탐 외도의 욕망에 불을 댕기게 된다는 것이다. 권력자의 우수한 유전자를 후손에게 남겨야 한다는 생물 유전학적 명령이 작동하는 것이다.

흥미로운 사실은 우두머리 수컷에게 중성화 수술을 하면 성적 욕구는 물론 서열 순위도 함께 낮아지게 되
는 현상을 관찰할 수 있는데, 이는 성욕과 권력은 늘 함께 일어난다는 사실을 입증하는 것이다. 돈이 많고 권력이 하늘을 찌르고 학식이 철학자 수준에 있어도 생물학적이고 본능적인 외도의 충동을 억제하기는

어렵다. 그러나 성적 충동은 중성화 수술 이외에 개인적인 수양과 교양, 인격이나 품성으로 억제 할 수 있는 마지막 경계선이 있다.

그러면 어째서 아직까지 여성의 섹스 스캔들이 남성에 비해 적은가? 이에 대한 설명은 권력의 위치에 오르는 여성의 비율이 남성에 비해 절대적으로 열세에 있기 때문이라고 한다. 아직도 여성은 남성 중심적인 사회에서 고위직에까지 오르기 힘든 유리천장 효과(Glass Ceiling Effect)에 막혀서 여성의 혼외정사 사건들이 생각보다 적지만 여성도 정치, 사회, 경제적 지위가 높아지면 남성들처럼 "억눌린" 바람기를 서서히 세상에 드러내게 될 것으로 예측한다.

생물학적 진화론적으로 볼 때 여성들도 생존을 위해서 간통이 필요했을 것이라고 판단되는 몇 가지 단서가 있다. 첫째로 여성이 남편 몰래 힘 있는 남성에게 추파를 던질 수 있고, 그렇게 해서 그로부터 의식주와 관련된 생존욕구를 해결하는데 많은 도움을 받을 수 있다. 이러한 외도를 이용해 매춘부와 같이 생계에 보탬이 되는 많은 재화를 얻을 수 있다. 둘째로 간통은 결정적 순간에 활용할 수 있는 일종의 생명보험처럼 쓸 수 있다. 함께 하던 남편이 갑자기 사망하거나 행방불명이 되었을 때 간통 상대를 즉시 새아버지 위치에 앉힐 수 있기 때문이다. 셋째로 남편이 체력이 빈약하거나 무능할 때 간통을 통해 유전적으로 우수한 씨를 받을 수 있다. 이상과 같이 간통은 경제적 지원, 후보 남편, 그리고 좋은 유전자의 씨를 보장 받을 수 있었기 때문에 여자 조상들도 은밀하게 혼외정사 기술에 탐익 했다는 것이다. 이러한 조상들의 피를 물려받은 현대 여성들도 그래서 간통의 기회를 사양하지 않는다는 점에서 남자와 다를 바가 없다.

그런데 혼외정사 대상자를 몇 명이나 두느냐 하는 문제는 남녀별로 조금씩 다르다고 한다. 버스(Buss)에 의하면 미국 남자들은 평생 평균 18명의 성관계 상대를 원하고, 여자들은 4~5명 정도만 원한다. 이 처럼 혼외정사의 숫자가 다른 것은 남자들은 빠른 시간 안에 불륜의 이부자리를 털고 나오고 싶어 하는 경향이 있기 때문이라 한다. 만약 장기간의 불륜으로 상대방이 임신을 하게 되면 그만큼 많은 불륜의 대가를 감수해야 할 위험성이 높기 때문에 이러한 부담을 피하기 위한 전략일 수 있다. 결국 유부남들은 혼외정사를 단순한 육체적 관계로 치부하려는 성향이 강하지만, 유부녀들은 단순한 성욕의 해소보다는 깊은 애정관계를 염두에 두기 때문에 많은 수의 남자를 원하지 않는 것으로 이해된다. 남자들은 보통 육체적인 이유로, 여자들은 정서적인 이유로 성적 외도를 한다고 이해하면 된다.

하여간 일부일처제가 인간에게 허용된 유일한 결혼제도로 보편화 되고 있지만 남녀 모두 이 같이 잠재해 있는 생물학적 외도의 성욕 때문에 혼외정사는 제2의 생식 전략으로 인류 역사와 함께 영원히 남게 될 것이다. 행복을 위해서 원시적 생식본능을 성적 외도라는 방법을 통해 원시적으로 해결할 것인지, 아니면 원시적 생식본능을 버리고 고차원으로 승화된 대리행동을 통해 대리만족하는 문화행동으로 해결할 것인지 하는 문제는 인류에게 주어진 영원한 숙제일 것이다.

남자의 수명이 짧은 이유

장수는 오복 중에서 첫 번째 요건일 만큼 우리는 모두 오래 살기를 바란다. 2,200여 년 전에 중국의 진시황도 오래 살기 위한 소망을 이루기 위해 서복(徐福)에게 불로초를 구해 오도록 했다. 그러나 이 세상 어느 누구도 수명 유전자의 범위를 벗어나 장수할 수는 없다. 우리는 모두 각자의 수명 유전자 범위 내에서 살아야 하는데, 불행인지 다행인지 남자는 여자보다 짧은 수명 유전자를 가지고 태어난다. OECD 보건통계(2020)를 보면 한국의 평균 기대수명은 83.5년으로 다른 OECD 국가 평균보다 오히려 2년이나 더 길지만, 2050년이 되면 한국인의 수명은 더 늘어나서 여자는 100세를 넘기고 남자는 90세를 넘겨서 사실상 100세 시대를 열게 된다. 그런데 사람의 유전자는 120세까지 살 수 있는 수명 유전자를 가지고 있다고 주장하는 이론가들이 있다는 것에도 주목해야 한다.

사람이 오래 살던 짧게 살던 여자의 수명이 남자의 수명에 비해 좀 더 긴데, 이러한 현상은 지역과 국가를 막론하고 같은 현상이다. 남자들이 더 심각한 음주와 흡연을 하기 때문이라고 설명할지 모르겠지만 어떤 암컷이든 수컷이든 손에 맥주잔을 들어보지도 못하고 입에 담배를 물어보지도 못한 침팬지, 오랑우탄, 긴팔원숭이 같은 포유류들도 암컷이 수컷보다 더 오래 살고 있기 때문에 음주량과 흡연이 수명을 단축시킨다는 가설은 주장하기 어렵다. 어찌하여 남자들이 여자들보다 먼저 죽는가? 놀랍게도 조물주가 남자는 여자보다 더 일찍 죽게 만들어 놓았다는 가설이 있다. 앞에서 우리는 이미 여자들은 임신과 육아에 투자된 기간을 보상받기 때문에 6~7년 정도 더 오래 장수할 수 있다는 가설을 주장했는데, 남자도 여자처럼 생식에 투자한 손실이 큼에도 불구하고 조물주는 그 손실을 그대로 감수하도록 방치했다는 그럴듯한 가설이 있다.

어떤 학자는 젊은 남성들은 사고와 위험에 따른 사건들을 자주 겪는 데서 원인을 찾는다. 성장하면서 10대 후반과 20대 초반이 가장 위험한데, 미국 보험회사의 보험 자료들이 이를 입증하고 있다. 남성 사망의 약 80%를 차지하는 사망 원인 1위부터 15위까지에서 남성이 여성보다 더 사망률이 높음은 이런 사실을 증명한다.

그러나 가장 설득력이 있는 가설은 남자는 여자에 비해 유전적인 여러 결함을 갖고 태어났으며, 발달과정에서도 여자보다 느린 프로그램 때문에 여자에 비해 수명이 짧을 가능성이 높다고 설명하는 가설이 있다. 여자는 XX형 염색체 두개로 구성되어 있지만, 남자는 상이한 두개의 XY염색체로 구성되어 있다. 그런데 남자의 Y염색체 크기는 X염색체에 비해 절반 정도 작아서 여자들은 유전자가 손상되어도 여분의 X염색체가 이를 보완할 수 있지만, 남자의 X염색체가 손상이 되면 보상

받을 수가 없다. 이런 유전적 결함 때문에 남자 태아는 유산, 감염, 암의 위험에 더 취약하다. 남아는 자궁에서 사산될 비율이 여아에 비해서 1.5~2.0배 더 높다는 사실이 이를 입증한다. 이 같은 유전적 문제 때문에 일어나는 현상은 중년이 되어도 지속되고 있다. 건강 유지에 필수적인 HDL 콜레스테롤이 원래부터 남성이 여성에 비해서 적게 생성되기 때문에 심장질환의 70~80%가 남자 중심으로 발생되며, 이로 인한 심장동맥 사망도 여자에 비해 3배가 더 높다.

남성이 여성보다 질병에 더 취약하여 수명이 더 짧다는 통계 자료가 있다. 통계청 "통계 플러스" 봄호(2023)에 의하면 남자가 여자보다 더 많은 질병에 걸린다는 자료가 있다. 남녀의 기대수명 차이를 가져온 가장 큰 질병으로 1985년에는 순환기 계통으로 남자가 여자에 비해 1.96년 더 일찍 사망했는데, 2000년부터는 신생물(암)이 가장 큰 원인으로 나타나고 있다. 폐암에 의해 일찍 사망하는 정도가 2000년에는 2.34년(32.0%), 2010년에는 2.42년(35.6%), 2020년에는 2.14년(35.8%)이나 된다. 남자를 더 일찍 사망하게 하는 질병으로 폐암 이외에 폐렴(0.81년), 폐렴(0.54년), 심장질환(0.48년), 고의적 자해(0.45년), 간암(0.44년) 등의 질병이 있다.

이러한 수컷들의 짧은 수명과 높은 사망은 진화심리학적으로도 설명할 수 있다. 인류를 포함한 생명체는 모두 적합성이 높은 쪽으로 진화되는데, 그런 것이 건강을 해치고 수명에도 나쁜 영향을 주어도 환경에 대한 적합성이 높아진다면 진화는 계속해서 그런 형질을 이어가게 한다. 그러므로 생명이 단축되어도 환경에 적응하는데 유리하다면 계속 그런 진화를 선택한다는 것이다.

여성은 임신, 출산, 수유에 상당한 힘이 들지만 에너지라는 측면에서도 비용이 많이 드는 일이다. 그러나 남자는 번식을 위한 톡톡한 대가 중에서 수명까지도 갉아 먹고 있다는 사실이 입증되고 있다. 남자는 임신 대신에 번식 확률을 높이기 위해서 엄청난 에너지를 써야 한다. 테스토스테론 호르몬 분비로 근육을 강하게 하고 수염을 나게 해서 신체를 튼튼하게 하고 성욕도 높인다.

테스토스테론은 이 같은 좋은 작용도 하지만 양날의 검처럼 감염에 취약하다. 즉 진화과정을 통해 번식을 하는 행동에는 크게 도움이 되지만 건강과 수명에는 해롭다는 것이 여러 생명체에서 관찰된다. 미국 뉴욕주립대 해밀톤(James Hamilton) 교수팀은 1969년에 영국, 독일, 아일랜드 등에서 정신병원으로부터 거세를 당하거나 정신지체, 정신박약 등을 이유로 거세된 집단의 평균 수명이 69세로 일반 남성의 평균 수명 56세보다 13년이나 더 오래 살았다는 연구가 있다. 조선시대에 내시의 족보를 기록한 영세계보(養世系譜)가 있는데, 여기에 내시 777명의 가계가 기록되어 있다. 이 중에서 81명의 수명이 기록되어 있는데, 조선시대 이들 내시의 평균 수명은 약 70세였는데 3명은 100세 이상 생존했다는 기록이 있다. 당시 문관과 무관 가문의 양반 남성에 비해 무려 14~19년 정도 더 오래 살았다.

남성 호르몬인 테스토스테론은 면역 기능을 저해할 뿐 아니라 심장 질환도 유발하여 수명까지 단축시키는 것으로 알려져 있다. 내시가 이처럼 더 장수하는 것은 거세로 남성호르몬 분비가 억제되었기 때문이다. 많은 애첩들과 함께 살았던 왕의 수명이 짧았다는 역사적 인식과 주색에 빠지지 말라는 경고를 경청할 필요가 있다. 스님이나 수녀들의 수명이 일반인에 비해 더 길다는 속설도 수긍이 간다. 결국 남성의 지나친 성적 행동은 목숨과 맞바꾸는 도박 행위와 같은 것인지 모를 일이다. 그러나 에스트로겐이라는 여성 호르몬은 남성 호르몬과 달리 면역 기능을 강화시키고 세포의 손상도 억제하는 역할을 하기 때문에 남성들에 비해 더 오래 사는 것으로 해석된다.

2009년에 노벨 의학상까지 받은 블랙번(Blackburn) 교수는 수명은 염색체의 양끝에 있는 텔로미어의 길이가 좌우한다고 주장했다. 그는 텔로미어의 길이가 줄어드는 것을 방지하기 위해 스트레스를 줄이고 인간관계를 폭넓게 유지하고 심호흡, 명상, 유산소 운동, 충분한 수면, 몸에 좋은 음식을 섭취해야 한다고 조언한다.

남자의 수명이 짧은 이유를 설명하는 다른 가설은 남자는 발달장애 위험이 여자보다 더 높다는 것이다. 여아는 남아에 비해 말이 빠르고, 전체적으로 행동발달 상황이 빠르다. 남자 아이들은 읽기 능력이 늦고, 눈이나 귀에 장애가 생기거나 자폐증, 간질 발작, 주의 결핍, 과잉 장애(ADHD), 통제 불능, 말더듬, 의지와 관계없이 눈을 깜박이거나 남의 말을 따르는 뚜렛장애 등 발달과 관련되어 있는 여러 문제가 여자에 비해 3~4배 더 많다는 증거가 있다. 남자는 이 처럼 생식과 관련된 성적인 문제와 유전적인 문제, 그리고 진화 과정의 문제들로 인하여 여자보다 짧은 수명을 살아가고 있다.

지능은 행복과 관련이 없다

한국의 지능 순위는 세계 몇 위나 될까? 발표하는 기관에 따라 차이가 있지만 한국은 싱가포르와 홍콩 다음으로 세계에서 세 번째로 우수한 지능을 가진 국민이다. 한국을 중심으로 중국, 일본, 대만, 싱가포르, 홍콩 등 동북아 지역이 세계에서 지능이 가장 높고, 다음으로 서유럽과 북미 지역이 높다. 이처럼 동북아 지역 국가의 지능이 높지만 세계 행복의 순위는 대부분 중위권에 있어서 지능과 행복과는 특별한 상관관계가 없는 것으로 보인다. 이러한 경향은 개인도 마찬가지다. 지능이 높은 사람이 낮은 사람에 비해 더 행복하다고 말할 수 없다. 머리가 똑똑하여 교육도 많이 받고 도시 생활을 즐기는 사람이 교육도 제대로 받지 못하고 시골생활을 하는 사람들에 비해서 더 행복하지 않다.

더욱 궁금한 문제는 아이들은 태어날 때 지적 능력을 얼마나 이어받고 태어나는가 하는 문제다. 아이들은 모든 능력의 씨앗을 부모로부터 이어받고 태어나게 되는 것인지, 아니면 완전히 빈 백지로 태어난 후 부모들의 훈육과 환경에 의해 배워가는 것인지 하는 문제는 오래 전부터 논쟁의 주제였다. 이러한 논의 중에서 지능이라는 능력은 부모로부터 유전된다고 믿는 "유전론"과 아이가 성장하는 환경과 부모의 훈육에 따라서 좌우된다는 "환경론"으로 구별하면서 많은 논쟁을 벌여왔다.

유전론을 강조하는 이론을 우생학(Eugenics)이라 하는데, 이 이론은 오스트리아의 신부 멘델에 의해 처음으로 소개되었고, 그 후 다윈의 사촌인 갈톤(1822~1911)에 의해 우생학이 정식 학문으로 등장하게 되었다. 그런 다음에 이 이론은 나치즘에 의해 인류를 고통으로 밀어 넣는 단초를 제공하기도 하였다. 나치즘은 우생학을 이용하여 게르만 민족의 우월성을 주장하며 유태인과 집시들을 무차별로 제거해야 한다는 논리를 적용했다. 뿐만 아니라 히틀러 시대에는 모든 장애인까지도 제거해야 한다는 논리로 장애인의 세계에 낙인을 찍기도 하였다.

그러나 스키너라는 심리학자에 의해 완성된 환경론에 동조한 스탈린과 모택동은 인간의 본성은 환경이 바뀌게 되면 얼마든지 천성까지도 바뀔 수 있다고 믿으며 인류를 엄청난 공산주의 실험에 몰아넣었다. 이들은 인간의 개인적 이기심은 교육을 통해 얼마든지 바뀔 수 있다고 믿었지만 결국 인간의 이기적 본능을 극대화 하는데 찬성한 자본주의에 무릎을 꿇고 항복하게 된다. 이 처럼 유전론과 환경론이 극단적으로 악용되면서 한 때 인류를 불행의 길로 인도했던 슬픈 역사의 흔적을 남기기도 했다.

지난 세기동안 교육학자, 심리학자, 의학자, 생물학자들은 환경과 유전 중에서 어느 요인이 더 결정적 영향을 주는가 하는 문제를 놓고 많은 논쟁을 벌려왔다. 그러나 지금까지 이러한 문제를 논의한 결과 지능이라는 요인은 유전된다는 견해가 더 우세하다는 결론에 도달한다. 특히 나이가 들수록 지능관련 유전자가 더 돋보인다는 견해에 찬성하고 있다. 어린시절에는 유전적 영향이 20~40% 정도이지만, 성인이 되면 40~60%가 유전자의 영향을 받는다고 주장한다. 아동기에는 가정이나 학교생활의 영향을 크게 받지만, 성인이 되면 독립적인 환경에 대처하면서 그간 숨어있던 유전자의 위력이 다시 고개를 들기 시작하기 때문이라고 한다.

이러한 문제를 논의하는 여러 학설 중에 근래에 관심이 많은 것이 진화심리학이다. 진화심리학에서는 남녀는 각각 자기의 역할에 맞는 능력을 유전적으로 이어받고 태어난다고 주장한다. 남자는 생존하는데 필요한 먹거리 확보와 번식을 위한 성적 본능을 해결하려는데 집중하여 왔다. 그래서 남자는 특별히 사냥하는 법, 사냥에 필요한 도구제작과 활용법, 깊은 산속을 돌아다니다가 집으로 돌아올 수 있는 방향 탐지능력, 이런 일에 관련된 활동을 왕성하게 해야 하는 신체적 힘과 같은 능력, 그리고 성적 본능 해소를 위한 여러 수단과 방법들이 수만 년을 거치면서 진화하여 왔다고 전제한다.

이런 남성의 유전구조와는 다르게 여자는 남자가 구해 온 먹거리를 잘 보관하고 분배하는 능력, 가족이라는 공동체의 관계를 원활하게 유지하기 위한 언어적 감성적 소통능력, 인간관계에서 일어날 수 있는 미묘한 차이를 알아차리는 눈치와 감각, 아이를 낳아 기르는데 필요한 언어적 감성적 소통능력 등을 진화를 통해 전해 왔다고 주장한다.

결국 오늘날 남자는 기계적 적성 능력, 에너지를 활용하는 신체적 능력, 지리적 방향과 위치 탐색능력 등에서 여자보다 우세하게 진화했고,

여성은 가정관리 능력, 인간관계와 소통에 필요한 언어적 감성적 능력, 관리와 상황판단에 대한 감각과 능력 등 섬세성에서 남성보다 더 우세하게 진화되었다고 본다. 따라서 환경에 대처하는 능력을 총칭하는 지적능력도 남녀 성별에 따라 상당한 정도 부모로부터 유전된다고 본다. 그래서 남자인 아들은 아버지로부터 남성성에 관련된 지적능력을 전수받고, 여자인 딸은 어머니로부터 여성성의 능력을 전수받을 가능성이 높다고 예측한다. 실제로 수능시험에서 과학이나 수학 관련 영역이 어렵게 출제되면 남성에게 유리하고, 언어와 관련된 국어시험이 어렵게 출제되면 여성에게 유리하게 작용하게 되어 사회적 문제를 일으키는 촌극도 일어난다.

이처럼 지능이 상당한 정도 유전된다고 말한다면, 다음으로 과연 지능이 행복과 얼마나 관계가 깊은지에 대한 관심도 갖게 된다. 여성성과 남성성 중에서 어느 능력이 행복과 더 관련이 높은가 하는 문제뿐만 아니라 공부를 잘하고 똑똑한 사람은 그렇지 않은 사람보다 더 행복할지의 문제에도 관심이 간다.

결론적으로 말하면 지적수준과 행복과는 별다른 관련이 없다는 것이 그간 여러 학설의 결론이다. 머리가 똑똑한 천재라고 더 행복하지 않다는 뜻이다. 극단적으로 비교하면 학교라는 문명의 혜택을 전혀 받지 못하고 자란 아마존 지역의 원주민과 선진 문명지역에서 살아 온 세계 100대 부자들과의 행복수준을 비교해 보았더니 아무런 차이가 없었다는 보고가 있어 충격을 준다. 사람들은 많이 배우나 적게 배우나, 머리가 똑똑하거나 지적 능력이 조금 뒤져도 이런 지적능력과 행복수준과는 별다른 관련이 없다는 의미이다. 각자가 자기 수준에 맞는 행복을 찾아서 살아가기 때문이라는 해석이다.

지능은 현명함, 똑똑함, 지혜로움과 같은 의미와는 관련이 없기 때문에 행복과는 무관하다는 것이다. 지능이란 연역적 추론력, 논리적 추론력, 객관적 사고능력 등을 대변하는 이른바 주어진 환경에서 적절히 대처하는 능력의 수준을 의미할 뿐이다. 즉 지능은 문제해결을 위한 도구일 뿐이지 지능 그 자체가 삶을 살아가는 가치가 아니라는 논리다.

95%에 해당하는 일반인은 대부분 공통적인 욕구를 해결하려 하며, 기껏해야 5% 정도만 서로 다른 것을 위해서 살아간다. 결국 행복감에 영향을 주는 요인은 사람마다 크게 다르지 않다는 의미이다. 우리가 행복감을 누리며 살기 위해서는 모두가 공통적인 요인에 관심을 가진다. 이러한 공통적 관심요인이란 건강한 정신과 육체, 안정적인 가족관계, 친밀한 인간관계, 이성과의 안정적인 사랑, 성적 만족감, 경제적 여유, 안정적인 사회적 지위 등이다.

그런데 지능이란 요인은 아무리 발달되고 진화가 되더라도 그 자체로 평균적인 행복감, 즉 사람이라면 공통적으로 필요한 이와 같은 요인을 모두 해결하는데 크게 도움을 주지 못한다. 지능은 유전에 의해 영향을 받고, 유전은 인간의 원시적 본능에 의해 지배를 받는다. 그런데 생존본능과 번식본능은 현대인들에게 요구되는 이성과는 크게 관련되어 있지 않다. 지능은 현대 문명사회를 객관적으로 인식하고 합리적으로 해결하는데 사용되는 하나의 "도구"일 뿐이며 행복하기 위해서는 또 다른 조건이 필요하다.

사실 지능은 원시 인류에게는 별로 필요하지 않았던 뇌기능이었지만, 진화하면서 현대인에게 반드시 필요한 요인이 되었다. 그러나 필수적인 것과 중요한 것과는 의미가 다르다. 원시 본능은 생존과 번식이라는 비문명적 환경에서 추구하는 프로그램이다. 원시본능은 당장 눈앞에서 느끼는 외부자극에 반응하고, 단기적인 욕구충족을 실현하라는 자동명령 프로그램이다. 그러나 현대는 사회에서 신체를 위협하는 급박한 신체적 자극이나 당장 굶어 죽는 일로 생명을 위협하는 그런 상황은 거의 일어나지 않는다.

한 가지 예를 들어 보겠다. 성적 충동을 자극하는 이성을 발견했을 때 원시적 본능은 무조건 그 이성에게 달려가서 성적인 구애를 하고 성관계를 시도하는 행동을 해야 원시 사회에서는 적합한 것이라고 하겠지만, 현대 사회에서는 이러한 충동과 감성적인 행동은 오히려 생존과 번식 프로그램에서 실패하는 원인으로 작용하게 될 것이다. 따라서 현대사회에서는 지능이라는 도구를 사용해서 생존과 번식에 유리한 선택을 해야만 더 좋은 결과를 얻을 확률이 커진다. 현대사회에서 지능은 생존과 번식을 위하여 적절한 방법을 선택하도록 하는 전략적 도구에 불과하다. 따라서 지능은 삶의 도구이지 목표는 아니다. 한마디로 요약하면 우리는 똑똑한 아이보다는 행복한 아이를 키우는데 노력을 집중해야 한다. 그래서 현대는 생존본능과 번식본능이라는 원시적 본능을 넘어선 삶의 행복을 위한 새로운 목표를 설정해야 하는 과제에 당면해 있다. 인간은 생존본능과 번식본능에만 지배되는 동식물과는 달리 행복추구라는 제3의 새로운 목표를 해결해야 할 숙제를 해결해야 한다.

외향적 일수록 더 행복하다

흔히 자녀들은 부모 소질을 많이 닮는다는 말을 하는데, 소질뿐만 아니라 지능도 성격도 모두 부모로부터 기본적 틀을 이어 받는다. 진화심리학적인 관점에서 볼 때 반드시 그러한 것은 아니지만, 여자는 엄마의 유전자를 닮고, 남자는 아빠의 유전자를 닮을 확률이 높다. 그래야 여자는 더 여성스럽고 남자는 더 남성스럽게 진화할 수가 있기 때문이다. 쌍둥이 연구에 의하면 쌍둥이 성격에 영향을 주는 요인은 부모의 가정환경, 즉 부모의 교육수준, 양육태도, 수입, 경제적 환경에 의한 영향력은 10% 미만이고, 또래 집단이나 친구, 직장 같은 개인 환경과 유전이 성격형성에 더 큰 결정적 영향을 미친다고 한다. 지금까지의 연구 결과를 종합하면 성격에 대한 유전의 영향력이 매우 높아서 어떤 연구는 70%까지 높게 보기도 한다.

행복은 성적순에 따르는 것이 아니라 타고난 성격 순에 따라 달라진다. 이에 관한 흥미로운 쌍둥이에 대한 연구 사례를 예로 들어 보겠다. 쌍둥이가 태어나면서 곧 바로 각자가 다른 가정으로 입양을 보내져 40년간 한 번도 만날 기회조차 없이 성인으로 성장하다가 우여곡절 끝에 함께 만났다는 기사가 1979년에 미국의 한 신문에 실리게 되면서 미국 사회에 큰 화제가 된 일이 있었다. 이와 같은 기사를 접한 미국의 어느 심리학자가 이들 쌍둥이가 어떤 점이 비슷하고 어떤 점이 서로 다른지 연구해 보았다. 그들은 서로 성장했던 환경이 다르기 때문에 당연히 상당히 많은 부분에서 다를 것으로 추정했다. 그런데 아주 놀랍게도 쌍둥이 형제는 모두 습관적으로 손톱을 물어뜯고, 목공 일이 취미였고, 똑같이 농구를 싫어했다.

그래서 연구팀은 계속해서 생각이나 습관이 유전에 의한 영향력이 어느 정도인가 하는 문제에 대해 연구했다. 이들과 유전자 결정론자들은 습관적인 거짓말이나 도벽 같은 습관도 아이 때 입은 정신적 충격보다 유전적인 요인이 더 큰 영향을 준다고 주장한다. 심지어는 사랑과 야망, 호기심, 창조성 등 정신적 특성까지도 유전자에 의해 좌우된다고 주장한다.

쌍둥이에 대한 조금 더 구체적인 연구사례를 보겠다. 캐나다의 베논(Tony Vernon) 박사는 같은 유전자 조합을 가지고 태어난 219쌍의 쌍둥이를 대상으로 인생에 대한 "통제력, 책임감, 자신감, 도전능력" 등 4가지 항목을 연구한 결과 이러한 특성들은 환경보다는 유전이 더 많은 작용을 하는 것으로 결론을 내렸다. 특히 외향적 성격일수록 좌절 등을 겪은 뒤 재기하는 정신적 능력이 더 강한 것으로 밝혀졌다.

예를 들면 부모 모두 혹은 어느 한쪽이 운동선수인 경우 자녀들은 모든 일에서 승부욕과 도전의식이 강한 경우가 많았다. 강인한 정신력이나 강한 성격은 환경과 유전자의 복합적 상호작용의 산물이지만 유전적 요인의 영향이 더 앞선다는 뜻이다. 또한 지나치게 근심과 걱정이 많은 성격도 마찬가지 논리로 설명된다. 이런 성향은 17번 면역체에 있는 세로토닌 운반체(5-HTT) 유전자를 억제하는 DNA의 길이가 짧을 것이라는 가설을 뒷받침하는 연구도 있다.

현대 성격론자들은 보통 성격을 내외향성, 정서 안정성, 개방성, 성실성, 유쾌성 등 5개 특성으로 나누어 설명하기를 좋아한다. 그런데 그간의 쌍둥이 연구에 의하면 내외향성, 정서 안정성과 개방성이 성실성과 유쾌성에 비해 유전적 영향을 더 많이 받는다고 보고되어 있다. 이처럼 성격 유형별로 유전의 영향력이 다른 것은 일반인에 대한 연구에서도 같은 경향을 보이고 있다. 캘리포니아대학 연구팀이 21~60세 13만 명에 대한 장기 추적 연구를 통해 "성격 및 사회심리 잡지(2003)"에 보고한 연구에 의하면 일부 성격 특성은 평생을 거쳐 조금씩 변화한다고 한다.

이 연구는 미국과 캐나다에 거주하는 백인과 흑인, 아시아인 등 모든 인종의 성격 변화의 흐름을 추적 연구했다. 그 결과 나이를 먹을수록 성실성과 유쾌성은 점차 증가하지만, 정서 안정성과 개방성은 점차 감소되었다. 일에 대한 계획성과 치밀성을 대표하는 성실성은 나이를 먹을수록 강화되는데, 특히 독립하게 되는 20대에 성실성이 매우 높아진다. 그리고 30대에는 대인관계에서 중요한 유쾌성(상냥함)이라는 성격 특성이 매우 발달하는데, 이 두개의 특성은 쌍둥이 연구에서도 유전적 영향력이 비교적 낮은 것으로 나타났다. 결국 나이를 먹을수록 사회 환경에 적응하면서 더 성실하고 상냥한 성격을 발달시키게 된다.

그러나 걱정하고 불안해하는 정서 불안정성은 여성의 경우 나이를 먹을수록 점차 감소하는 경향이 있지만, 남성은 별로 감소하는 징후가 없다. 개방성은 남녀 모두 시간이 흐를수록 조금씩 감소한다. 외향성은 여성의 경우 나이를 먹으면서 점점 감소하지만, 남성에게는 큰 변화가 없다. 결국 유전자의 영향력이 강한 성격 특성은 일생을 통해 별로 변하지 않지만 그렇지 않은 성격 특성은 나이를 먹음에 따라 사회적 환경에 많은 영향을 받는 것으로 보인다.

유전자는 인간의 삶에 많은 영향을 미친다. 그러나 그렇다고 유전자가 한 인간을 100% 결정하는 것은 아니다. 유전자는 잠재적 소질이다. 잠재적 소질은 그것이 타오를 수 있도록 불을 당겨줄 때 능력을 발휘하기 시작한다. 그러한 유전자의 스위치를 켜서 특질이 나타나게 하는 것은 환경이다. 인간은 한편으로는 유전적 소질에 의해 조종되기도 하지만 다른 한편으로는 환경적 요인에 의해 성장하고 발달한다. 따라서 적당한 시기에 적절한 환경적 자극을 받게 되면 성숙한 인간으로 성장하는 영양분의 역할을 하게 될 것이다.

그런데 유전에 의해 어떤 성격을 이어받게 되었고, 살아온 환경에 따라서 어떤 성격을 습득하게 되었는가 하는 성격 유형에 따라 행복을 경험하고 향유하는 결과가 달라진다는 의견이 있다. 새로운 경험에 대해 얼마나 마음을 여는가 하는 "개방성"이 높은 성격은 예술, 문화, 이국적인 것을 추구하거나 창의적인 것에 관심이 많지만, 개방성이 낮은 성격은 익숙한 것이나 친숙한 것에 매달리는 경향이 높아서 새로운 것을 추구하려 하지 않는다.

특히 외향적인 성격은 사람들과의 관계를 즐기고 자기 추구적인 성향에 맞는 경험을 적극적으로 즐기기 때문에 내향적인 사람들보다 행복 수준이 높은 편이다. 외향적인 성격은 행복과 정비례하는 경향이 높은데, 사교적이어서 친구가 많게 되고 그들로부터 긍정적인 피드백을 많이 받기 때문에 행복 수준이 높아질 가능성이 많다고 한다.

사회적 관계에서 친밀성이 낮고 신경증적인 성격을 가진 사람은 걱정이 많고 감정의 변화가 심하기 때문에 불안, 분노, 불면증, 만성 스트레스를 호소하는 경향이 높다. 이러한 부정적인 감정이 높은 사람은 행복한 생활을 해야만 그 만큼 신경과민성을 낮출 수 있지만, 대부분의 신경증적인 사람은 부정적 사건과 문제를 스스로 자초하는 경향이 높기 때문에 가족관계를 비롯한 많은 인간관계에서 갈등과 불화를 자초하고 부정적인 정서에 더 예민하게 반응한다. 따라서 이러한 성격이 강한 사람들은 행복을 경험하는데 상당한 어려움을 겪게 된다, 이러한 비사교적이고 신경증적인 성격은 상당한 정도 유전에 의해 영향을 받는다.

스트레스는 적당해야 한다

동물들의 소화기관은 비교적 잘 발달되어 있어서 대체로 먹이를 별 탈 없이 소화시키지만 사람은 동물과 달라서 불량한 음식물이나 비위생적인 물을 마시면 건강을 해치고 생명도 위험할 수 있다. 마찬가지로 외부 자극에 반응하는 정신적 자세에 따라서 자극에 적절히 반응할 수도 있고, 그와 반대로 잘 반응하지 못해 신체 질병을 일으켜 건강을 해치는 경우도 많다. 사람들은 성격에 따라서 하찮은 자극에도 예민하게 반응하여 건강을 해칠 수 있고, 어떤 사람은 웬만한 자극에는 끄떡 하지 않고 별다른 반응을 보이지 않는 사람도 있다.

1960년대 미국의 심장내과 의사인 프리드만(Friedman)은 자극에 반응하는 성격유형에 따라 심장질환과 깊은 관련이 있다는 사실을 밝혀냈다. 특히 반응 민감성이 예민한 성격이 심장질환에 걸릴 확률이 높다. 그는 이러한 급한 성격을 A형성격(Tape A Behavior Pattern: TABP)이라는 이름을 붙였다. 이러한 심장질환 발병 위험성이 높은 성격특성으로 성급하고 승부욕이 강하며, 참을성이 적으며, 화를 잘 내는 특징이 있음을 확인했다. 그의 연구에 따르면 그렇지 않은 사람(Tape B

Behavior Pattern: TBBP)에 비해 심근경색 발병률이 2.12배 높고, 협심증도 2.45배 더 높은 것으로 나타났다.

특히 험담을 잘하는 성격도 건강에 영향을 미친다고 한다. 우리는 보통 "욕"을 하면서 내 마음을 털어내면 스트레스가 해소된다고 믿어왔다. 그러나 잦은 욕설은 뇌 건강을 해치게 된다. 화를 내면 코티솔이라는 스트레스 호르몬이 분비되는데 이 호르몬은 듣는 사람은 물론 자기 자신의 뇌 기능에도 나쁜 영향을 미친다고 한다. 동핀란드대학 연구팀은 타인에 대한 빈정거림, 흉을 자주 보는 사람은 치매 위험이 3배나 높고, 사망률은 1.4배가 더 높다는 사실을 확인했다. 결국 흉을 보는 빈도가 높으면 사망률도 그만큼 높아진다는 사실이 밝혀진 것이다.

결론적으로 성격이 성실하고 낙천적인 사람은 오래 살고, 성격이 급하고 화를 잘 내는 사람들은 심장질환에 걸리기 쉽다는 결론이다. 결국 질병과 수명은 스트레스에 반응하는 민감성과 마음의 평화에 따라 많은 영향을 받는다는 사실을 알아야 한다. 사람들은 누구나 좋은 마음으로 행복하게 살고 싶어 한다. 그러나 현실적으로 팍팍하고 힘들다 보니 어쩔 수 없이 성격이 예민하게 변하게 되는데, 늘 험담이나 하고 남을 질투하기보다는 나 스스로에게 차분한 여유를 주는 성격을 갖도록 노력해야 한다.

외부자극에 반응하는 생산성과의 관계를 살펴보면 그 과정이 모두 똑 같은 "역∪형 곡선", 즉 바가지를 엎어 놓은 형식(∩)으로 일정하게 반응한다. 이를 보다 쉽게 설명하면 외부 자극이 적으면 생산성도 함께 낮아지고 자극이 많아질수록 생산성도 함께 증가하지만 자극이 일정 수준을 넘게 되면 생산성도 함께 다시 낮아지는 법칙관계를 갖는다. 외부의 자극을 스트레스라는 개념으로 바꾸고, 생산성을 건강이라는 개념으로 바꿔 설명해도 같은 원칙이 적용된다. 스트레스 수준이 낮으면 건강 수준도 낮고, 스트레스 수준이 높아질수록 건강도 함께 좋아지지만 스트레스 수준이 일정 수준을 넘으면 건강도 다시 낮아진다. 결론적으로 말하면 생산성이나 건강수준, 행복의 수준은 외부 스트레스 수준과 "역∪형 관계"에 있어서 생산 효율성을 높이고 건강상태를 유지하고 행복하게 살기 위해서는 일정한 수준의 스트레스가 필요하다는 말이 된다. 다시 말하면 생산 효율성, 건강, 행복을 위해서는 적정 수준의 스트레스(긴장)가 반드시 필요하다. 생산성을 높이고 삶의 과정을 건강하고 행복하게 유지하기 위해서 적정한 긴장은 인생의 맛을 조정하는 조미료 역할을 한다는 의미이다.

이러한 적정 수준의 긴장이 건강과 수명까지도 담보할 수 있다는 재미있는 예를 들어보겠다. 경제학에 "메기효과(Catfish Effect)"라는 이론이 있다. 경쟁자가 존재하면 이와 경쟁하는 다른 경쟁자의 잠재력도 함께 끌어 올린다는 이론이다. 메기효과에 대한 유래는 노르웨이의 한 어부가 정어리(Sardine) 수조에 메기(Catfish)를 넣은 데서 유래했다. 17~18세기 스웨덴, 노르웨이, 핀란드, 덴마크 등 북유럽 어민들의 주 수입원은 정어리의 일종인 청어였다. 그런데 청어는 차가운 해역에서 잘 자라서 육지에서 떨어진 먼 바다에 어장이 형성되기 때문에 청어를 잡아 수조에 넣어 항구로 이동하는 동안 대부분의 청어는 죽어 버린다. 그런데 죽은 것보다는 살아 있는 것이 훨씬 비싸기 때문에 어부들은 산채로

운반할 수 있는 방법에 관심이 많았다.

그런데 노르웨이의 한 어부는 늘 청어를 산채로 항구까지 운반하여 큰돈을 벌었다. 다른 어부들도 그 비법을 알고 싶었지만 그는 절대로 비법을 공개하지 않았다. 결국 그 어부가 죽은 다음에야 비법이 알려졌는데, 바로 청어의 수조 안에 천적인 메기를 넣은 것이었다. 메기에게 잡혀 먹힐 위협을 느낀 청어는 항구에 도착할 때까지도 살아남기 위해 열심히 움직였다는 것이다. 바로 천적의 존재가 생존력을 높인다는 메기효과라는 이론이 생기게 된 유래가 되었다.

사람은 왜 공포영화를 좋아하고, 매운 음식을 즐겨 먹고, 육체적 고통을 참으며 다이어트를 하고 마라톤과 등산을 하는가? 어떤 사람은 전쟁터에 목숨을 걸고 자원입대하고, 평생 동안 남을 위하여 봉사와 헌신을 하는가? "젊어서 고생은 사서도 한다, 비온 뒤의 땅이 더 굳다"라는 말과 같이 적당한 고생과 고통은 우리 삶의 백신 바이러스와 같은 긍정적인 영향을 준다. 이러한 인간의 행동에 대해서 예일대 심리학과의 블룸(Paul Bloom)은 "Sweet Spot(2021, 최선의 고통)"이라는 책을 통해서 이에 대해 답하고 있다. 그는 행복하려면 적당한 정도의 고통을 경험해야 한다고 주장한다. 정확히 말하면 인류는 고통과 고난을 겪으면서 살도록 진화되어 왔다는 것이다. 인류의 4대 문명 발상지는 모두 사람이 살기에 힘들고 고통스러운 곳이었지만 적당한 고통과 고난으로 극복하면서 찬란한 문명을 일으킨 지역이다. 사람이 놀면서 먹고 살기에 가장 좋은 아프리카 사바나 지역에는 살아가기 위한 고통이 없기 때문에 문명이 발전할 수 없다. 그래서 인간은 더 나은 삶을 위해 기꺼이 사서 고통을 선택하는 의도적인 행동을 하는 것이다.

영국의 역사학자 토인비(1889~1975)는 강연할 때마다 적당한 고통을 극복하는 문제를 자주에 인용했다. 그의 핵심 이론인 도전과 응전(Challenge and Response)을 비유적으로 설명한다. 그는 거친 환경에 도전하는 이런 용기가 없게 되면 반드시 위기가 찾아온다며, 살기 좋은 환경 조건과 뛰어난 민족이 위대한 문명을 만드는 것이 아니라 어느 정도 힘들고 고통이 따르는 환경에 도전하는 의지가 있기 때문에 현대 문명이 탄생한 것이라고 주장 한다. 사람들도 물질적으로 지나치게 과분하거나 지나치게 부족한 상태에 빠지게 되면 그의 잠재능력을 상실할 위험에 처하게 되기 때문에 언제나 물질적으로 적절한 조건에서 살아가야 한다. 그런데 지금 우리의 현실은 경제적으로 지나치게 흥청거리는 물질적 풍요의 환경에 빠져서 잠재능력을 잃어버리는 실수를 하지 않을까 걱정스럽다. 과유불급이라는 말처럼 정말 지나친 것은 모자란 것만 못하다.

본능을 넘어서려는 이성적 행동

매년 5월은 가족 간의 관계와 교류를 권하는 "가정의 날"인데, 이 날 자녀에게 재산을 상속하는 문제에 대한 시니어 토크 쇼 프로그램을 방영했다. 주제는 죽기 전에 자식에게 재산을 상속해 주는 것이 좋은 지 혹은 사망할 때까지 가지고 있어야 하는 것이 좋은 지를 논의하고 있었다. 자녀에게 도움이 된다면 생전에 상속하는 것이 좋다는 의견과 상속한 후에 자식에게 용돈까지 얻어 쓰는 상황까지 올 수 있다며 안 된다는 의견 등 여러 토론을 거친 후에 투표를 했는데 9:9로 두 의견에 대한 태도가 동률이 나왔다. 이런 결과를 보고 무척 놀라지 않을 수 없었다. 자녀가 필요해서 요구하면 상속해 주는 것이 당연한 본능적인 욕구로 알고 있었기 때문에 당연히 부모들은 생전에 상속해 주는 것에 전적으로 동의할 것으로 판단했기 때문이다.

자녀를 지원하는 본능적 행동이 개인주의적인 이해관계를 따지는 합리적이고 이성적인 행동을 넘어서지 못하는 이유가 무엇인지 의문이 생겼다. 그리고 다음과 같은 결론을 얻었다. 그동안 부모는 자녀에게 주기만 하는 일방통행으로 사랑을 했고, 자녀는 부모로부터 일방통행으로 받기만 하고 부모에게 베풀지 않았기 때문에 부모-자녀 간의 주고받는 "상호 교환의 균형"이 지켜지지 않고 자녀에게 상속한 이후 자녀로부터 적절한 경제적인 지원은 물론이고 심리적 소통마저 단절되는 경험을 했기 때문에 생전 상속이라는 본능적인 행동이 이성적인 행동에 의해 제지를 당하는 것이다.

부모가 자식에게 먹거리(재산)를 물려주려 하는 것은 도킨스(Dowkins)의 "이기적 유전자(The Selfish Gene)" 이론에 의하면 당연한 본능적 행동이다. 그러나 자녀가 부모를 부양하는 행동은 적절한 교육이나 훈련을 통해 배양하지 않으면 나타내기 어려운 이성적인 문화적 특성으로 본능과는 별로 상관이 없는 행동이다. 부모의 모(부)성애는 교육이나 훈련에 관계없이 무의식적으로 나타나는 본능적 행동이지만, 자식이 부모를 부양하는 행동은 교육과 훈련이 개입되어야 하는 이성적이고 도덕적인 문화적 행동이다. 다시 말하면 우리의 유전자에는 자녀를 사랑해야 한다는 본능적인 프로그램은 있어도 자녀가 부모를 사랑해야 한다는 본능적인 유전자 프로그램은 없다. 그래서 "내리 사랑은 있어도 치사랑은 없다"는 속담은 도킨스의 이기적 유전자 의미를 잘 대변하고 있다.

과거 전통문화에서는 부모님이 돌아가시면 자식은 효도하는 마음으로 탈상할 때까지 3년 동안 묘소에 움집을 짓고 산소를 돌보고 공양을 드리는 "시묘 살이"를 했었다. 이 기간 동안은 수염과 머리도 깍지 않고 유아기 동안 혼자 먹고 활동할 수 없었던 3년이라는 기간을 생각하며 그간 길러주신 부모님의 은혜에 보답했던 기간이다. 그러나 이러한 효(孝) 사상은 현대 산업사회에 들어서면서 점차 퇴색하고 있다. 효(孝)라는 말은 자식(子)이 노인(老)을 업고 있는 형태의 상형문자인데, 영어의 가족(Family)이라는 말도 “Father And Mother I love You(아버님 어머님 저는 부모님을 사랑합니다)”라는 첫 글자를 모아서 만든 단어로 해석하고 싶은 심정이다. 자식이 부모를 업고 있는 의미의 효(孝)는 이제 뉴스의 소재꺼리로 희귀해졌고, 부모가 자식을 사랑하는 본능적 행동만이 겨우 면면히 유지하고 있는 현실이다.

한국의 부모들은 세계 어느 부모보다도 자식을 사랑하는 본능적인 행동이 가장 강하지만 은퇴 후에는 연어처럼 뼈만 남아 물위에 둥둥 떠내려가는 신세로 전락하는 경우가 많다. 한국의 부모들은 높은 교육열로 양육비를 가장 많이 쓰고 있지만 은퇴 후 경제적인 빈곤자로 추락하게 되지만 자녀들은 부모의 이런 경제적 빈곤 상황을 외면하는 경향이 높다. 그래서 한국 노인들의 경제력은 OECD 37개 회원국 중에서 37위로 최하위로 꼴찌다.

노인들은 경제적 빈곤뿐만 아니라 정신적 심리적인 외로움 지수인 고립도(18.9%) 역시 OECD 국가 중에서 꼴찌 수준에 있다. 고립도가 높은 한국의 노인들은 OECD 국가 평균 자살률에 두 배가 넘는다. 보건복지부 추산(2023)에 의하면 전 국민의 3%가 고독사 위험군에 처해 있다고 한다. 자녀들은 빈곤자가 된 부모에게 경제적인 도움뿐만 아니라 심리적인 소통관계까지 단절하여 부모들을 경제적 심리적으로 어려운 상황에 빠지게 한다. 그래서 부모들도 이러한 자녀들의 태도에 민감하게 반응하게 되어, 부모도 점차 재산을 생전에 상속하는 본능적인 행동을 주저하게 만든다.

그러면 이와 같은 은퇴 부모들의 경제적 빈곤과 심리적 고립을 해소하기 위한 방안으로 어떤 것들을 생각해 볼 수 있을까?

첫째로 경제적 빈곤 문제를 해결하기 위한 국가의 정책으로 연금제도의 개혁이 가장 절실히 필요하다. 은퇴 이후의 경제적 생활이 보장되지 않아서 실제로 70세 이상까지 10여 년 정도 더 노동 시장에 남아서 경제활동을 해야 하는 실정이다.

둘째로는 자녀양육과 교육에 대한 태도를 바꾸어야 한다. 자녀가 대학을 졸업할 때까지 경비를 지원해야 한다는 태도가 80%를 넘고 있다. 논밭 등 전 재산을 모두 처분해서라도 자녀의 대학 교육만은 꼭 시켜야 한다는 교육에 대한 의식이 지나치게 강하다.

셋째로는 교육의 목표와 효율성을 위한 교육개혁이 필요하다. 한국의 젊은이들은 전문직이나 자유업이나 노점상이나 건설 노동자거나 농부나 어부도 이들 중 80%는 대학을 졸업했다. "한국 직업사전 통일본(2020)"에 의하면 우리나라 직업의 종류는 모두 16,891개가 있다고 한다. 모든 국민이 각자 자기 적성과 취미에 맞는 일을 찾아 만족하고 즐거운 생활을 할 수 있도록 삶에 대한 교육의 다양화 정책을 적극 시행해야 한다.

넷째는 교육의 내용을 개혁해야 한다. 모든 교육이 부귀(富貴)와 관련된 삶의 수단에 관한 도구과목이다. 삶의 철학적 목표의식이 없어서 "인격 없는 교육"으로 윤리나 도덕을 겸비한 성숙한 인재를 양성하지 못하고 오로지 돈을 벌고 출세하는 기계적인 AI 인간만을 배출하고 있다.

다섯째는 인간관계 기술과 대화기술에 대한 교육을 강화해야 한다. 아직은 미숙한 개인주의 가치관에서 오는 부모세대와 자녀세대 간의 가치관 차이와 기타 인간관계에서 표현되는 가치관의 차이를 서로 이해하고 조정하고 통합할 수 있는 기법에 대한 교육이 강화되어야 한다. 아직은 개인주의가 마치 상대방의 "다름"을 설득하거나 꺾어서 자기 의견에 따르게 하는 것으로 착각하고 있다. 이러한 갈등은 토론의 경험 없이 단순히 세상을 OX로만 해석하는 객관식 중심의 교육의 결과라고 생각된다.

여섯째로 가족관계를 건강하게 회복해야 한다. 외로움을 극복할 수 있는 가장 좋은 방법으로 관계의 양과 질을 높이는 것 이상 아무 것도 없다. 인간은 본래 사회적 동물로서 혼자서는 살아갈 수 없다. 가족 간의 관계는 물론 서로 다름을 주장하는 사람들과의 관계에서 함께 할 수 있는 방안을 찾아내야 한다. 자기주장만 하는 행동은 심각한 퇴행(Regression)이라는 부적응 행동이 아닐 수 없고 좋은 가정교육을 받고 자랐다고 말할 수 없다.

이상과 같은 문제들이 해소되어야 부모가 자녀를 일방적으로 사랑하는 "본능적 사랑"과 자녀들이 부모를 사랑하는 "이성적 사랑"이 서로 균형 있게 잘 조화를 이룰 수 있을 것이다. 그러한 균형을 이룰 때 부모도 자녀도 모두 함께 만족하면서 행복하고 화목한 가정을 이루며 살아갈 수 있다.

공자는 죽어야만 한다는 문화가치관

공자(孔子)가 중심이 된 유교사상(儒教思想)은 우리의 생각과 태도와 행동에 지대한 영향을 끼친 문화유전자이다. 유교사상은 삼국시대부터 국내에 유입되기 시작하였고, 고려 말에는 주자의 성리학이 도입되고, 조선시대에 와서는 국교로써 국가의 통치제도와 이념으로 강력하게 자리를 잡게 되었다. 유교를 말할 때 유학(儒學), 성리학(性理學), 도학(道學) 등 여러 종류의 이론들이 거론되는데 큰 의미에서 모두 유교(儒教)를 말한다.

유교는 중국의 춘추시대(BC 770~403)에 있었던 수많은 제자백가의 한 분파로 공자가 정리한 유가(儒家)를 후대의 공자학파들이 계승하고 체계화 시킨 중국 사상의 한 흐름이다. 유교는 지속적으로 보완되면서 19세기까지 동북아권 지역에서 정치, 제도, 철학, 종교 등 많은 분야의 핵심 사상으로 자리를 잡았다. 그러나 19세기 이후에 들어온 서구의 문화제국주의와 자체적 비판 때문에 국가적인 이념이 상당히 퇴색되었지만 아직도 많은 사회적 규범이나 정신문화에 큰 영향을 끼치고 있다.

유교의 인(仁) 사상은 "친족" 중심에서 밖으로 확장시켜서 나가는 외현성이 있기 때문에 우리 사회에서 혈연, 학연, 지연 등 엘리트 계급과 그에 따르는 부정부패는 고질적인 문제로 제기되어 왔다. 공자의 경(敬) 사상도 일제 강점기를 거치며 현대 군사정권까지 이어지면서 나이가 많으면 높임말을 쓰는 상명하복(上命下服)의 예절로 변질되기도 했다. 이와 같이 공자사상은 현대의 법치주의와 평등주의에 반하는 비판이 많이 제기되었다.

"논어(論語)"에서 "여자와 소인은 다루기 어려워 가까이 하면 겸손하지 않고, 멀리 하면 원망하느니라"라고 언급한 것, 그리고 공자가어(孔子家語)에 기록된 "삼종지도(三從之道)와 칠거지악(七去之惡)"을 논하며 여자를 매우 수동적인 존재로 묘사하여 많은 비판을 받았다. 삼종지도의 삼종(三從)이란 첫째 어려서는 아버지와 남자 형제를 따르고, 둘째로 시집을 가서는 남편을 따르며, 셋째로 남편이 죽은 뒤에는 자식을 따라야 하는 규약이다. 남자는 하늘이고 여자는 땅이라며 여자를 단순한 밥 짓는 존재로만 보고 명절과 제사 때도 모두 여자가 전담해야 하고 집밖은 나가지도 못하게 구속한 상당히 잘 못된 남존여비(男尊女卑) 사상이 일반 상식처럼 인식되었다.

"암탉이 울면 집안이 망한다"는 말이 생기게 되었고, 돈벌이는 남자가 하고, 가정의 살림과 육아는 여자의 몫이 되었다. 여자는 밥을 바닥에서 먹어야 하고, 남자는 밥상에서 먹어야 했다. 남자가 부엌에서 음식을 하면 부랄이 떨어진다 했다. 남편은 아내에게 반말을 하고, 아내는 존댓말을 해야 했고, 여성은 상속도 받을 수 없다. 여성의 성욕은 부도덕한 것으로 인식되면서 억압했고, 남성들의 성욕도 절제 했으나 축첩제와 기생제도를 통해서 일탈된 성욕을 채울 수 있는 기회를 열어 놓았다.

사회 계급은 사농공상(士農工商)으로 엄격히 제한되었다. 사(士)는 국가 행정을 유지하는 소수의 관료로 특권층에 있다. 농(農)은 오직 식량만 담당하는 주체이며, 공상(工商)은 사농(士農) 계급이 안정되도록 원활하게 기능하는 계층이다. 그러나 사(士) 계층의 전유물이었던 유교사상은 관념적이기 때문에 과학 발전과는 거의 무관해서 서양철학에서 흔히 볼 수 있는 정밀한 논리는 보이지 않는다. 물론 실용과 과학을 중요하게 생각하는 실학(實學)이라는 학문도 있었지만 성리학의 위력과 대적할 정도는 아니었다. 따라서 조선시대에는 성리학의 영향으로 부귀를 이루기 위한 경쟁과 성장보다는 겸손을 앞세운 도덕과 윤리만을 강조하는 하향식 평준화 정책을 시행했기 때문에 성취적인 욕구보다는 현실에 만족하려는 성장 억제정책이 우선하는 소수 양반들의 정치만이 강조되었다. 성리학은 논리성이 부족한 채로 근거, 증명, 실험 하나도 거치지 않고 형이상학적 주장만 반복하였다.

결국 이러한 사회적 분위기에 항거하여 1999년에는 “공자가 죽어야 나라가 산다”는 책이 출판되며 유교를 비판하기에 이르렀고, 이에 또 다른 성리학 옹호론자들은 “공자가 살아야 나라가 산다”는 책을 출판하면서 유교 찬반론이 가열되기도 했다. 세상의 모든 일은 항상 장점과 단점이 공존하는 것이기 때문에 긍정적인 면이나 부정적인 면 등 어느 한 쪽만 일방적으로 평가하는 것은 현명하지 못한 판단이다. 장점이 있으면 단점도 있는 것이고, 단점이 있으면 또 장점도 있는 것이기 때문에 필요에 따라서 현명하게 선택하여 사용하려는 지혜가 필요하다.

이제 유고 사상이 우리 사회에 끼친 장단점에 대해서 잠시 생각해 보겠다. 유교사상은 처음에 독일의 경제학자 막스 베버(Max Weber)를 위시한 근래 서양 학자들에 의하여 비판을 받기 시작했다. 그는 아시아권 경제가 크게 발달하지 못하는 원인으로 유교문화를 지적했고 이 주장이 이후 학계의 정설로 받아들여지게 되었다. 그런 이후 1970~1980년대부터 아시아권 국가 중에서 유교문화에 속한 동북아권 국가들이 비약적으로 경제발전을 이루며 유교문화의 특성들에 주목하기 시작했다. 유교문화의 특징으로 교육의 중시, 정부와 기업 간의 긴밀한 관계, 가족주의, 도덕 윤리적인 사회관계, 근면성과 저축성, 사회적 신뢰, 강한 문화적 동질감 등에 대해 주목하게 되었다.

특히 하버드대학의 뚜웨이밍(杜維明) 교수는 유교 문화와 밀접하게 관련되어 있는 동북아 국가의 산업화와 경제 발전은 서양과 다른 특징적인 장점이 있다고 주장했다. 그는 자신의 저서인 "문명의 대화"에서 유교 문화와 서양의 자본주의가 결합하여 새롭게 탄생한 "유교 자본주의 이론"을 강조하였다. 서양 자본주의는 효율성과 이익을 추구하면서 경제를 발전시켰지만, 동북아 국가의 유교자본주의는 혈연, 학연, 지연 등을 중심으로 하는 가족주의, 가부장적 권위, 높은 교육열, 개인보다 집단 중심의 공동체 의식, 도덕과 윤리를 중시하는 사회의식, 유교 문화적 동질감 등 유교적인 특징으로 산업화와 경제를 발전시켰다고 주장했다.

유교는 이처럼 우리의 정신문화에 긍정적 측면과 부정적 측면 양쪽에 많은 영향을 미치고 있는 문화 유전자다. 유교 문화는 칼날의 양면성이 있어서 현재는 옳지 못한 부분도 있지만, 한편으로 아직도 옳은 부분도 많이 있다. 지금 우리는 부정적인 부분만 보고 전체를 모두 버리는 우를 범하고 있는지 모른다. 부정적 부분들은 없애더라도 긍정적인 부분은 찾아서 고유한 우리의 전통 문화유전자를 계승하려는 마음가짐의 준비가 필요하다. 온고이지신(溫故而知新)이란 뜻을 다시 한 번 음미해 본다.

한을 풀어내는 유전자

현대적 개념으로 스트레스라 하고, 전통적인 개념으로는 한(恨)이라 부르는 현상에 대하여 우리는 선조로부터 긍정적으로 풀어내는 방법을 배워 왔을까 아니면 그대로 참아내야 한다는 법을 배웠을까? 어느 한 시대에는 적극적으로 풀어내도록 권하는 시대에 살았고, 어느 시대에는 참는 것이 미덕이고 예의라고 권했고, 지금은 풀어내는 것이 심리적 건강에 좋다고 권하는 시대에 살고 있다. 지금은 너무 지나칠 정도로 표현의 자유가 시끄러울 정도지만, 그 덕분에 현대에 들어 영화, 연극, 음악 등 세계 각종 연예 예술분야의 시상식에서 우리의 예술인이 정상을 휩쓸고 있다. K-예술의 시대가 활짝 열렸는데, 이러한 성과는 선조로부터 물려받은 창의력과 스트레스를 풀어내는 방법을 물려받은 문화 유전자 덕택이라고 이해해도 좋다. 동양은 서양권에 비해서 7:3의 비율로 우반구가 발달하여서 감성, 직관, 창의성, 주관 등이 발달하였고, 서양은 논리, 합리, 객관 등이 발달해서 우리들의 문화예술은 유전적 예술 감각에 적합하도록 진화된 우반구를 물려받았다.

우리 정신문화의 특징인 한(恨)과 흥(興)은 서로 연관성이 없는 것처럼 보이지만, 한(恨)은 정서적 슬픔의 정서로 가라앉히는 하향적 기질이고, 흥(興)은 반대로 기쁨의 정서를 일으키는 상향적 기질 정서다. 따라서 정서를 안으로 감추려 하는 한과 밖으로 내보내려는 흥은 겉으로는 같이 할 수 있는 기질이라고 이해하기에 무리가 있어 보이지만 한과 흥이라는 정서는 마음에 함께 들어있다.

이러한 한(恨)이라는 정서는 한국인들에게서만 있는 독특한 정서다. 논어, 맹자, 대학, 중용, 시경 등 중국 고전 어느 책에도 한이라는 용어를 찾을 수 없다. 한이라는 용어 대신에 중국과 일본에서는 원(怨)이라는 말을 사용한다. 서양도 우리의 한과 같은 의미의 말은 없다. 한이라 하는 정서는 강자의 억누름을 표현하지도 못하면서 억압에서 느껴지는 감정적으로 응어리진 마음이다. 죽도록 열심히 일을 하여도 굶어야만 하는 가난에 대한 원망, 왕조국가에서 왕족과 양반의 기세에 억눌려 억지로 살아야 하는 약자의 원망들이 한이라는 정서 속에 녹아있다.

한국심리학회에서 한국인의 감정을 표현한 자료를 분석한 결과를 보면 사랑, 행복, 기쁨과 같은 "쾌"라는 감정을 표현하는 단어는 전체 단어 중에서 28% 정도에 지나지 않으며, 우리가 사용하는 감정관련 단어 중에 무려 72%는 참담, 배신, 슬픔 등과 관련된 "불쾌"라는 감정과 관련된 단어라고 한다. 한국인은 말했다 하면 감정적 말로 십중 칠팔은 불쾌를 뜻하는 습관이 있다는 뜻이다.

외국어에서도 원망을 나타내는 정서감정들이 있지만 우리 민족이 갖고 있는 특유의 한이라는 정서와 같은 정서는 없다. 우리 민족의 한의 정서에는 복수의 감정이 없는 점에서 가장 큰 차이점이 있다. 복수는 뒤로 하면서 감내하고 참아내면서 한이라는 정서가 출발한다. 예를 들면 은장도는 공격용 무기로 사용하는 것이 아니고 기본적으로 방어용으로 어이없게 자결용 무기로 쓴다. 자발적으로 죽음까지 선택하는 수동적인 무기로, 이런 무기는 한국인만 가지고 있는 정서적 표현이다. 인내라는 "인(忍)"은 심장(心)에 칼날(刃)이 함께한 모습을 표현한 글자다. 칼날로 심장을 후비는 것 같은 고통을 참는 것이 바로 인내를 뜻하는 것이다.

한국인은 이런 한(恨)이라는 정서를 풀어내는 방법이 다른 국가와 크게 다르다. 예로서 함무라비 법전에는 "눈에는 눈, 이에는 이"란 말처럼 상대에게 동일하거나 유사 수준의 복수 방법을 이용해서 푸는데 반해 우리 문화에서는 어떤 이유로 복수하지 못하거나 복수하지도 못하는 특징이 있다. 복수 아닌 다른 방법으로 가슴 속에 맺힌 응어리를 풀려고 한다. 그래서 한의 정서를 참아내는 과정을 통해서 생기는 특성으로 병이 나타난다. 이런 병은 한국인만 생기는 "hwa-byung"이라 하는 한국식 고유의 병이 있다. 화병(火病)은 다른 말로 울화병(鬱火病)이라고도 한다. 모두 불(火)과 관련되어 있지만, 우리의 화병과 서양 의학이 진단하는 우울증과는 매우 다르다. 화병은 대체로 가슴이 답답하거나, 온 몸에 열 의식을 느끼고, 목과 명치에 뭉친 덩어리 느낌을 경험하거나, 치밀어 떠오르는 느낌, 억울하고 분한 감정들을 느끼고, 깊이 눌려있는 분노의 감정 등 대개 "신체적 증상"을 호소하지만, 우울증은 대체로 "정신적인 증상"을 호소하므로 화병과는 상당한 차이가 있다.

한민족은 한편으로는 억눌린 정서적 한을 흥이라는 방법을 통해 풀어내는 장점을 가지고 있다. 대표적인 것으로는 탈춤, 꽹과리를 치며 들판을 이리저리 돌아다니는 사물놀이, 각설이, 농무(農舞), 다 같이 어울려서 밤낮 없이 춤을 추는 강강술래, 음주가무와 같은 노래방 문화 등이 있다. 이런 한을 풀어내는 활동에는 신명(神明)이란 문화 유전자가 우리 핏속에 흐르고 있기 때문이다. 우리들 말에 "신명 난다, 신바람 난다"는 말은 어떤 일에 빠져들거나 즐겁게 일할 때, 즉 순간적으로 삶에서 만족할 때 사용하는 말로 칙센트미하이가 주장하는 "몰입" 상태와 유사한 경험이다.

한국청소년정책연구원의 모상현(2022)은 신명의 심리적 특성으로 첫째 강렬한 정서적 경험을 하게 되고, 둘째 정서가 빠르게 주변에 전이되고, 셋째 여러 사람이 뒤섞여서 서로 간 떠들어대거나 뒤죽박죽이 되는 난장현상이라고 말한다. 신명 상황에 빠지면 평소에 마음에 맺힌 것이나 억눌려 응어리진 것들이 격식에 얽매이지 않고 큰 소리로 노래 부르고 함성을 지르며 처음 보는 사람들과도 거리낌 없이 어울리고 평소에 하기 힘든 행동을 보이기도 한다. 이러한 신명은 평소에 할 수 없는 감정을 표현할 수 있는 기능이 있음을 이해하게 된다. 감정의 표현이 단순한 혼돈이 아니라 문화적으로 약속되어진 무질서로 삶에서 일어난 여러 갈등으로 빚어졌던 욕구불만의 훌륭한 배출구가 되는 것이다. 가난과 핍박의 억눌림으로부터 해방을 뜻하고, 풀지 못한 한의 상태에서 자유로운 상황으로 전환되는 계기가 되기도 한다. 이어령 교수도 한국인의 문화 특징을 "푸는 문화"라고 정의한 바 있다. 이러한 특징을 "신명 풀이"라 하는데, "탈춤"과 같은 우리의 전통 예술은 부정적인 감정을 배설시켜 정화해 주는 정신분석의 카타르시스 개념과 비교가 된다. 스트레스를 푸는 수단으로 쓰이는 카타르시스의 실제적 기능, 즉 쌓이고 억압된 정서를 대리 배설하는 신체적 정신의학적 승화효과가 있다.

우리 전통가요도 가슴 속에 억눌린 한을 흥이라는 수단을 통해서 밖으로 풀어낸 것이다. 한국 음악저작권 협회(2017)에 등록된 노래 604,029곡 중에서 26,250곡이 애창되고 있는데, 가사 내용이 모두 "사랑 타령" 뿐이라는 것에 반대할 사람이 없을 만큼 "사랑"이란 말을 이길 단어는 없어 보인다. 대부분의 가사 내용이 이루지 못한 한에 대한 것들이다. 우리 가요 속에 많이 쓰이고 있는 단어 빈도를 보면 "운다, 눈물, 밤, 꿈, 정든, 꽃, 바람, 이별, 비, 등불, 슬픈, 외로운, 사랑, 멀다, 미련, 안개, 나그네, 죽음, 배, 고향, 간다, 길, 엄마, 부두"와 같은 단어가 대부분이다. 이제 트롯은 우리 전통의 한을 뛰어 넘어 즐겁고 행복한 흥의 트롯으로 새로운 장르를 개척하고 있다. 신명에 창의력과 몰입감이 어우러져서 음악은 물론이고 영화와 미술 등 각종 연예계에서 K-예술이 세계인을 신명나게 감동시키고 있다.

묘를 잘 써야 복을 받는다는 정신문화

바닷가 어부가 고기를 잡을 때는 잡을 고기의 종류에 따라 그 고기가 사는 장소에 그물을 쳐야 한다. 짐승을 사냥할 때도 사냥하는 동물에 따라 길목을 정해야 한다. 이와 마찬가지로 사람도 살기 좋은 명당이라는 터가 있다. 주업으로 사냥해서 먹거리를 해결했던 유럽인들은 사냥에 나가기 쉽고 휴식도 할 수 있는 곳으로 물이 풍부하고 햇볕이 잘 드는 곳에 모여 살기 좋아했다. 반면에 농업을 통해 생계를 이어갔던 동양인들은 농사에 편리한 곳으로 농사에 필요한 물을 편리하게 이용할 수 있는 지역으로 햇빛이 드는 남향으로 터를 잡았다. 인류의 최초 문명의 발상지인 황하강, 인더스강, 나일강 유역은 모두 사람이 살기 좋은 명당이었다.

유교 문화에서는 살아 있는 동안에 살기 좋은 명당자리를 찾았지만 죽은 다음에도 명당자리를 찾아서 묻히려고 한다. 그렇게 해야 살아 있는 사람의 행복은 물론 다음에 태어나게 될 세대의 행복까지 기대할 수 있다는 문화적 전통이 있다. 풍수(風水)라는 말은 중국 진(晋)의 시인 곽박(郭璞)의 장경(葬經)에 나오는 "장풍득수(藏風得水)"라는 말에서 사용하던 용어를 줄인 말이다. 장풍이란 바람을 감춘다는 의미가 있고 득수는 물을 얻는다는 의미로 풍수라는 말은 비바람을 막고 물이 나에게 들어오는 터라는 뜻이다.

풍수지리의 기본적인 개념은 사람이 땅과 어떻게 조화롭게 살아갈 것인가 하는 문제에서 출발한다. 이런 풍수지리학은 땅과 살아 있는 사람과의 관계뿐만 아니라 죽은 사람까지도 중요하게 본다. 풍수지리학은 산 사람에 관한 양택풍수(陽宅風水)와 사망한 사람과 관련된 음택풍수(陰宅風水)로 나누어 설명하는데, 풍수의 출발점은 음택풍수보다 양택풍수가 먼저 발달했다. 고대 인간은 생존과 생활의 편리함을 위해 살기에 좋은 터전을 찾았다. 원시시대 때부터 자연재앙이나 짐승들과 적으로부터 가족을 보존하고 번창시킬 수 있는 곳이 살기에 좋은 장소라는 것을 경험했다. 적을 방어하고 먹을 음식물을 구하기 쉬우며 물을 얻기 좋은 장소가 바로 풍수지리로 볼 때 명당이라는 터의 개념이다.

어떤 땅에서 어떠한 형태의 집을 짓고 사느냐 하는 문제가 고대 원시사회에서는 부족의 존폐를 결정짓는 중요 조건이 된다. 원시 부족들은 더 살기 좋은 땅을 차지하기 위해서 전쟁을 했고, 가장 좋은 지리적 조건을 갖춘 땅을 차지하게 된 부족들이 발전해서 고대국가로 성장하게 되었다. 풍수지리는 이처럼 처음부터 죽은 사람의 무덤보다는 살아 있는 사람의 생활터전을 찾으려는 목적에서 시작되었다. 풍수지리는 살아 있는 사람의 생거지(生居地)와 관련되어 있기 때문에 "생거지 풍수(生居地風水)"라는 말로도 부른다. 우리의 문화권에서는 "남향에 동쪽 대문"이라는 말이 있다. 현실적으로 남향의 집은 태양을 향하고 있어 태양 빛이 많이 비추어 양지바르고, 양기(陽氣)를 흡수할 수 있어 생활에 매우 편리하고 건강에도 좋다.

양택풍수학은 불교문화의 영향으로 집터보다는 절터가 훨씬 더 중요하게 다루어졌다. 그러므로 승려들이 자연스럽게 절터에 관련된 관심을 가졌다. 도선국사, 무학대사, 사명대사, 서산대사 등이 모두 불교계의 풍수사로 알려져 있다. 이러한 풍수에 능숙한 불교의 고승이 일반인에게 혈(穴)이라고 하는 명당을 찾아주면서 풍수학의 전통을 이어왔다. 통일신라의 도선국사가 풍수지리의 실질적 이론의 기본 틀을 마련하는데 크게 기여했다고 한다.

그러나 주자학의 창시자인 주자(朱子)가 박복한 가정의 환경을 탓하며 부친의 묘를 두 번이나 이장했다. 그는 14살 때 집안의 가장 역할을 시작했고, 결혼하여 분가한 후에 아내와 사별도 하게 되고 장남까지도 잃게 되었기 때문이다. 이렇게 묘지를 이장하게 된 근거들을 기록해 놓은 주자어류(朱子語類)가 후에 우리에게 전해지게 되면서 이후 음택풍수에 대한 관심이 높아지게 되었다. 이런 후부터 고려 시대에 유행하던 불교식 화장문화가 유교식의 매장문화로 전환되는 결정적 계기가 되었다. 조선 시대에는 송사 중에 80%가 묘지 문제일 정도로 음택이 중요했다.

서양문화에서 말하는 영혼(靈魂)을 동양문화에서는 혼백(魂魄)이라고 부른다. 혼(魂)은 영혼이고, 백(魄)은 육체라고 믿었다. 이러한 혼백은 생사(生死)에 따라서 살아가는 거처가 다르다고 믿어왔다. 살아 있는 동안에 혼은 폐(肺)에 머물러 있고, 백은 간(肝)에 머무르고 있다고 믿는다. 그러나 죽으면 혼은 하늘로 올라가고, 백은 정(精)의 모습으로 돌아와 골수에 머물게 되므로, 혼은 자유롭게 하늘로 사라지고 정으로 변한 백은 뼛속에 갇혀 일생을 뼈와 함께 한다. 결국 정은 뼈와 함께 땅으로 다시 회귀하게 된다. 이 정이 깃들어 있는 뼈를 가능한 빨리 육탈하도록 하기 위해서 땅의 좋은 기운을 많이 먹이고 키워서 차고 넘치도록 만드는 것이 매장의 일차적 목적이다. 그렇게 해야 죽은 이의 기운이 살아 있는 사람에게 좋은 기가 옮아가게 된다고 믿는 개념이 생사론(生死論)이다.

음택이나 양택이나 산세의 좋은 "지기(地氣)"를 찾으려는 목적에는 모두 같다. 풍수설의 기본 원리는 일정 경로를 따라 땅속에서 돌아다니는 "생기(生氣)"를 접촉함으로써 복을 얻고 화를 피하자는 것이다. 생기란 곧 "기(氣)"를 뜻하는 데, 기는 우리의 몸속의 피처럼 일정한 통로를 따라 움직인다고 본다. 그러므로 좋은 기를 타고나게 된 사람은 복을 많이 받게 되어 부귀영화를 누리고, 그런 곳에 묘를 쓰게 되면 훌륭한 사람이 태어난다고 생각한다. 이 처럼 대지의 지기(地氣)를 생각하는 믿음은 땅을 살아서 숨을 쉬는 생명체로 보는 데서 시작된다.

관이 들어갈 자리를 혈(穴)이라고 부르는데, 혈은 여체의 구멍인 국부에 해당한다. 혈의 자리는 자궁으로 통하게 되는 문으로 곧 질을 말한다. 그리고 혈의 자리를 안쪽에서 감싸는 좌청룡과 우백호는 소음순을 말하고, 밖에서 감싸고 있는 것이 대음순이다. 주산(主山)은 배꼽 바로 밑에 튀어나온 곳이 불두덩이고, 그 아래 입수처가 음핵이다. 여기에 덧붙여 묘지 앞쪽에서 평평하게 넓고 물이 들어오는 형세를 띤 지형이면 금상첨화라 할 수 있다. 이처럼 여성 성기의 조건들을 고르게 갖추고 있는 곳이 명당이라는 터가 된다. 세상에 여자 자궁만큼 편하고 생명력이 넘쳐흐르는 곳은 없다. 이 처럼 명당이라는 신앙은 민속학을 여성 신체와 동일시한 결과로 보는 것이다. 죽은 이를 다시 어머니 뱃속에 묻히게 함으로써 다음에 다시 새롭게 태어날 수 있는 기회를 달라고 하는 심리적 현상으로 이를 지모설(地母說)이라고도 부른다. 프로이트도 퇴행행동 중에서 "자궁으로의 퇴행"이라는 원시적 행동현상을 설명하고 있다. 민속학에서 명당이란 자리를 대지 중심을 상징하는 모태(母胎)로 보기 때문에 생산과 풍요가 약속된 성역이 된다. 육신이 모태에 해당하는 곳에 되돌아 가서 다시 재생을 보장하는 것으로 믿는다.

정신문화 가치관의 갈등은 극복되어야 한다

흔히 현대를 초역전 시대라 부른다. 이제 자식이 부모보다 더 많이 알고, 후배가 선배보다 더 많이 알고, 사원이 임원보다 더 많이 알고, 병사가 간부보다 더 많이 안다고 말한다. 세상은 똑똑해야 살아갈 수 있다. 이처럼 젊은 사람의 교양, 인격, 지능(IQ)도 함께 모두 향상되었기를 바랐지만, 윤리와 교양은 땅에 떨어지고 오로지 부귀를 얻는 지식만 늘어났다. 이러한 현상은 신문명 주기가 빨라져서 나타난 단순한 현상이다. 농업의 혁명은 수천 년을 거쳐 변했고, 산업혁명은 300여 년을 지속했고, 정보화 혁명은 30년을 넘지 않는다. 우리가 경험하고 있는 제4차 산업혁명은 20여년을 예상하고 있으며, 제5차 산업혁명은 아마 15년 정도로 단축될 것이라는 전망이다. 그래서 지금은 노인의 삶의 시대와 젊은이의 삶의 세대 간 차이가 중복되면서 너무 극명하게 다르게 나타난다.

행복하게 살아가기 위해서 개인주의와 집단주의 가치관 중에서 어떤 가치관은 맞고 어떤 가치관은 틀렸다고 말하기 어렵다. 그냥 생활 수단으로서 삶에 편리한 가치관을 채택하여 활용하면 되는 것이다. 살아가면서 어떤 유전자가 유리한 영향을 주었는지 아직 알려지지 않았지만 삶의 환경에 따라 긍정적으로 영향을 미쳤던 것이 전통 문화로 이어져 온 행동유형이 되었을 것이다. 서양은 개인주의를 바탕으로 과학과 물질 중심적인 가치관을 발달시켰고, 동양은 집단주의를 바탕으로 가족주의와 인문중심적인 유교적 가치관을 발달시켰다. 서양권의 게르만, 노르드와 앵글로색슨, 그리고 아이리쉬 민족들이 개인주의 가치와 관련이 있고, 동구권의 슬라브, 유럽 남부의 고트족, 아시아 유목민 계열은 집단주의 가치와 관련이 깊다.

이처럼 수만 년 이상 오래된 세월을 거쳐서 내려 온 동양의 전통적인 가치관인 집단주의적 가치관이 해방 후 갑작스럽게 서양식 개인주의적 가치관으로 변화되는 새로운 교육정책으로 구세대와 신세대 간의 갈등이 새로운 사회적인 문제를 낳고 있다. 가족주의, 근검절약, 도덕과 예의를 중요하게 생각하는 유교적 문화에서 핵가족, 즐기는 소비문화, 개인의 개성과 특기를 중시하는 개인주의적 문화로 바뀌게 되었다. 조화와 화합을 미덕으로 삼았던 집단주의적인 전통문화가 대립과 투쟁을 우선하는 개인주의적인 문화로 바뀌어 가고 있다. 이와 같은 신구세대의 갈등의 문제는 적정 수준을 넘어 국가와 사회 체제까지 흔들 정도로 위험 수준이 높아졌기 때문에 개인, 사회, 국가가 모두 건강하고 행복한 생활을 유지하기 힘들 정도로 혼란을 겪고 있다. 특히 젊은 세대는 어떤 이익을 챙길 때는 집단주의적 전통을 적용하고 의무와 책임을 지는 부분에서는 개인주의적 가치관을 사용하려고 해서 노인세대의 기준과는 완전히 상반되는 많은 갈등을 낳고 있다.

노인세대는 학교와 사회에서 "너, 나, 우리, 대한민국"을 제일 먼저 배웠지만 젊은 세대들은 "너와 나"라는 단어만 배우면서 "우리, 대한민국"이란 가족과 공동체 의식은 무시하고 사는 것 같다. 그래서 평생 동안 함께하기로 약속하고 결혼한 젊은이들도 결혼 5년이 지나면 5쌍 중에서 한 쌍은 이혼한다고 한다. 같은 세대도 서로 간의 갈등으로 결혼생활이 원활하지 못한데 젊은 세대와 노인세대 간의 갈등 문제는 정말 해결하기 힘든 상황이 되었다. 확실히 현대사회는 갈등사회에 진입했다고 본다. 향후 개인은 물론 사회와 국가가 건강하고 행복한 삶을 위해서 이런 갈등문제를 하루빨리 해결해야 할 시급한 문제가 되었다. 젊은 세대들은 자기의 의견이나 가치관이 틀릴 수 있다는 "지적 겸손(Intellectual Humility)" 수준이 낮은 편이다. 지적 겸손이 높은 사람들은 자신과 같은 의견보다는 다른 의견에도 많은 주의를 기울이고 그의 의견을 부정적으로 평하기보다는 그 의견을 신뢰할만한 근거에 관심을 갖는 특성이 있다.

가치관은 살아가는 지리적인 환경에 의해서 영향을 받는다. 세계는 비가 내리는 강수량에 따라 벼농사와 밀농사를 짓는 지역으로 나눠진다. 벼농사는 강수량이 평균 연간 1,000mm 이상 내려야 하고 강수량이 그 이하이면 밀을 재배하는 것이 효과적이다. 이 가설에 근거할 때 아시아의 동쪽은 벼농사에 적당하고, 유럽 지역에는 밀을 재배하기에 적합하다. 이렇게 다른 삶의 방식이 서로 상이한 가치관의 차이를 가져왔다. 즉 벼농사 지역은 집단주의 가치관이 발달하게 되고, 밀 농사지역은 개인주의 가치관이 발달했다.

버지니아대학 탈헬름(Thomas Talhelm) 교수가 발표한 "벼농사와 밀농사의 문화적 차이의 증거"에서 이런 이유를 잘 설명하고 있다. 벼농사는 물 관리기술과 관련된 토목공사가 필요하다. 모내기를 할 때에는 집단적 협동정신이 필요하고, 내 논에서 사용한 물을 이웃의 논으로도 물길을 내어 전달해 주어야 한다. 내 것과 네 것의 경계가 모호하게 되는 것이다. 생산도 가족 단위로 협동심을 발휘하며 공동으로 생산하고 노동력과는 관계없이 가족이 공동 분배하는 전체주의적 공동 가치관이 발달하게 되었다.

한편 밀농사는 관개수로나 저수지를 만들 필요가 없으며, 함께 협력할 필요도, 집단으로 모여서 살아야 할 필요도 적다. 밀농사는 개인적으로 투자한 개인의 능력에 따라 수확량이 달라지므로, 개인주의적 가치관이 발달했다. 이와 같이 서로 상이한 삶의 방식에 따라 동양의 집단주의적인 가치관과 서양의 개인주의적인 가치관이 생기게 되었다.

따라서 집단주의적 가치관이 강한 유교적인 전통문화가 해방 이후 서구 지역의 개인주의적인 가치관을 교육의 정책으로 도입하면서 신구세대 간의 가치관의 혼란과 갈등을 일으키는 계기가 되었다. 집단주의적인 가족제도가 해체되면서 핵가족 제도가 등장하였고, 국가관은 물론 가족, 친척, 부자, 친구 간의 소통도 단절되는 개인주의적인 가치관만 강조되고 있다. 결국 개인주의적 가치관과 표현의 자유를 교육받은 젊은 세대와 노인세대 간의 소통의 갈등은 당연한 결과가 되었다. 젊은 세대들은 가족이라는 집단에 구속되고 억압되는 전통문화를 수용하지 않는다. 그렇지만 부모는 집단 가족주의 중심 가치관에 따라 양육과 교육에 최선을 했지만, 자녀 세대는 화합과 조화의 가치는 배우지 못하고 개인주의적 가치관으로 무장했기 때문에 자녀들은 부모부양에는 별로 관심이 없다.

이러한 상반된 가치관 때문에 자식이 모두 독립하게 될 때는 우리 한국의 노인은 경제적인 자립능력까지 상실하며 OECD 국가 중에서 경제적으로 가장 빈곤한 세대로 전락하게 되고 정신적인 외로움 때문에 노인 자살률도 OECD 국가 중에서 1위에 오르게 된다. 경제적인 빈곤과 정신적 소외까지 모두 겪게 되는 초라한 노인이 되는 것이다.

이제 이러한 세대 간의 갈등의 문제를 해소하기 위한 가치관 협력 정책이 필요하다. 서양권의 부모들처럼 자녀가 성인이 되면 부모와 관계없이 독립하는 개인주의적 가치관을 지키던지, 성인 이후도 부모의 경제적 지원을 받으면서 자녀들이 부모 부양의 책임도 지는 집단주의 가치관을 택하든지 해야 한다. 이러한 세대 간의 갈등문제는 이전에는 전혀 경험하지 못했던 현상이다. 가치관 변화주기를 120년으로 볼 때 부모 자식 간의 세대 간격을 훌쩍 넘게 되는 것이다. 그렇지만 현대에 와서 가치관 변화 주기가 빠르게 진행되어 이제는 4세대가 서로 다른 가치관으로 살아가며 신구세대간 가치관 갈등을 불러일으키고 있다.

이런 신구세대 간의 갈등은 많은 세월이 지나면 자연스레 조정되겠지만 그 간의 과도기 동안이라도 부모에게서 경제적 도움을 받은 자녀들은 부모의 은덕에 물심양면으로 마음의 빚을 갚는 예의를 보여야 한다. 그렇게 해야 한국의 노인들이 퇴직 후에 갑자기 경제적으로 가난한 빈민층으로 전락하고 정신적 외로움을 이기지 못해 세계 제1의 자살률을 보이는 불명예도 예방할 수 있을 것이다. 한국의 노인들의 경제적인 빈곤 문제와 정신적으로도 소외되어 자살률까지 높게 된 근본적인 원인에 대해서는 다음 장에서 상세하게 다시 논하겠다.

제2장

행복에 영향을 미치는 환경

사람들은 사회적으로 높은 자리까지 출세하거나 돈을 잘 버는 부자가 되면 바로 행복할 것이라고 믿는다. 그래서 많은 교육을 받고 힘든 시험을 거쳐 높은 자리에 오르려고 교육에 열을 올리고, 돈을 벌어 부자가 될 수 있는 돈 벌이와 관련된 분야에 전력투구한다.

그런데 성인 100명을 모아 놓고 마술 지팡이를 이용하여 유전 요인과 의도적 행동을 똑 같게 통제하고 사회적 지위나 경제력과 같은 환경요인만을 마음대로 정하도록 마술을 부린다면 이러한 물리적 환경 요인은 개인의 행복 총량 중에서 겨우 10% 정도만 좌우할 수 있다. 높은 자리에 올라서 출세를 했거나 하찮은 지위에 머물러 있거나, 경제적으로 돈을 많이 번 부자가 되었거나 가난하게 살거나 그러한 것들은 그들의 행복에 기껏해야 10% 정도만 영향을 끼친다는 뜻이다.

이러한 환경요인 중에서 가장 중요하게 생각되는 요인은 물론 돈과 사회적 지위이다. 그런데 놀랍게도 이러한 요인이 행복에 별다른 영향을 미치지 못한다는 이유에 대해서도 알아 볼 것이다. 돈이나 지위를 얻는 과정과 관련되는 학력과 외모에 대해서도 알아보고, 이 외에 행복에 영향을 미친다고 생각하는 결혼, 친구 관계, 운동 등과 같은 환경요인도 함께 살펴 볼 것이다.

친구로부터 배우는 행복

서당개 3년이면 풍월을 읊는다는 말과 같이 맹모는 아들을 훌륭하게 교육시키기 위해서 집을 세 번이나 이사를 했다는 "맹모삼천지교(孟母三遷之敎)"라는 옛말은 누구나 알고 있는 이야기이다. 맹자의 어머니가 처음에 묘지 근처에 살았는데 그 때 맹자의 나이가 어려서 보고 듣는 것이 상여(喪輿)와 곡성(哭聲)이라 항상 그 흉내만 내서 맹자의 어머니는 이곳은 자식을 교육시킬 곳이 아니라 생각하여 시장 근처로 집을 옮겼더니 이번에는 장사 흉내만 내었다. 맹자 어머니는 이곳도 자식을 교육시킬 곳이 못된다고 판단해서 결국 다시 서당 근처로 집을 이사했더니 그제서야 글을 읽는 흉내를 내기 시작하게 되어서 이곳이야말로 자식을 키우기에 합당하다고 생각해서 결국 서당 근처에서 안주하게 되었다고 한다.

이러한 맹모의 삼천지교라는 교육은 학습이론에서 주장하는 대표적 "자극-반응" 이론이다. 마치 당구장의 공은 공을 치는 사람의 기술에 따라서 구르는 방향이 결정되듯이 학생들에게 어떠한 자극을 어떻게 주느냐 하는 조건에 따라서 나타나는 행동결과가 다르게 결정된다는 이론이다. 학생의 마음은 당구공과 같이 텅 비어 있기 때문에 교사가 제공하는 자극 종류에 따라 반응이 결정된다고 본다. 그러므로 학생들의 개인적인 인지능력이나 지적능력과 같은 조건은 고려 할 필요가 없다고 생각한다.

이러한 자극-반응 이론 또는 환경이론이라고 부르는 가설은 1902년에 러시아의 생리학자 파블로프(Ivan Pavlov)가 개의 소화에 대한 연구를 진행하던 중 먹이를 주기 전에 사육사가 다가오는 소리만 듣고도 침을 흘리게 되는 현상을 발견하고 고전적 조건형성이라는 "자극-반응 이론"을 실험하게 되었다. 그 공로로 그는 1904년에 결국 노벨 생리의학상까지 수상하게 된다. 이 후에 기대하는 행동을 얻어내기 위해 자극을 어떻게 주어야 할지 하는 문제에 대한 연구가 러시아 중심으로 많은 사회주의 국가들에서 인민들을 학습시키고 행동을 통제하려는 수단으로 활용되었다.

파블로프의 학습이론은 미국 하버드대학의 심리학 교수인 스키너(Frederick Skinner)에 의해서 발전되고 완성되었다. 이 후 20세기 초부터는 인간의 학습과정을 설명하는 대표적인 환경주의 학습이론으로 주목을 받게 되었다. 스키너는 문학가 지망생으로 영어를 전공했으나 인간의 마음과 행동을 더욱 더 폭넓게 이해하여 좋은 소설을 쓰기 위해 대학원을 진학하여 심리학을 전공했다. 그러다가 생각지도 않게 세계 행동주의 심리학의 창시자가 되었다. 그는 자녀들이 거짓말을 하면 자녀의 입을 비누로 씻어내는 정도로 철저한 행동주의자가 되었다.

그는 "스키너 상자"라 부르는 실험 도구를 이용하여 행동의 변화를 연구했다. 상자 안쪽에 실험용 쥐를 넣어 놓으면 쥐가 이곳저곳을 돌아다니다 우연히 지렛대를 밟으면 그 순간 쥐는 먹이를 얻어먹게 실험 상자를 만들었다. 상자 안에서 흰쥐가 이런 행동을 반복하도록 하면 지렛대를 누르는 시간이 점점 빨라진다는 것을 발견하였다. 지렛대를 누르게 하는 먹이를 강화(Reinforcement)라 하고, 강화를 촉진시켜주는 방법을 강화계획(Reinforcement Schedule)이라고 정의하고 이에 따른 행동의 변화를 깊이 연구했다.

그는 어떠한 행동을 강화해 주는 현상을 조작적 조건형성(Operant Conditioning)이라고 정의하고, 강화와 특정 행동을 감소시키거나 소멸시키는 처벌(Punishment)의 원리에 의해 어떤 행동도 변화시킬 수 있다고 보았다. 사람들도 어떤 행동에 보상(대가)이 주어지면 그 행동이 계속될 것이고, 아무 보상이 없거나 처벌을 받으면 그러한 행동은 중단 또는 하지 않으려 한다. 이런 그의 사상은 경험주의 철학, 백지설과 맥을 같이 하며 당 시대의 교육에 큰 파장을 일으켰다. 경험주의에 뿌리를 둔 교육자들은 누구든 원하는 직업을 적어서 나에게 보내면 100% 그러한 사람으로 만들어 줄 수 있다고 장담한다. 끼리끼리 모인다는 말과 같이 이와 같은 교육론은 누구든지 까만 곳에 있게 되면 까맣게 된다는 근묵자흑(近墨者黑), 붉은 곳에 있으면 붉게 된다는 근주자적(近朱者赤)과 상통한다.

이러한 학습이론에 따르면 행복하고 싶으면 행복하게 살아가는 사람 옆에서 행복을 배우면 된다. 행복은 전염성이 강해서 행복한 사람은 행복한 사람끼리 살고, 행복을 느끼지 못하는 사람은 그들끼리 홀로 산다. 크리스태키스 및 파울러(Nicholas Christakis & James Fowler) 교수는 최근에 행복의 생성과 확산과 관련된 연구를 통해 이런 사실을 증명해 냈다. 내 친구가 행복을 느끼면 나의 행복도 15% 이상 증가하고, 내 친구의 친구가 행복을 느끼면 내 행복수준도 10% 정도 증가 하고, 내 친구의 친구의 친구가 행복을 느끼면 내 행복수준도 6% 증가 한다. 행복한 친구가 네 단계 정도 지나가야 친구의 영향력이 없어진다. 행복한 친구와의 거리 역시 중요하다. 행복한 친구와 바로 옆 동네에 살고 있으면 나의 행복도 34% 증가하고, 행복한 친구가 1마일 떨어져 있으면 25% 증가하며, 행복을 느끼는 형제들과 살면 나의 행복도 14% 증가한다는 것이 확인되었다. 행복한 나라, 행복한 동네에서 행복하게 사는 많은 친구와 교류한다면 나의 행복수준도 많이 높아질 것 같다. 실타래가 너무 엉켜서 풀기 힘들 때는 실타래를 끊어버려야 하듯이 늘 부정적인 관계를 갖고 있는 교류는 오래 유지할 필요가 없기 때문에 빨리 정리하는 것이 오히려 더 좋다.

외모는 행복을 보장한다는 착각

동물을 포함한 사람은 모두 이성의 선택을 받아내기 위해 자신의 외모를 정성껏 꾸민다. 호주에서 닭의 먹이 그릇에 얼굴이 잘 생긴 사람의 얼굴과 못생긴 사람의 얼굴을 그린 그릇에 먹이를 주었더니 닭이 예쁜 얼굴을 그린 그릇에 있는 먹이를 더 많이 먹는 행동을 보였다. 그래서 그릇의 위치를 바꾸어 놓아도 역시 예쁜 얼굴 그릇 쪽에 가서 먹이를 먹었다. 스웨덴 스톡홀름대학 연구진 3명이 닭을 훈련시켜서 원하는 얼굴 그림을 부리로 쫄 수 있게 훈련을 시켰다. 실험 결과 닭은 건장한 남자와 도톰한 입술에 머리카락이 긴 여자를 더 많이 선택했다. 닭도 잘 생긴 얼굴을 더 좋아한다는 증거이다. 닭도 사람을 이성으로 택하는 것은 아니겠지만 놀라운 결과다.

여러 새끼를 낳아 양육하는 동물들의 경우도 덩치가 크고 건장한 새끼들에게 선별적으로 먹이를 더 주려하고 그렇지 않은 새끼는 잘 돌보지 않는 경향이 있는데, 동물의 이러한 차별은 새끼 양육이라는 힘든 육아를 효율화하기 위한 진화과정의 특징으로 해석할 수가 있다.

사람도 동물의 외모에 따라서 동물을 판단하는 관점이 크게 다르다. 호주의 머덕(Murdoch)대학 플레밍(Trish Flemming) 교수와 커틴(Curtin)대학교의 베트먼(Bill Bateman) 교수가 "외모가 경쟁력"이라는 논문을 발표(Mammal Review Journal, 2016)하며 못생긴 동물은 점차 멸종 위기에 놓이게 된다고 주장했다. 그는 못생긴 동물들에 대한 연구비는 관련 기관과 단체, 기업 등의 지원도 받기 어렵고 유력 학술지에도 인기 있는 외모를 가진 동물에 관한 논문이 더 많이 실린다는 사실을 확인했다.

캥거루, 코알라 등 원래부터 호주에서 살아왔던 토착동물을 "좋은 동물군"으로 분류하고, 외부에서 들어온 유럽 토끼나 붉은 여우와 토착동물들에게는 피해를 끼치는 동물들로 "나쁜 동물군"으로 분류하고, 박쥐와 설치류 등 흉측한 외모를 가진 동물은 "못생긴 동물군"으로 분류했다. 분석한 결과 못생긴 동물로 분류된 종은 비록 전체 포유동물 중에 숫자가 45%에 달할 만큼 많지만 관련 논문은 가장 적었다. 그에 비해 캥거루, 코알라처럼 좋은 동물에 대한 연구 논문은 월등히 많았으며 유력 학술지에 게재되는 수도 더 많았다.

영국 BBC에서 외모가 법정 판결에 미치는 영향력을 보기 위해서 실험을 했다. 가상적인 법정사건을 보도하고 시청자를 두 집단으로 나누었다. 피고인 사진을 못생긴 얼굴로 보여준 A집단과 잘 생긴 청년 사진을 보여준 B집단으로 나누어서 결과를 분석했다. 예상한 바와 같이 같은 사건이지만 못생긴 청년에게는 유죄판단이 40%를 넘었고, 미남 청년은 29%만이 유죄 판결을 받았다. 부모들도 자기 아이를 외모에 따라 달리 차별한다는 슬픈 관찰 결과가 있다. 미국의 대형 쇼핑몰에서 관찰 조사한 연구결과에 의하면 못생긴 자녀를 둔 부모들은 쇼핑에 정신이 팔려 아이에게 신경을 쓰지 않는 경우가 무려 13%에 달했지만 예쁜 자녀를 둔 부모들은 겨우 1%만 그러한 경향을 보였다.

이처럼 인류의 예뻐 보이려는 화장의 최초 역사는 5만년 전 네안데르탈인부터 시작되었고, 현대 문명사회에서는 7,500년 전 이집트 무덤에서 시작되었다. 이때까지의 화장은 미용보다 모래 바람에서 눈을 보호하고, 질병을 예방하거나 간혹 주술적인 목적으로 이용되었다. 그러나 화장이 미의 도구로 사용되기 시작한 것은 이집트의 클레오파트라 7세부터라고 한다. 여왕의 민낯이 그리 아름답지가 못해서 화장으로 얼굴의 단점을 보완했다고 한다. 그리스 시대는 노동으로 탄 피부를 하얗게 화장을 하여 귀족 행세를 하려 했다. 이 같은 화장술에 대해 로마의 철학자 플라우투스(Plautus)는 화장을 하지 않은 여성은 소금을 치지 않은 생선과 같다면서 화장의 역할을 강조했다.

한편 성형술의 최초 역사는 기원 전 인도이며 페르시아와 아랍을 거쳐 서양에 전해졌다. 그 때까지는 본래 얼굴을 되찾기 위한 재건성형이 목적이었으나 제1차 세계대전 이후부터 미의 욕구를 충족하려는 미용성형이 시작되었다. 우리도 1970년대부터 배고픈 시대를 끝내고 아름다운 외모를 가꾸기 위한 화장과 성형술에 관심을 갖기 시작했다. 내가 마음먹은 대로 내 외모를 바꿀 수 있는 "외모 민주화"의 시대가 열린 것이다.

국제성형학회(2012)에 의하면 한국인 천 명 당 성형 수술 건이 13건을 넘어서 인구당 성형비율로는 세계 1위에 있다. 한국 여성은 77명 당

1명꼴로 성형수술을 한다는 통계다. 한국 다음에 성형술이 유행하고 있는 국가는 그리스, 이탈리아, 미국, 콜롬비아, 대만, 일본, 브라질, 프랑스의 순이다. 성형 수술을 받는 절대 숫자는 미국이 311만 건으로 세계 1위이고, 2위에 브라질이 145만, 중국이 105만 건으로 3위다. 다음으로 일본, 멕시코, 이탈리아에 이어 한국은 65만 건으로 7위에 올라 있다. 성형 수술 부위로 미국에서는 가슴, 브라질에서는 엉덩이가 많고, 아시아 국가에서는 코에 대한 수술이 가장 많다. 한국인들은 비수술적 시술인 보톡스 주사, 레이저 제모를 가장 많이 하고 성형 수술은 지방 성형, 유방 확대, 코 성형, 쌍꺼풀 수술, 복부 성형의 순이다.

성형 수술의 욕구는 당연히 더 좋은 사랑과 사회적 성공을 위한 것이다. 자손을 남기려는 성적인 생식욕구와 먹고 사는 생존욕구를 위해 외모가 매우 중요하다고 생각하게 되었다. 그래서 생식욕구가 생존욕구보다 더 강하기 때문에 생존을 위해서 다소 위험이 되더라도 나의 유전자를 전해줄 수 있는 생식욕구에 도움이 된다면 그런 외모는 진화가 된다. 성가시게 긴 꼬리를 가진 수컷 꿩이나 갈기를 덮어 쓴 사자 수컷이나 쓸데없는 긴 수염을 가진 남자를 예로 들 수 있다. 암컷은 그런 수컷이 쉽게 적에게 노출될 위험이 크면서도 살아남았다는 것은 매우 뛰어난 유전적 능력을 가지고 있다는 신호로 평가되기 때문에 그런 수컷의 유전자는 생존할 수 있다. 이처럼 생존에 위험이 되더라도 생식에 도움이 되는 거추장스런 외모가 진화되는 현상을 장애이론(Handicap Theory)이라고 부른다.

사람은 겉으로 보이는 육체(身)와 겉으로는 볼 수 없는 마음(心)이라는 두 부분으로 이루어져 있는데, 우리는 보통 외모가 예쁘면 마음도 예쁠 것이라고 착각을 한다. 이런 생각이 착각이 아니라면 누구나 빚을 내어 성형 수술을 받겠지만 외모와 마음씨와는 별다른 상관이 없다. 오히려 심자일신지주(心者一身之主)라는 옛말처럼 마음이 육체의 주인이다. 겉으로 보이는 외모만 예쁘면 마음도 예쁠 것이라는 성형수술 만능 시대에서 이제 마음씨를 예쁘게 가꾸려는 움직임이 있어야 하겠다. 남자는 마음으로 늙고 여자는 얼굴로 늙어간다는 말이 있다. 얼굴이 늙어가면 슬프겠지만 마음까지 늙으면 정말 속상할 것이다. 겉으로 보이는 외모도 예뻐야 하겠지만 보이지 않는 마음까지 아름답고 건강한 사람을 만난다면 정말로 행복이 넘쳐날 것이다. 눈으로 보이는 외모는 물론 눈으로는 볼 수 없는 마음씨를 알아보는 지혜가 필요하다.

건강해야 행복할 수 있다

사람의 인체를 보는 관점은 문화권에 따라서 많이 다르다. 서양은 두뇌를 가장 중요하게 생각하고, 동양에서는 심장을 가장 중요하게 생각하고 있다. 심장의 크기는 주먹보다 약간 크며, 산소와 영양분을 싣고 있는 혈액을 온 몸에 흐르게 하기 위해 분당 60~80회 정도 심장 근육을 수축하는 장기의 엔진과도 같은 역할을 한다. 사람의 심장이 수축하는 분당 박동 수는 발달과정에 따라서 약간의 변화가 있다. 태어나는 신생아(120~140회) 시절에는 빠르다가 유소아(90~140회)를 거쳐 성인기(60~100회) 이후 노인기(70~80회)에 다시 조금 느려진다. 매일 평균 10만 회, 일년에 평균 3,650만 회 수축 운동을 한다고 볼 때, 수명을 80년으로 계산하면 평생 30억 회 정도 수축 운동을 하게 된다. "생명은 최초의 심장 박동으로 시작하고 마지막 심장 박동과 함께 끝난다"고 세기의 철학자 아리스토텔레스가 말하였는데, 그의 주장을 따른다면 심장이 자발적으로 움직이기 시작하는 임신 5주부터 생명이 시작되는 것으로 보아야 할지 모르겠다.

미국의 매사추세츠에 위치한 터프츠(Tufts)대학 심장내과 교수인 리

바인이 “안정 시 심박수와 기대수명(1997)”이라는 논문이 미국 심장학회지에 게재 되었다. 논문의 내용에 따르면 세상의 모든 포유류는 평생 동안 평균 10억 회 정도 심장이 뛴다고 말한다. 코끼리, 사자, 기린, 고양이, 원숭이, 생쥐, 햄스터도 마찬가지다. 그러나 사람들은 환경적인 영향으로 평생 30억 회 이상 뛸 수 있다고 주장한다. 동물과 사람의 생명은 주어진 심장박동을 모두 채우게 되면 엔진이 꺼지듯 자연스레 수명이 끝나게 된다. 건강한 성인들의 분당 안정 시 심박수는 남녀 모두 60~100회 범위 안에 있다. 사람의 심장이 평생 30억회 뛰는데 심박수를 70회에서 60회로 낮추게 되면 산술적으로 계산하면 수명을 80년에서 93년으로 10년 이상 늘어나게 할 수 있다는 계산이 된다.

따라서 안정 심박수를 넘어 심장 운동을 혹사 시키게 되면 신체에 무리가 올 수가 있다. 실제로 안정 심박수를 넘으면 심근경색을 일으키는 위험성이 높다는 사실을 밝혀낸 연구가 있다. 심박수가 76회 이상인 집단이 62회 이하 집단에 비해 심근경색 또는 사망의 위험이 26% 높았다. 또 다른 연구에서 분당 심박수 90회 이상 집단이 60회 이하인 집단에 비해 사망 위험성이 2배 이상 더 높았다. 안정 시 심박수가 10회 이상 증가할 때마다 사망의 위험이 16% 증가한다는 계산이다.

지나치게 강도를 높여 하는 운동들은 관상동맥의 석회화를 높일 수 있다는 연구 결과도 있다. 강북삼성병원의 성기철 교수팀은 2011~2017년까지 6년간 25,841명을 추적한 결과 이런 사실을 확인했다. 신체활동 정도를 “비활동 집단”, “중간활동 집단”, “고강도 활동 집단” 등 3개 집단으로 분류하여 관상동맥의 위험지표인 석회화를 관찰했다. 결과에 의하면 비활동 집단은 9.45점이었고 중간활동 집단은 10.2점이었으며, 고강도 활동 집단은 12.04점으로 신체적인 활동량이 많아질수록 석회화 지수가 더 높아진다는 사실을 확인했다. 5년간 추적 관찰한 결과 그 연관성은 더욱 높아서 고강도 활동 집단은 비활동 집단에 비해서 8배가량 증가한 것으로 나타났다.

심장이 뛰는 속도는 수명과 밀접한 상관관계가 있다. 심장 박동률이 빠른 동물의 수명은 짧으며, 박동률이 느린 동물은 수명이 길다. 똑 같은 포유류도 쥐의 수명은 기껏해야 2년 반에 불과하지만, 토끼는 5~7년, 사람들은 70~80년, 코끼리는 100년 정도 산다. 이런 수명의 차이는 "체중 당 산소 소비량"에 있다. 체중 당 산소의 소비량을 보면 쥐는 사람보다 수십 배나 더 많은 산소를 쓴다. 대량으로 쓰는 산소는 육체를 산화시켜 노화를 촉진시키고 수명까지도 앞당기게 한다. 운동을 하면서 산소를 쓰면 "활성산소"도 함께 발생하기 때문이다. 여성들이 남성들에 비해서 6~7년 정도 더 오래 사는데, 남성과 여성의 평균 기초대사량을 비교하면 남성들의 대사량이 10% 정도 더 많다. 이는 그 만큼 남성이 여성에 비해서 산소를 더 많이 쓰고 있다는 의미인데, 이러한 이유가 수명의 차이를 보이는 근거가 된다.

과도한 운동이나 스트레스로 생기는 활성산소는 호흡하면서 생기는 산화력이 높은 산소 찌꺼기들이다. 이런 활성산소가 적당히 유지된다면 세균이나 이물질의 공격을 방어하지만, 너무 많이 생기면 정상세포도 무차별로 공격해 각종 질병과 노화의 주범으로 활동할 수가 있다. 격한 운동으로 활성 산소를 과도하게 배출하는 운동선수, 부정적 감정에 빠져 있는 사람, 감정 기복이 심한 사람, 스트레스에 시달리는 직업인이 건강에 더 위험하고 수명까지 단축될 수 있다는 말이다.

이런 사실을 증명해 주는 재미있는 통계 자료가 있다. 원광대학교 사회복지학부에서 1963년부터 2010년까지 11개의 직업군에 해당한 3,215명의 사망통계를 40년 동안 추적 분석했다. 11개 직업군은 종교인, 연예인, 교수, 정치인, 고위 공직자, 기업인, 예술인, 체육인, 언론인, 작가, 법조인 등으로 분류했다. 비교 연구한 결과 종교인들이 가장 장수했고, 체육인이 단명한 것으로 나타났는데, 그 수명이 무려 13년이나 차이가 났다. 사망통계 10년(2001～2010) 동안의 자료만 보아도 종교인(82세), 교수와 정치인(각각 79세)들이 가장 장수한 직업군에 해당하고, 체육인(69세)과 연예인(65세) 등은 단명하는 직업군에 속한다. 끊임없이 운동을 하는 선수가 일반인에 비해 오히려 수명이 10년 이상 짧다는 충격적인 통계자료다. 안정 맥박 수를 유지하는 생활을 통해 장수는 물론이고 건강과 행복한 생활을 기대해야 한다.

안정 심박을 유지하는 운동

우리는 하루 24시간 중에서 앉아서 보내는 시간이 점점 늘어나는 산업사회에서 살고 있다. 질병관리청 국민건강통계(2020)에 따르면 19세 이상 성인은 평균 8.6 시간을 앉아서 시간을 보낸다고 한다. 앉아서 보내는 시간이 매년 0.3시간씩 늘어나고 있는데, 요즘에는 배달 문화가 발달하여 무엇이나 주문하면 집으로 배달해 준다하니 참 편리한 세상이 되었다. 그러다보니 건강을 위해 돈을 내고 억지로 요가, 헬스, 수영, 등산을 하며 땀을 흘린다. 돈을 더 지불하고 배달 음식을 시켜 먹고 움직이지 않으니 살이 찌니까 이제는 돈을 쓰면서 억지로 운동을 하는 아이러니한 세상이 되었다.

이처럼 운동을 싫어해서 앉아서 생활하면 건강에 해롭다는 연구 결과가 많다. 미국 암학회(2023)에 따르면 하루 6시간 이상 앉아 있으면 3시간 이하 앉아서 생활하는 사람보다 사망할 확률이 37% 이상 높아진다고 한다. 앉아 있게 되면 몸속의 포도당과 지방을 조절하는 유전자가 작동을 멈춘다는 것이다. 암학회에서는 1992년부터 2009년까지 14만6천 명을 대상으로 장시간 앉아서 여가를 보내는 여성을 연구한 결과 암 발생률이 10% 더 높아진다는 결과도 발표했다. 호주의 빅토리아 대학 "심장당뇨병연구소"가 25세 이상 성인 8,800명을 6년간 생활습관을 추적한 결과 하루 TV를 4시간 이상 시청하는 사람은 2시간 미만 시청하는 사람에 비해 심혈관질환으로 사망할 확률이 80% 이상 높다는 결과를 밝혀냈다. 노르웨이 과학기술대가 20세 이상 23,146명을 22년간 사망 시기와 사망 원인을 추적 조사한 결과 앉아서 생활한 집단은 다른 집단에 비해 사망 확률이 2배 더 높았을 뿐만 아니라 기억력과 사고력에도 부정적으로 작용한다는 사실을 밝혀냈다.

자동차는 너무 오래 쓰지 않아도 문제이고 너무 과하게 사용해도 문제가 생기듯이 우리 몸도 너무 움직이지 않고 편하게 생활하거나 너무 많이 써도 건강에 문제가 생긴다. 자동차를 오래 쓰려면 항상 적정 속도를 유지해야 하는 것처럼 우리 몸도 항상 적당하게 움직여 주어야 한다. 따라서 항상 건강상태를 유지하기 위해서는 적당히 움직여야 하는데, 이러한 적당이라는 원칙은 안정 심박수를 지켜야 한다는 뜻이다.

안정 심박수를 지켜 건강에 유익하다고 생각하는 운동법은 유산소 운동과 무산소 운동으로 나눌 수 있다. 유산소 운동으로는 걷기, 조깅, 줄넘기, 자전거 타기, 수영, 에어로빅댄스, 스피닝과 같은 것으로 운동하는 동안에 규칙적인 호흡을 하는 운동을 말한다. 반면에 무산소 운동은 근육 강화를 위한 역도, 웨이트 트레이닝과 어떤 특정 기술을 연마하는 레슬링, 복싱, 태권도 등 일시적으로 숨을 정지하는 운동이다. 보통 나이를 먹으면 근육 강화에 효과적인 무산소 운동보다 건강을 지키기 위한 유산소 운동에 더 많은 관심을 가져야 한다. 그런데 어떤 운동을 하던 땀을 지나치게 흘린다면 심장에 무리가 가고 많은 활성 산소를 배출할 뿐 아니라 세포 내액인 진액까지도 빠져나가게 됨을 알아야 한다.

따라서 운동은 적당히 해야 한다. 토끼는 뛰어 다녀야 하고 거북이는 기어 다녀야 하지만 토끼나 거북이들은 모두 자기 보폭에 맞도록 다닌다. 운동을 많이 해서 심장에 무리가 가는 정도가 되고, 땀도 많이 흘려서 세포의 진액까지도 빼는 것이 건강에 더 좋다면 모두가 하루 종일 쉬지 않고 뛰어다니기를 좋아할 것이다. 그러나 자동차가 하루 종일 쉬지도 않고 과도한 속도로 달리면 자동차 수명에 결정적인 영향을 끼칠 것이다. 토끼는 토끼의 수준에 알맞게, 거북이는 거북이에게 알맞게, 소는 우보천리(牛步千里)의 속도로, 자동차는 자동차에게 맞는 적정 속도에 따라 달려야 하는 것처럼 사람들도 안정 시 심박수를 넘으면 신체 건강에 부정적인 영향을 끼치게 된다. 그래서 운동을 할 때에는 안정 심박수를 지키는 범위 안에서 적당히 해야 한다.

지금까지의 연구 결과에 따르면 매 주마다 규칙적으로 2~3회 정도, 한 번에 60분을 넘지 않으며, 땀은 10분 이상 흘리지 않도록 하는 것이 가장 효과적이라고 한다. 체력적인 조건이 적응이 되면 조금 늘려 4~5회 이상 하는 것도 괜찮다. 무엇보다도 효과적이고 안전한 운동을 위해서 지켜야 할 것은 운동 강도를 적절히 설정하는 것이다. 전문가의 도움을 받아 자기 자신의 연령과 안정 시 심장 박동 수를 고려해 운동 강도를 설정해야 한다고 조언한다. 가장 적절한 목표 심박수를 계산하는 공식은 다음과 같다.

목표 심박수 = {(최대 심박수 - 안정 심박수) × 운동강도(%)}
+ 안정시 심박수

여기서 최대 심박수는 "220-나이"로 계산하고, 안정 시 심박수는 손목의 경동맥에서 손끝을 이용해 10초간 측정한 심박수를 측정해서 6을 곱하면 1분간 심박수가 나온다. 운동 강도는 자신의 최대 운동 능력 범위의 60~80%를 말하는데, 초보자는 보통 최대 운동 능력 40~60%로 정한다. 예를 들면 운동경험이 거의 없는 70대 노인의 목표 심박수의 범위는 다음과 같이 계산한다.

최대 심박수 = 220 - 70(세) = 150(회)/분
안정 시 심박수 = 70(회)/분
목표 심박수(40%) = {(150 - 70) × 0.4} + 70 = 102회/분

즉 초보자는 매 분당 최소 범위로 102회의 심박수를 유지하고, 최대 심박수 범위(80%)는 위 공식에 따르면 134회를 넘지 않도록 운동하는 것이 가장 좋은 운동의 범위가 된다. 운동 경험이 있는 사람의 경우면 목표 심박수를 60~80 정도 높여서 해도 되는데, 위의 공식을 이용해 계산하면 최소 118회에서 134회까지 범위를 높여 잡으면 된다. 운동을 하는 시간은 운동의 강도와 반비례 한다. 운동의 강도를 높인다면 운동 시간을 짧게 하고, 운동의 강도를 낮춘다면 운동 시간을 조금 더 늘리면 된다. 유산소 운동은 체지방을 에너지원으로 사용하기 때문에 최소

한 계속 15~20분 동안 지속해야 하고, 체력이 점차로 향상되면 40~60분 정도로 조금 더 늘려 준다. 일반적으로 준비시간과 정리시간을 포함해 30~60분 정도면 적당하다.

처음으로 운동을 시작한다면 몸에 무리가 따르지 않는 운동을 선택해야 하는데, 가능하다면 전신 근육을 사용하는 운동 중 운동 강도를 조절하기 용이한 것이 적당할 것이다. 예를 들면 처음에는 걷기, 달리기, 수영, 자전거 타기 등이 좋고, 점차 체력이 향상된 이후는 흥미가 있는 또 다른 운동을 선택하면 좋다. 특별히 잊지 말아야 할 것은 운동의 종류를 선택할 때 논리적 분석과 같은 좌반구와 밀접한 일을 하는 직업인들은 우반구 관련 운동을 선택하고, 감성적인 일과 관련되어 있는 우반구 중심 직업인은 좌반구 관련 운동을 선택해야 머리를 쉬게 할 수 있다.

걷기 운동은 가장 단순하고 안전하면서도 효과적인 운동 방법이다. 미국 의사협회에서 걷기 운동과 사망률의 관계를 조사한 연구결과(2022)가 있다. 40~79세의 영국인 78,500명을 대상으로 7년 동안 추적하여 심혈관 질환 및 암과 그 사망률을 조사했다. 연구 결과 하루에 1만보까지 걸으면 걸을수록 모든 사망률 지표를 낮출 수 있었다. 하루 보행수를 2,000보 늘릴 때마다 사망률은 8%, 심혈관계 질환 사망률은 10%, 암 사망률은 11%를 낮출 수 있었다. 보행 강도 역시 각종 질환에 따른 사망률을 낮추는 효과가 있었는데, 분 당 75보가 가장 효과적이다. 보폭이 대략 70~80cm라고 한다면 시속으로 3~4km가 된다. 그러나 10,000보 이상 걷는 운동의 효과는 아직 검증되지 않았다.

이러한 연구결과를 입증하는 미국 밴더빌트(Vanderbilt) 의과대학 연구팀의 연구 결과(2022)도 있다. 피험자 6,042명에게 하루 10시간 이상 6개월간 신체활동 측정기를 착용하게 하고 걷기가 6가지 만성질환(고혈압, 비만, 당뇨, 수면 무호흡, 위식도 역류질환, 우울장애)에 미치는 영향을 분석한 결과 사망 위험 감소효과가 가장 큰 걸음 수는 하루 6,000~8,000보며, 특히 고혈압과 당뇨는 8,000~9,000보 이상에서는 효과가 정체되었다. 연구진은 만성질환의 위험도를 낮출 수 있는 최상의 정점은 8,200보(약 6.4km)라고 주장하였다. 걷기 운동은 심장 기능을 강화시켜 심혈관 질환을 예방해 줄 뿐만 아니라 신진 대사율을 높여 당 수치를 낮추고 비만까지 막을 수 있다. 걷기 운동은 심리적으로 좋은 기분을 유지할 수 있는 부가적 효과도 노릴 수 있다. 이와 같은 연구 결과를 볼 때 도쿄올림픽(1964) 시절에 일본에서 상업용으로 판매하기 시작한 만보기의 상술이 전혀 터무니없는 거짓이 아니라는 것을 어느 정도 과학적으로 입증된 셈이다.

관계 맺기에서 공감의 역할

식물이나 동물도 생명체이기 때문에 자신에게 도움이 되는 환경이나 자극에는 긍정적으로 반응하고, 도움이 되지 않는 자극에는 부정적으로 반응한다. 그래서 집안에서 키우는 화초도 사랑과 공감을 하면 잘 자라지만 그런 마음이 없으면서 키우면 잘 자라지 않는다. 미국 중앙정보국 거짓말 탐지기 전문가였던 백스타(Cleve Backster)는 1960년에 식물의 잎을 자르려고 가위를 대면 전류의 흐름이 빠르게 변하는 것을 발견하고, 식물들도 사람의 마음을 읽는 능력이 있음을 밝혀냈다. 농업진흥공사에서도 이와 같은 사실을 확인했다. 서로 다른 옆방에서 뽕나무를 키우면서 한쪽 방에 있는 나무를 막대기로 두드리면 옆방에 있는 나무도 아픔을 함께 공감하였다. 그러나 한쪽 방에 있는 나무에게 어떤 자극도 주지 않으면 옆방에 있는 나무도 아무런 반응을 보이지 않는 것으로 보아 뽕나무도 서로 아픔이라는 자극을 함께 공유하고 공감한다고 볼 수밖에 없다.

이러한 공감능력은 물고기에서도 확인되었다. 포르투갈의 심리학 교수 올리베이라(Rui Oliveira)는 잉어과 열대어종인 제브라피쉬(Zebrafish)

가 동료 물고기들의 고통을 함께 공감한다는 사실을 사이언스(2023)에 발표했다. 실험집단 고기들에게는 고통을 느끼는 환경을 조성하여 급격한 스트레스를 받게 했고, 비교집단의 고기에는 아무런 고통을 주지 않고 행동을 관찰했는데, 비교집단의 고기들은 스트레스를 받고 있는 실험집단의 고기가 있는 곳으로 헤엄쳐서 접근행동을 했다. 고통을 함께 하려는 공감을 하는 행동으로 이런 비교집단 물고기에게서 옥시토신 호르몬 분비가 활성화되는 것을 발견했다, 이 호르몬은 시상하부 내에 위치한 신경세포로 호감이 가는 상대를 만나거나 매력을 느낄 때 분비되는 감성관계를 맺는데 중요한 역할을 하는 이른바 "사랑의 호르몬"인데, 이 호르몬이 활성화 된다는 것은 고통을 함께 공유한다는 증거로 해석할 수밖에 없다.

인간도 오랜 원시시대부터 집단생활 방법을 선택하면서 진화했기 때문에 사회적 관계가 끊어져 외톨이로 남게 되면 외로움과 고독감으로 괴로워하게 된다. 그런데 현대 인간들은 콘크리트 도시에 모여서 살고 있지만 아직도 인류 조상이 살았던 아프리카 푸른 숲인 "사바나 가설"을 그리면서 살고 있다. 다시 말해 자연을 온 몸으로 느끼고 싶은 "녹색갈증" 즉 "바이오 필리아(Biophilia)" 욕구를 그리면서 산다. 산업화 이후에도 항상 푸른 숲을 찾아 마음의 안정을 찾기도 하지만 사람들간의 대인관계를 통해 이런 욕구를 해소하기 때문에 현대 사회에서 관계 욕구는 매우 중요한 위치에 있다.

인간으로서 최초 만남의 관계는 출산할 때 엄마의 산도를 통한 접촉일 것이다. 산도를 통해서 적절한 접촉관계를 받게 되면 온 몸의 면역력 증강은 물론 뇌 기능까지도 강화되는 효과가 있기 때문에 지능의 발달에도 매우 큰 영향을 미친다. 산도를 통한 접촉관계를 생략하는 출산이 제왕절개술인데, 이렇게 태어나는 신생아는 면역력이 약하여 성장하는데 많은 제약이 따른다고 한다. 그래서 이러한 면역력 약화를 억제할 수 있는 방법으로 출산할 때 산모의 질에서 나오는 분비물을 신생아에게 발라주는 질액 바르기(vaginal seeding) 요법의 효과를 입증한 연구결과를 미국과 중국 공동연구진이 "셀 호스트 및 마이크로브(Cell host & microbe, 2023)"에 발표했다.

출산 후부터는 부모의 접촉과 또래의 관계를 거쳐 본격적인 사회적 관계를 시작하게 된다. 이러한 사회적 초기 만남의 관계는 다양한 인연으로 시작되지만, 관계가 유지되고 강화될 수 있는 여건은 상대에 대해 공감하고자 하는 노력에 따라 달라진다. 공감의 범위와 깊이를 넓히게 되면 관계 망은 더욱 굳어지지만, 공감하려는 노력이 적으면 상호 관계망은 그만큼 약해진다. 우리 전통 문화에서는 가문, 재물, 나이, 외모, 교육수준, 인종, 종교, 심지어 출신지까지 고려하여 처음으로 만남이라는 관계를 맺으며 시작한다.

어떤 인연관계로 첫 만남이 시작되던 공감(empathy)하는 범위를 넓히지 않으면 관계를 튼튼하게 하기 어렵다. 공감은 상대와 더불어 느끼는 정서의 정도로 "의미 공유"를 말한다. 언어적인 공감을 거쳐 감정적 공감까지 도달하면 관계 망은 더욱 튼튼해 질 수 있다. 부부, 부(모)자(녀), 친척, 친구와의 관계에서 서로 공감을 얼마나 하느냐에 따라 친밀도가 달라진다. 서로 상대방의 감정을 정확하게 주고받고 이해하고, 정서적 경험도 함께하는 폭을 넓히면 관계 망은 튼튼해진다. 그래서 참된 소통이란 의미와 느낌의 공유이며 시간의 공유 부분까지도 넓혀야 한다. 그래서 공감이 없는 관계와 소통이란 일방적 의사전달에 불과하다.

우리 뇌 안에는 “거울뉴런(Mirror Neuron)”이 있는데, 이 뉴런은 “공감”할 때 반응한다는 연구(Iacoboni, 2008)가 있다. 타인의 얼굴이나 몸짓을 보고 떠오르는 감정을 읽는 순간부터 공감이 시작되는 뇌 영역으로 자신과 타인 사이의 장벽을 없애주는 감정 이입을 담당하는 세포로 인간이 사회적 존재라는 철학적 명제를 밝혀주는 단서가 된다. 다른 사람들의 행동을 따라서 한다든지, 처해 있는 상황들을 보고 그의 마음을 짐작하거나, 다른 사람의 말을 듣거나 그의 생각에 공감하거나 하는 것은 모두 거울뉴런이 활성화하기 때문이라고 한다. 거울 뉴런은 청각 자극에도 반응하여 다른 사람의 행동을 듣기만 하고도 함께 공감할 수 있다.

흥미로운 것은 자기 자신에 대한 이야기를 할 때 뇌가 활동하는 부위가 쾌락중추와 유사하다는 점이다. 자기 이야기를 할 때에 느끼는 쾌감은 음식이나 돈과 같은 보상이 생겼을 때 느끼는 만족감이나 섹스에서 느끼는 행복감과 관련된 뇌의 활성화 부위와 같다는 것이다. 그래서 남의 이야기를 듣는 것보다는 자기 이야기를 하는 것에 더 큰 희열을 느끼는 이유가 여기에 있다. 그래서 장기적인 행복을 느끼기 위해서는 참된 공감에 바탕을 둔 관계에서 시작되어야 한다. 특히 여성은 남성에 비해 언어 소통 능력과 감성적 민감성이 더 높아서 소통을 통해 공감과 행복을 느끼는 과정에서 여성 역할이 더욱 중요하다.

관계를 맺을 때 가까이 있는 사람과 멀리 있는 사람 중에서 어떤 사람과 먼저 친해야 할까? 속담에 "안에서 새는 바가지는 밖에서도 샌다"는 뜻과 통하는 근자열원자래(近者悅遠者來)라는 말이 있다. 중국 춘추시대 공자가 초(楚) 나라의 섭공(葉公)과 함께 나눈 대화로 가까이 있는 사람을 기쁘게 해야 멀리 있는 사람들도 찾아온다는 말이다. 먼저 옆에 가까이 있는 배우자, 자녀, 부모들과 가까이 지내고 그 다음으로 친구, 동료, 상사, 부하, 친구 등 멀리 있는 사람과 좋은 관계를 유지해야 한다는 뜻이다.

멀리 있는 친구도 서로 간의 공감 폭이 넓고 깊이도 깊으면 우정의 관계가 끈끈할 수 있다. "불행은 누가 친구가 아닌지를 보여 준다"는 아리스토텔레스의 친구론이나, "내 슬픔을 등에 지고 가는 자"를 친구라고 하는 인디언의 말도 모두 공감하는 폭과 깊이를 강조한다. 중국의 남북조 시대 남사(南史)에 보면 송계아(宋季雅)가 퇴직한 후에 살게 될 집으로 천백만금(千百萬金)을 주고 여승진(呂僧珍) 옆의 집을 샀는데, 백만금은 집값으로 지불하였고(百萬買宅), 집값보다 10배나 더 많은 천만금은 여승진과의 이웃이 되는 프리미엄으로 지불했다(千萬買隣)는 말이 있다. 꽃의 향기는 백리를 가고(花香百里) 술의 향기는 천리를 가고(酒香千里) 사람의 향기는 만리를 간다(人香萬里)는 말처럼 친구 사귀기를 엄히 생각해야 한다. 급난지붕일개무(急難之朋一個無)처럼 술 먹고 밥 먹을 때는 형님 동생 하는 친구가 천 명이 넘지만, 급하거나 어려울 때는 도와주려는 친구가 단 한 명도 없다면 서로 어떤 공감도 없는 형식에 그치고 있는 형식적인 친구일 뿐이다. 하지만 공감이 넓고 깊은 친구 관계를 설명하는 관포지교(管鮑之交)라는 이야기와 기원전 4세기경에 있었던 그리스의 절친 관계인 데이몬(Damon)과 피티아스(Pythias)라는 진정한 친구도 있다.

친구는 공감 정도에 따라서 네 부류로 나눌 수 있다. 친구관계는 식사나 운동 등의 신체 중심의 공감에서부터 시작하여 가치관이나 인생관 등 정신적 공감까지 공감의 폭과 깊이를 넓힐 수가 있다. 첫째는 화우(花友)로 자기가 좋을 때만 찾는 겉으로는 꿀과 같은 친구지만 공감도가 가장 낮다. 둘째로는 추우(錘友)로서 이익에 따라서 저울처럼 움직이려는 친구가 있다. 셋째로 산우(山友)로서 안식처와 다름이 없는 산처럼 편안하고 든든한 친구가 있고, 넷째로는 지우(地友)로 언제나 한결같이 땅과 같이 공감하는 폭과 깊이가 깊은 친구도 있다. 결국 행복한 사람은 똑똑하여 높은 자리에 앉아 있는 사람이 아니라 친구와 폭넓은 공감을 주고받는 그런 사람일 것이다.

하버드대학에서 학생집단을 75년간 추적해서 2012년에 그 결과를 발표했다. 이들을 정말 행복하고 건강하게 하는 조건은 예측하는 것처럼 "물질적 부와 명예"가 아니라, "좋은 관계"를 맺는 것이었다. 젊을 때는 부와 명성, 그리고 높은 성취를 통해 행복한 삶을 살겠다는 각오로 항상 열심히 일하고 노력하자고 다짐한다. 그렇지만 우리에게 정말 행복과 건강을 주는 것은 사람과의 끈끈한 관계 여부에 따라 달라진다. 부부이건, 부자이건, 친구이건 자신과의 관계에서 항상 함께 공유하고 이해하는 의지와 관심 없이는 진정한 관계를 맺기는 어렵다. 사람들은 만남으로 자란다는 말처럼 좋은 만남을 통한 관계 맺기는 진정 인생을 행복하게 살아가는 영양제가 되고 비료가 된다.

결혼은 행복을 약속하는가?

하버드대 베일런트(Vaillant) 교수는 행복의 조건 7가지를 제시하고 있는데 그 중 안정된 결혼생활이라는 조건이 있다. 행복하기 위해 결혼이 그 만큼 중요하다는 의미다. 행복하기 위해서 결혼하는 것이 좋다는 말은 맞는 것 같다. 시카고대학 리서치센터의 연구에 의하면 기혼자 중에서는 40%가 행복하다고 응답했지만, 미혼자 및 이혼자 중에서는 24%만이 행복하다고 응답했기 때문이다. 그러나 이 조사 결과를 해석함에 있어서 행복한 사람이 결혼을 더 많이 한다고 예측한다면 해석하는데 좀 더 신중해야 한다. 그러나 결혼 생활을 하는 것이 미혼으로 사는 것보다 수명이나 건강에 모두 긍정적이라는 증거가 많다.

영국 통계청이 2010~2019년 사이에 사망한 500만 명을 혼인 여부에 따라 분석한 자료에 의하면 연령대와 성별에 관계없이 미혼자가 기혼자보다 2~3배 더 높았다. 남성의 경우 미혼자가 기혼자보다 사망률이 3배 정도 더 높았다. 일본 후생노동성이 발표한 인구동태조사(2022)에서도 미혼 남성의 수명(67.2세)이 기혼 남성의 수명(81.6세)에 비해 14년 이상 짧았다. 노르웨이 암 등록 프로그램 연구진이 1970~

2007년까지 37년 동안 남녀 44만 명을 대상으로 사망 추이를 분석했는데, 그 결과 남녀 모두 미혼자의 암 생존율이 기혼자의 암 생존율에 비해 남성의 경우 35%, 여성의 경우 22% 더 짧았다. 대만의 왕신충의 연구(2017)에서도 기혼자와 미혼자의 수명에 차이가 있는데, 남성의 경우 8년 정도, 여성의 경우 2.9년 정도 더 오래 살았다. 한국의 삼육대학 천성수가 사망원인 통계연보를 참고하여 분석한 연구(1999)에서도 이러한 경향을 확인할 수 있었다. 남성의 경우 배우자가 있을 때 74.8세, 평생 독신자는 65.2세, 이혼자는 64.6세, 사별자는 54.1세에 사망했다. 여성의 경우 배우자가 있을 때 78.8세, 이혼자는 71세, 미혼자는 69.3세, 사별자는 54.1세에 사망하여 남녀 모두 기혼자가 미혼자에 비해 10년 이상 수명이 더 길었다.

이와 같이 기혼자가 미혼자에 비해 수명이나 건강에 보다 더 유리한 원인은 생활습관의 차이로 설명된다. 을지대학 백진영이 20~30대 청년 5,325명을 대상으로 연구한 국민건강영양조사(2021)에 의하면 혼자 사는 청년이 고혈압 등 만성질환에 걸릴 위험이 2인 이상 가구에 비해 1.4배 더 높은 것으로 나타났다. 일반적으로 미혼자는 기혼자보다 음주와 흡연을 더 즐기거나 건강하지 않은 음식을 섭취하는 경우가 많은데 비해, 기혼자는 건강에 보다 민감하여 건강검진을 통해 중증질환을 조기에 발견할 수 있고 병이 들거나 몸이 아프면 배우자의 도움도 받을 수 있는 여러 장점이 있다.

그럼에도 불구하고 비혼에 대한 태도가 강한 것은 결혼생활에서 느끼는 경제적 부담이 가장 큰 부담이 되지만 우리의 유교적 전통문화 습관도 큰 영향을 미친 것으로 판단된다. 유교문화권에 속한 우리의 전통 문화 습관에서는 결혼 후 가정관리와 자녀 양육 문제를 여성이 전담해야 한다는 문화적인 전통습관 때문에 여성들이 결혼을 꺼리고 있으며, 결혼을 하더라도 자녀 출산에 부정적인 태도를 보이고 있다. 통계청의 "2022년 사망 통계(잠정)"에 의하면 지난해의 합계 출산율이 0.78로 OECD 평균 합계 출산율(1.59)에 비해 절반 이하로 OECD 국가 중에서 최저를 기록하고 있다. 다른 국가에 비해 동북아권 국가들이 이처럼 모두 출산율이 낮은데, 이들 국가의 공통점은 모두 전통적인 유교문화 특성이 강하다.

이러한 이유로 결혼과 행복이라는 현실을 볼 때 자녀 출산이라는 문제가 그렇게 밝지만은 않아 보인다. 통계청 자료(2017)에 의하면 초혼 연령대가 점차 늘어나서, 1950년대는 19.1세였으나 1970년대는 21.9세, 1990년대 24.7세, 2010년에는 29.4세로 반세기 동안에 10년이나 늘어났다. 이제는 결혼을 해도 가임기를 넘기기 때문에 임신하는 것조차 힘들어졌다. 보건복지부 관련 통계(2022)에 의하면 부부로 살면서 1년 이상 임신이 되지 않아서 난임 시술을 받는 사례가 2019년에 12만 3천 건에서 2021년에는 14만4천 건으로 2년 사이에 16.8%가 증가했다. 난임 시술로 태어나는 출생 비중이 점점 높아지고 있다. 2018년에 8,973명(2.8%), 2019년에 26,062명(8.8%), 2020년에 28,699명(10.6%), 2021년에는 53,640명(12.3%)으로 신생아 11명 중에서 1명이 난임 시술로 태어나는 실정이다.

이처럼 임신이 어려워지는 원인으로 가임기를 넘어서 나타나는 불

규칙한 배란과 난소 기능 저하와 같은 생리적 문제와 스트레스, 수면 부족, 환경 호르몬과 같은 생활환경 조건을 거론하기도 한다. 그러나 육체적인 힘을 바탕으로 하는 생활에서 정신적인 두뇌로 삶의 방식이 변화된 것에서 근본적인 원인을 찾아 볼 수 있다. 오랜 동안 힘을 바탕으로 하는 수렵과 농어업 생활로 진화한 인간이 산업사회 이후 두뇌를 활용하는 정신적 노동으로 삶의 방식을 바꾸면서 앉아서 일하는 시간이 점점 더 늘어났다. 이러한 육체적인 활동량 감소가 남성의 정자 생산과 정자의 질, 활동성 등에 부정적인 영향을 끼친다는 새로운 증거가 확인되고 있다. 미국 브리검 여성병원 연구팀은 직장에서 정기적으로 무거운 물체를 드는 남성이 그렇지 않은 남성에 비해 더 많은 정자 수를 가지고 있다는 사실을 확인했다. 직장에서 무거운 물건을 자주 들거나 옮기는 육체적 업무가 많은 직원은 육체적인 업무가 적은 직원에 비해 정자의 농도는 46%, 총 정자의 수는 44% 더 높다는 사실도 발견했다. 직장에서 신체활동을 하는 사람은 남성 호르몬인 테스토스테론과 여성 호르몬인 에스트로겐의 수치가 더 높았다. 우리는 지금까지 운동이 건강에 좋다는 점은 알고 있었지만, 일을 통한 신체적인 활동이 남성의 생식력 향상에 크게 기여한다는 사실도 확인했다. 이제 직장인들은 움직이는 취미활동에 적극적인 관심을 보여야 하겠다.

출생률이 감소되는 또 다른 이유로 청년들의 가치관이 시대에 따라 변화하였기 때문이기도 하다. 인구보건복지협회가 조사한 내용에 따르면 청년 세대들이 결혼을 꺼리는 가장 큰 이유로 "혼자 사는 것이 행복(34.7%)"하다고 한다. 이러한 가치관은 남성(43.1%)이 여성(29.1%)에 비해서 훨씬 더 높다. 비혼족에 대한 생각에도 긍정적 시각이 47.8%이고 부정적 시각은 6.9%에 그치고 있다. 결혼 후 출산의도 역시 긍정적인 태도(43.1%)에 비해 부정적인 태도(56.9%)가 더 높다.

그러면 청년 세대들은 과연 스스로를 행복하다고 생각하고 있을까? 행복하다(38.0%)거나 보통이다(44.2%)고 생각하는 경향이 불행하다(18.8%)라는 생각보다 높지만, 동료 세대를 불행하다(49.4%)고 생각하는 시각이 행복하다(13.2%)고 보는 시각보다 높다. 자기도 미혼으로 살면서 미혼인 동료를 보면 딱하게 보인다는 이중적인 태도를 보여 동료들에 비해서 자기 자신에 대해서는 다소 긍정적 시각을 가지고 있다.

통계청 1인 가구 분석 자료(2023)에 의하면 전체가구 716만 중에서 1인 가구가 33.4%를 점유하고 있으며 2050년에는 39.6%가 될 것으로 예측하고 있다. 이들은 혼자 밥 먹고, 혼자 술을 마시고, 혼자 여행을 하면서 집단적인 사회생활에서 점차 홀로 살면서 고독과 외로움의 무덤을 스스로 파고 있다. 앞으로 고독과 외로움의 문제가 큰 사회적 주제가 될 것으로 예측된다. 이미 고독과 외로움에 어려움을 겪고 있는 70세 이상의 노인 세대도 18.1%로 높지만 29세 이하의 젊은 세대들도 19.8%나 된다.

혼자 사는 젊은 세대 중에서 절반(50.3%)이 미혼인데 결혼은 해도 좋고(47.1%) 하지 않아도 좋다(44.3%)는 미온적 태도로 양분된다. 그러나 이들이 결혼의 필요성을 느끼지 못한다(12.3%)는 태도보다는 결혼자금 부족(30.8%)을 더 큰 원인으로 꼽고 있어 결혼하고 싶은 욕망은 높은 것으로 해석된다. 1인 가구 중 절반(42%)이 무직상태로 남녀(56.1%, 여43.9%) 모두 수입이 없는 상태여서 수입이 보장되면 결혼할 가능성이 엿보인다.

그러나 결혼을 한다고 해도 결혼생활이 그렇게 평탄하지 못하다. 통계청(2021)의 결혼 및 이혼 자료를 볼 때 혼인 건은 19만3천 건으로 인구 1,000명 당 조혼인율은 3.8건으로 전년 대비 0.4건 감소했다. 초혼의 평균 연령은 남자 34.4세, 여자 31.1세로 전년에 비해 남녀가 각각 0.1세와 0.3세 높아졌다. 이혼 건수는 10만2천 건으로 전년에 비해 4.5% 감소했다. 인구 1,000명 당 조이혼율은 2.0건으로 전년에 비해 0.1건 감소했다. 혼인한 후 4년 이내 이혼율이 18.8%, 5~9년 이내 17.1%, 30년 이상 17.6%로 결혼 기간과 무관하게 꾸준히 이혼이 발생하고 있다. 연령별 이혼율은 남자가 40대 후반에 7.4건, 여자가 40대 초반에 7.8건으로 가장 높다.

이혼을 하게 되는 이유(2020)는 성격 차이(46.2%), 경제적인 문제(11.1%), 배우자의 부정 문제(7.3%), 가족간 불화(7.3%), 정신적 육체적 학대(3.8%), 건강 문제(0.6%), 기타(23.6%)의 순이다. 과반수 정도가 성격 차이로 헤어지는데 화합과 조화를 위한 대화보다 개인주의적인 가치관의 주장이 갈등을 일으키는 중요 문제일 것이다. 별거에 의한 경제적인 손실액은 영국 화폐로 연간 132천 파운드, 사별은 168천 파운드의 손실을 입는 것과 같다는 연구도 있다. 특히 이혼은 심각한 우울증을 유발시켜 처음의 행복수준으로 되돌아가는 회귀시간은 남성에 비해 여성이 훨씬 더 걸리는데 특히 미망인은 원래 수준으로 되돌아가는데 5~8년의 세월이 필요하다. 만족하지 못한 결혼 생활에서 겪게 되는 불행에서 회복하는 시간도 남성에 비해 여성이 더 불리하다. 남성들은 불행한 결혼으로부터 빠르게 회복할 수 있지만 여성은 훨씬 더 많은 시간이 필요하다.

워싱턴대 심리학 명예교수인 가트맨(Gottman)은 3천 쌍의 부부를 40년간 추적해 행복한 결혼생활을 위한 7가지 원칙을 발표했다.

1. 성격은 모두가 다르다. 세계 80억 인구의 성격은 다 다르다. 심지어 내가 나의 성격에 맞지 않는 경우도 있는 것처럼 모두 완벽한 합리주의자가 아니므로 완벽한 성격을 가지고 태어난 사람은 없다. 2022년 한국인의 의식조사 결과 보고에 따르면 배우자를 택할 때 성격을 가장 중요하게 생각한다는 반응이 63.1%로 가장 높다. 자기에게 맞는 성격을 찾기보다 차라리 잘 맞출 수 있는 성격을 찾는 것이 더 현명한 생각일 것이다. 자신의 허약한 성격이 더 이상 갈등이 되지 않도록 끊임없이 화합하고 조정하려는 노력을 해야 한다.
2. 공통된 취미를 개발하라. 공통의 취미를 잘 이용한다면 부부관계의 즐거움과 서로 간의 행복감을 상승시킬 수 있다. 그러나 취미를 공유하면서 서로 비판하거나 부정적인 대화가 오간다면 오히려 공통 취미가 없는 것이 더 낫다.
3. 베푸는 것만큼만 받을 수 있다. 가는 말이 고와야 오는 말이 곱다는 속담처럼 부부 관계에서 서로 이기적 계산만 한다면 불행이 시작될 수 있다. 결혼을 잘 했다는 말은 엄밀히 말하면 상대방으로부터 많

은 이득을 취한 결과다. 특히 가사 분담은 서로 상대방을 위하는 마음에서 자발적으로 이뤄져야 하지만 오늘은 내가 했으니까 내일은 당신이 하라는 식의 분담이나 일방적 의무는 그리 오래 가기 어렵다.

4. 갈등이 있을 때 적극적으로 해결해야 한다. 서로가 다툼을 회피하려는 부부, 자주 다투는 부부, 갈등이 생기기 전 대화로 중간 지점을 찾으려는 부부 등 다툼을 해결하려는 방법에는 여러 가지가 있다. 이러한 여러 태도 중에 최고로 좋은 방법은 없겠지만, 갈등을 신속하게 해결할 수 있는 가장 잘 맞는 방법을 찾는 것이 제일 중요하다.
5. 불륜의 원인을 파악하라. 상대방과의 애정 관련의 문제나 이해가 부족해서 이혼했다는 사람의 80%는 불륜이 이혼의 주요한 사유가 되지 않는다. 오히려 부부 관계가 안정적이지 않을 때 결핍된 사랑을 채우기 위해 불륜이 일어나는 경우가 많다. 즉 불륜이 이혼하는 도화선이 되는 것이 아니라 평소 불행한 결혼생활이 불륜의 도화선이 되는 경우가 더 많다.
6. 남녀는 모두 선천적으로 결혼제도가 적합하지 못하다. 남자가 계속해서 다른 여자를 원하는 것은 생물학적 번식의 자연법칙이기 때문에 결혼제도 자체가 부적합하다는 이야기가 있지만 불륜의 문제는 남자만의 문제가 아니다. 여성의 사회진출이 증가하면서 여성의 불륜도 증가하기 때문에 남녀 불륜에서 차이도 의미도 없다. 다만 남성은 성적인 절정감이 2분 30초에 도달하지만 여성은 12분이 걸리고, 남성은 성적인 주기가 5일이지만 여성은 10일 이라는 차이가 있을 뿐이다.
7. 남녀는 근본적으로 서로 다르다. 남자와 여자는 서로간 완전하게 이

해할 수가 없다는 논리다. 사회적인 성별 차이는 부부관계에 있어 항상 마찰이 생길 여지가 많지만 그것이 마찰의 직접적 요인은 아니기 때문에 극복할 수 있다.

그는 결혼생활에서 일주일에 5시간만 투자하면 부부생활이 더 행복할 수 있다면서 다음과 같은 내용을 권하고 있다.

1. 애정을 담은 스킨십을 하라. 입맞춤, 토닥여 주기, 손 잡아주기. (5분×7일)
2. 부부 각자가 그날 할 일을 한 가지씩 찾아라. (2분×5일)
3. 퇴근하고 돌아오면 가볍게 대화한다. (20분×5일)
4. 일주일에 한 번씩 둘만의 데이트를 즐겨라. (2시간)
5. 적어도 하루에 한 번씩 진심으로 칭찬과 감사하라. (5분×7일)

부부관계의 핵심은 남자이건 여자이건 절대 다수인 70%가 부부간의 우정 문제라는 것에 동의한다. 성적 차이는 있을지 몰라도 부부관계 지속에 대한 원동력과 최우선 가치는 남녀 모두 같다는 의미이다. 따라서 결혼생활을 불가피한 남녀 간의 문제로 보기보다 같은 목표를 가진 협동으로 인식하여 서로 노력해야 한다. 결혼생활이란 오케스트라 협연과도 같다. 협연하면서 내 악기 소리만을 강하게 표현할 시기와 약하게 표현할 시기를 알아야 한다. 약해야 할 시기에 강한 소리를 내거나 강할 시기에 약하게 소리를 낸다면 협연의 의미가 없는 것이다. 협연의 능력이나 기술이 없으면 차라리 독주를 하는 편이 더 좋을 수도 있다.

결혼생활이라는 협력과 조화의 의미를 잘 이해하지 못한다면 미혼상태로 혼자만의 행복의 길을 찾는 것이 더 현명할 지도 모른다. 결혼여부가 행복을 결정하는 요인이 아니라 결혼한 후에 서로 협력하고 협동하려는 마음가짐의 여부가 행복을 결정한다.

학력은 행복의 척도가 아니다

우리들 핏줄에 흐르고 있는 전통적인 삶의 최고 목표는 입신양명을 통해서 부귀영화를 누리고자 하는 것인데 이러한 유전자가 자리 잡게 된 역사적인 배경은 유교사상에 빠져있던 조선시대 사회계급을 회고해 봐야 한다. 1910년경 조선사회의 계층은 양반(1.9%), 중인, 상인 및 천민(35%) 등 4개의 계층으로 이루어져 있었다. 2.0%를 넘지 못하는 양반들이 국가의 모든 정책을 결정하는 관직에 오를 수 있었는데, 양반계급도 4대까지 관직에 오르지 못하면 한 단계 낮은 중인으로 살아야만 했다. 물론 중인이나 상인도 과거의 기회는 있었지만 행정 관직에 오를 수 있는 문과에는 응시할 수 없었고 무과에만 응시할 수 있었다.

이처럼 부귀는 2%도 되지 않는 소수 양반의 몫이었기 때문에 대부분의 서민들과 천민에게는 그림의 떡이었다. 그러나 국민 계급이 점차 평등해지고 특히 해방 이후 공교육의 문이 열리면서 누구나 열심히 공부하면 꿈에 그리는 부귀를 쟁취할 수 있는 기회를 맞게 된다. 이 처럼 누구나 집안의 대표선수로 부귀영화를 누려보자는 열의는 바로 세계 최고의 교육열을 낳게 하였다. 대학 진학률 70%를 기록하며 진학률 세계 2위 캐나다(60%), 미국(47%), 프랑스(44%), 독일(30%)을 크게 앞서면서 교육 최강국의 지옥(?)을 이루어 놓았다. 누구나 노력을 하여 높은 학력과 공덕을 쌓는다면 공경을 받고 높임도 받는 귀한 사람이 될 수 있다는 보편성과 개방성은 "부귀"의 개념을 높은 관직에 집착하게 만들었다.

부(富)를 이루려는 욕망은 가난에서 벗어나 이승의 삶을 푸짐하게 누려보자는 소망에서 나왔다. 부를 희망하는 배경은 "가난 구제는 나라도 못한다"는 빈곤 사상에서 출발하게 된다. 박지원이 쓴 소설 "허생전"에서 가난한 선비가 일만 금을 빌려 전국의 과일을 매점한 다음에 열배의 값을 받고서 되판다는 이야기가 있다. 이처럼 지난 세기 말까지 개인의 경제적인 생활과 국가의 경제력은 매우 빈약했었다. "돈이 있으면 금수강산이라, 돈만 있으면 귀신도 부릴 수 있고, 돈만 있으면 개도 멍첨지가 된다"는 생각은 언제나 부유하기를 간절히 소망하는 삶의 목표가 되었다.

우리 교육의 중요 목표는 이처럼 부귀를 얻기 위한 수단으로 지덕체(智德體)를 교육 목표로 정했다. 학교에서 학생에게 지혜와 덕과 체력을 연마 시켜야 했다. 인류의 초기 수렵시대와 농경시대를 겪으면서 건강한 체력을 가장 중요하게 생각했고, 남자나 여자나 모두 체력과 노동이 가장 중요했기 때문이다. 그러나 산업사회에 접어들고 정보화 시대를 맞으면서 점차 체력보다는 지적 능력을 중시하게 되었다. 어떻게 하든 학력을 쌓고 외모를 아름답게 꾸민 다음에 엄마 찬스와 아빠 찬스를 이용해 법망을 피하고 증거를 남기지 않으면 행복을 약속하는 출세도 돈도 마음껏 벌면서 잘 살 수 있다는 믿음이 확고해 지게 되었다.

부귀를 얻으려는 "수단"보다는 "목표"에 더 많은 관심을 집중하고 있다. 한국방정환재단(2021)에서 발표한 "한국 어린이·청소년 행복지수"에서 한국은 OECD 22개국 중 22위로 꼴찌다, 특히 "행복을 위해 필요한 것"으로 돈, 성적, 자격증 등 물질적 가치를 꼽은 아이들이 38.6%로 가장 많다. 전년도와 비교해 볼 때 가족, 친구와 같은 "관계"라는 가치를 꼽은 비율은 10.8% 줄어든 반면에 "물질적 가치"를 높게 평가하는 비율은 9.5% 증가했다. 우리 청소년들의 지나친 사교육과 물질우선주의 풍토가 청소년을 스트레스 속으로 밀어 넣었기 때문이다. 보건복지부 자료에 의하면 우리 아동 및 청소년의 삶의 만족도는 OECD 국가 중 최하위에 있다. 행복하기 위해 열심히 일하는 방법에는 별로 관심이 없고 오로지 부와 귀가 있다고 생각하는 높은 의자에 앉으려는 욕심만 있어서 세계 최고의 교육열을 낳았다. 한국 부모는 자녀를 고등학교까지만 지원하겠다는 의견에는 14%에 불과하고 절대 다수인 86%는 부모가 대학까지 책임을 져야 한다고 생각한다.

우리는 지금 지(智) 중에서 지식(知)만 중요시 하고 윤리와 도덕이라는 덕(德)과 체(體)의 개념은 없어졌다. 정서와 윤리 의식은 사라지고 오직 지식만 가득 찬 AI 인간만 교육시키고 있다.

인간관계에서 정이 사라지고 윤리와 양심보다 증거를 찾지 못하면 모든 것이 무죄가 되는 타율적인 사회가 되어버렸다. 그래서 삶의 소중한 가치인 인문학이 최대 위기를 맞고 있는 시대에 살고 있다. 대낮에 등불을 켜고 쓸 만한 사람을 찾던 그리스의 디오게네스(Diogenes)를 다시 떠올리게 한다. 우리도 이제는 등불을 밝히고 쓸 만한 사람을 찾아 나서야 하는 세상이 된 듯하다. 머리만 잘 굴리는 사람이 아니라 지덕체(智德體)를 고루 겸비한 쓸 만한 사람을 배출할 절박한 시대가 왔다.

그런데 우리 선조는 일찍이 지육(智育), 덕육(德育), 체육(體育)을 아우르는 전인격(全人格) 교육에 힘썼던 기록이 있다. 신라에서는 화랑도라는 독특한 교육체제가 있어 국민 의식과 역량을 결집시켜서 삼국통일의 대업을 이룩했다. 김대문이 쓴 화랑세기(花郎世記)에는 "어진 신하와 충신은 화랑 출신이고, 뛰어난 장수와 용감한 병사도 화랑출신"이라고 기록돼 있다. 화랑도 교육의 목적은 국가에 헌신 봉사하도록 문무 능력을 겸비한 인재를 많이 양성하는 것이었다. 삼국사기의 진흥왕조 기록에 의하면 "많은 사람들이 무리를 지어서 도의(道義)를 연마하고, 노래와 음악을 즐기고, 산과 물을 찾아 유람도 했다"는 기록이 있다. 이러한 기록으로 볼 때 화랑도 교육은 국가가 필요로 하는 인재들을 양성하기 위한 도의연마(道義鍊磨), 가악상열(歌樂相悅)과 산수오유(山水娛遊) 등의 여러 교육방법을 활용했었음을 알 수 있다. 평화시에는 수양단(修養團)을 배양하고, 비상시에는 전사단(戰士團)을 배양하도록 하는 집단교육 체제였음을 알 수 있다.

지적 능력은 물론 감성적인 능력과 도덕적 능력 및 신체적 능력까지 망라했다. 화랑도의 교육이념은 지(智)와 덕(德)과 체(體)의 조화와 균형을 통해서 전인격적인 인간을 육성하고자 했다. 세계의 어느 국가에서도 찾기 어려운 지덕체(智德體)를 아우르는 특급 제도로 완벽한 전인격적인 인간을 양성하려는 교육정책을 실시했다. 조선시대 대학자 율

곡 이이(李珥)는 학문은 실제 생활에 도움이 되어야지 그렇지 않은 것은 탁상공론에 불과하다고 했다. 학문이란 특별한 것이 아니다. 아버지가 되어서는 자애롭고, 자식이 되어서는 효도하고, 신하가 되어서는 임금에게 충성하고, 부부 간에는 분별이 있고, 형제간에는 우애가 있고, 젊은이는 어른을 공경하고, 친구 간에는 믿음을 실천하는 실제 사회생활에서의 도리와 예의를 배우는 것이 학문이라고 했다. 우리가 지금 단순히 옛 사상으로 되돌아가자는 것이 아니라 인간성 회복을 위해서 정상적인 궤도를 다시 찾을 부분에 대해서 다시 한 번 재음미 하자는 뜻이다.

오늘날 부모들의 소망은 모두 자식을 천재로 키우려고 한다. 그러나 오래 전 공자가 천재불용(天才不用)이라고 하여 덕 없이 머리만 좋은 사람은 아무 짝에도 소용없다고 말했다. 세상에 훌륭한 사람이 되는 것은 머리만 좋은 천재가 아니라 덕체를 겸비한 사람이어야 한다. 우리 사회는 지금 그런 사람들이 점점 줄어들고 있음을 도처에서 보고 있다. 독일 국민이 도덕적으로 타락하게 된 이후 프랑스의 나폴레옹에게 점령을 당하고 나서야 독일의 사상가 피히테(Fichte)가 피를 토하는 심정으로 "독일 국민에게 고함"을 외쳤던 윤리회복의 운동이 우리에게도 절박한 때가 왔다.

돈이 많으면 행복한가?

매년 3월 20일은 유엔이 정한 "세계 행복의 날"이다. 금년에는 "마음을 돌아보고(Be Mindful), 감사하고(Be Grateful), 친절하라(Be Kind)"는 3대 실천 주제를 권하고 있다. 유엔은 금년에도 이 날을 기념하기 위해 "2023 세계행복보고서"를 발표했다. 이 보고서는 유엔 지속가능 발전해법네트워크(SDSN)가 컬럼비아대학과 함께 150여 국가 10만 명에게 10점 만점으로 삶의 만족도를 측정한다. 측정의 기준으로 1인당 국내 총생산(GDP), 사회적 지원, 기대 수명, 사회적 자유, 부정부패, 관용 등 6가지 지표를 활용한다. 이 보고서에서 한국은 주관적 행복도 10점 만점에 5.951점으로 57위를 차지하여 경제 선진국 중에서 최하위권에 올라있다. 행복도가 가장 높은 나라는 핀란드(7.804)로 6년 연속 세계 1위의 행복 국가로 선정되었으며, 덴마크, 스위스, 노르웨이, 아이슬란드, 네덜란드, 스웨덴 등 북유럽 국가가 상위권에 올라 있다. 미국은 15위, 일본은 47위, 중국은 64위에 올라있다. 행복도 최하위 국가는 내란으로 고통을 받고 있는 아프가니스탄이다.

한국은 2013년에 41위에, 2015년에는 47위에, 2017년에 55위에,

2019년은 54위, 2000년에는 61위, 2022년에는 62위에 올랐었다. 전 세계 경제력 10위권에 있으며, 1인당 GNP로는 20위권에 속한 한국이 겨우 60위에 속한다는 사실, 그리고 더욱 놀라운 일은 과거에 비해 경제적인 규모가 급격히 커졌지만 행복지수만은 반대로 계속해서 더 떨어지고 있다는 사실이다.

통계청이 발표한 "2022 국민 삶의 질 보고서"를 보아도 우리의 삶의 만족도는 10점 만점에 겨우 5.9점으로 OECD 38개국 중에서 36위에 있다. 콜롬비아(5.8), 튀르키예(4.7)가 뒤를 잇고 있어서 사실상 OECD 국가 최하위 수준이다. 우리 핏속에는 가진 것이 많아도 늘 불평만 하는 불만족 DNA가 흐르고 있는 것 같다.

한국이 경제적으로 비약적인 발전을 했다는 사실은 세계가 다 알고 있는 사실이다. 해방된 이후 바로 6.25 전쟁을 겪은 1953년에는 1인당 GNP가 67달러로 아시아 국가에서도 가난한 빈민국가에 속했다. 파키스탄 제철 공장에 견학을 가고, 필리핀으로 유학 가는 것이 희망이던 시절이다. 그러나 55년에 82달러, 61년에 91달러, 65년에는 106달러, 69년에는 239달러, 75년에는 608달러, 85년은 2,458달러, 95년에 숙원인 12,340달러에 올라 1만 달러 시대를 열었다. 그리고 2005년에 18,658달러, 2015년에는 27,513달러를, 2018년에는 27,633달러를, 2020년에는 31,497달러에 올라서 드디어 3만 달러 시대를 열게 되었다. 해방 이후 60여 년 동안 500배 이상의 초고속 성장을 이룩했다.

2021년 현재 1인당 GNP는 세계 26위에 올라있고, GDP는 10위에 올라있다. 2020년 기준 세계 부자 순위 12위다. 국가 경제력 순위로 세계 1위 부자의 나라는 미국이며, 2위는 중국, 3위는 일본이고 독일, 인도, 프랑스, 영국, 이탈리아, 브라질, 캐나다, 러시아 다음에 한국이 12위이다. 그리고 세계 행복도 상위권인 네덜란드는 부자나라 17위에 올라있고, 세계 1위 부자 나라인 미국은 겨우 18위에 올라있다. 부자 2위는 행복순위 86위, 부자 3위인 일본은 행복순위 54위를, 부자 12위 한국은 행복순위 57위에 올라 있다. 돈이라는 경제력과 행복과는 별다른 관계가 없다는 자료들이다.

한국 자료만 보아도 경제와 행복의 상관관계를 설명하기가 어렵다. 한국은 1950년대까지 세계의 빈민국에 속해 있었고, 1960년대부터 한강의 기적을 이루며 지금은 세계 부자국가 10위권에 올랐고, 개인별 지갑 사정도 세계 26위권에 속하며 잘 살고 있다. 그런데 이렇게 높아진 경제력에도 불구하고 행복수준은 실망스럽게도 겨우 세계 중위권에 있다. 더욱 더 놀라운 일은 경제력이 낮았던 과거에 더 행복했고 경제력이 늘어날수록 행복도는 점차 줄어들고 있다는 점이다. 이러한 자료로 보아 당장에 추론할 수 있는 결론은 경제력이 행복 수준을 좌우하는 중요한 요인이 아니라는 사실이다. 경제력과 행복은 동반자 입장이 아니고, 기차의 레일과 같아서 물질의 궤도와 행복의 궤도는 평행을 이루며 달리기 때문에 만날 수 없다는 사실이다.

경제력과 행복과는 특별한 상관이 없다는 사실은 다음의 자료를 보면 더욱 확실해 진다. 여론조사 전문기관인 입소스(IPSOS)가 최근에 "세계 행복 2023"을 발표했다. 전 세계 32개국 75세 미만 성인 남녀 22,508명을 대상으로 조사한 통계다. 세계 평균 행복지수는 76%인데,

이 조사에서 한국은 32개국 중에서 31위로 사실상 행복순위 꼴찌다. 놀랍게도 2022년 기준 1인당 GNI로 세계 65위인 중국의 행복수준(91%)이 가장 높고, 세계 7위인 미국(76%)은 14위, 28위인 일본(60%)은 29위, 30위인 한국(57%)은 31위, 항거리(50%)가 32위로 행복수준 최하위에 올라있다.

영국의 신경제재단(NEF)에서 세계인의 행복순위를 발표(2010)했는데, 이 통계 결과를 보면 돈과 행복은 아무런 관계가 없다는 것을 확실하게 알 수 있다. 아시아 히말라야의 끝자락에 위치한 빈민국 “부탄”이 세계에서 가장 행복한 나라 1위로 선정되어 더욱 놀랍다. 부탄 국민의 97%가 스스로를 행복하게 살고 있다고 말한다. 겨우 5%만 행복하다고 말하는 한국에 비하면 놀라운 결과다. 경제적인 돈이 행복을 결정하는 중요 요인이 아니라는 점을 확실히 이해할 수 있다. 돈 많은 사람도 불행할 수가 있고, 돈이 부족해 어렵게 살아도 행복한 삶을 살 수가 있다.

경제력과 행복과의 관계에는 경제규모보다는 활용도에 따라 크게 달라진다. 마치 컴퓨터로 말하면 컴퓨터의 외적인 용량보다 컴퓨터를 쓰는 내적인 소프트웨어에 따라서 활용의 가치가 달라지는 것과 같다. 국민들이 행복하기 위한 조건으로 사회 인프라의 “외적구조”와 “내적기능”으로 나누어 살필 필요가 있다. 지금까지의 자료에 의하면 모든 국가가 외적 경제규모를 높이는 경제정책에 최선을 다 했지만, 경제적인 외적 규모가 국민 행복을 끌어주는 효과에 대해서는 의심을 갖게 했다는 것이 행복 연구자들의 공통된 주장이다.

사람들의 욕구는 불만족을 해소시켜주는 “불만족 요인”과 만족으로 이끄는 "만족 요인"이 따로 있다고 한다. 불만족을 해소해 주는 요인은 불만족만 해소시킬 뿐 그 결과가 만족과 행복에는 별다른 영향을 주지 못한다는 말이다. 다시 말하면 "불만족 제거=만족"이라는 등식관계가 아니라는 의미다. 결국 만족을 높이기 위해서는 반드시 만족요인이 제공되어야 하는데, 경제적인 외적인 돈은 대표적인 불만족 요인이어서 경제적 외형으로 국민 만족과 행복수준을 높이는 정책으로는 한계가 있다는 것이다.

두 번째로 더욱 중요하게 생각해 볼 정책적 문제는 경제적 돈을 사용하는 국가의 내부적 인프라 문제다. 물질과 관련된 가장 예민한 불만 요인은 빈부격차 문제다. 아무리 외형적인 돈이 많아도 빈부의 격차가 크면 불만은 그 만큼 커진다. 빈부의 격차를 표시하는 기준으로 보통 "지니 계수"를 사용한다. 지니 계수가 0.00이라면 빈부 격차가 전혀 없는 완전 평등한 분배사회라 할 수 있지만, 1.00이라면 빈부 격차가 극심한 불평등 사회라고 할 수 있다. 2013년도 OECD 평균 지니계수는 0.20~0.25인데, 빈부 차가 비교적 적은 스웨덴, 덴마크, 노르웨이, 핀란드 등이 여기에 속한다. 아시아 국가로는 대만, 인도네시아, 인도, 일본, 베트남 국가들이 0.34~0.37를 보이고 있는데, 한국(0.419)은 미국(0.451), 중국(0.474) 등과 함께 빈부격차가 큰 국가에 속한다. 세계에서 빈부 격차가 가장 심한 국가로는 짐바브웨, 브라질, 태국, 콜롬비아, 남아공 등으로 지니계수가 무려 0.50 이상이다. 북유럽 국가가 경제 규모는 크지 않지만 행복도가 높은 이유는 경제의 규모보다 사회적 인프라인 내적 효율성, 다시 말하면 빈부차를 최소화 하는 분배정책의 장점이 있기 때문이라고 본다.

과거 우리의 경제 규모가 작고 가난했지만 빈부격차가 심하지 않아서 국민들의 행복 수준이 국가적 문제가 되지 않았지만 경제 규모가 커짐에 따라 빈부의 격차도 함께 벌어져서 행복을 느끼는 정도가 더욱 더 벌어진 것으로 판단된다. 돈만 탐내는 경제 동물(economic animal)로만 교육시킨 정책의 실패다. 우리가 저지른 가장 큰 잘못된 실수는 "행복"의 개념을 물질적인 경제 규모로 평가한 교육의 결과다. 많이 늦었지만 이제부터라도 경제적인 규모만 높이는 정책보다는 빈부격차를 줄이려는 정책으로 행복수준을 높여주는 정책이 시급하다.

돈만으로는 행복과 장수를 약속할 수 없다

돈과 행복과는 정비례하지 않는다는 이유가 미국의 경제 사학자 이스털린(Easterlin)이 주장한 "이스털린 역설(Easterlin Paradox, 1974)"이라는 가설을 발표하면서 의문을 푸는 계기가 마련되었다. 빈민국과 부유국, 사회주의 국가와 자본주의 국가 등 모두 30여 국가의 행복 수준의 변동 추이를 수십 년간 추적 조사했다. 그 결과 일정한 수준까지는 소득과 함께 행복 수준도 오르는 정비례 관계를 보이다가 소득이 어느 수준을 넘게 되면 이런 정비례 관계가 사라지게 되는 사실에 상당히 놀라워했다. 즉 소득 수준이 오르면 욕구 수준도 그 만큼 커져서 행복을 느끼는 수준도 함께 높아지는 현상을 보였다. 결국 수입이 늘어나면 그 만큼 바라는 욕구도 커져서 웬만한 물질적 풍요로는 높아진 행복수준을 따라가지 못한다. 이런 현상이 일어나는 이유는 "한계효용체감"이라는 전통 경제학 용어로도 설명이 되는데, 같은 재화를 계속해서 반복적으로 사용하면 일정한 기간이 지나면 점차 만족도가 떨어지기 시작한다는 원리와 같은 뜻이다.

이러한 한계효용체감의 설정값(Set-Point)은 "1인당 연간 소득 1

만 달러" 수준에 이르면 나타난다. 즉 이는 어느 국가든지 GNP가 1만 달러가 될 때까지는 수입과 행복이 정비례 관계를 갖지만, 1만 달러를 넘게 되면 수입의 정도와 행복과는 별다른 관계를 갖지 않는다. 어떤 국가든 국민의 연간 1인당 GNP가 1만 달러를 넘게 되면 국민 행복과 불행을 돈으로만 설명할 수가 없다는 의미이다. 경제적 수입이 많아 행복이 높아지는 것도 아니고 돈이 부족해서 불행을 느끼며 사는 것도 아니라는 의미이다. 경제적인 돈 이외에도 행복과 불행을 느끼도록 하는 또 다른 요인이 있다는 해석이다. 연간 소득 1만 달러를 넘으면 행복 수준을 높여주는 다른 정책이 필요하다.

이 처럼 돈이 행복에 영향을 주지 못하는 이유를 설명하는 이론을 예로 들어보겠다. 보통 일반적으로 "만족"과 "불만족"이라는 말은 반대말이라 생각하고 있지만 반대말이 아니라 내용 자체가 완전히 다르다고 말한다. 다시 말해 불만족 제거=만족이라는 의미가 아니라는 등식과 같이 불행의 제거=행복도 아니라는 말이다. 불만족에 영향을 주는 요인과 만족에 영향을 미치는 요인은 따로 있다는 말이다. 그런데 돈은 불만족에 영향을 주는 요인이므로 불만족을 줄여주거나 없애주는 역할은 하지만 그것이 만족을 높이는 역할은 하지 않는다. 예를 들면 옆집이 우리집의 차보다도 더 좋은 고급 승용차를 갖고 있어 불만이었는데 옆집 차보다 더 좋은 고급 승용차를 구입했다. 그러면 당연히 나의 만족감이 올라가리라 기대할 수 있지만, 자동차라는 물질적인 요인은 불만족 요인이므로 그간의 불만족은 해소될 수는 있지만 만족에는 별로 영향을 끼치지 못한다. 혹시 만족을 느낀다고 해도 한계효용체감 법칙에 따라 아주 짧은 시간만 효과가 있다.

미국의 경영심리학 교수인 허즈버그(Herzberg)가 주장했던 동기-위생(Motivation-Hygiene)이론, 또는 만족-불만족(satisfier-dissatisfier)이론, 또는 2요인(two-factor theory)이론으로 이런 문제를 현장 검증했다. 만족에 영향을 끼치는 요인을 "동기 요인(satisfier)"이라고 하고, 불만족과 관련된 요인을 "위생 요인(dissatisfier)"이라고 부르는데 이 두 요인의 역할은 완전히 다르기 때문에 "2요인 이론"이라고도 부른다. 지금까지 전통적인 동기이론들은 만족과 불만족을 동일한 선상에 있는 서로 상대적인 개념으로 보았기 때문에 불만족 요인을 없애면 당연히 만족 수준이 상승한다고 보았고 만족요인을 없애면 당연히 불만족 수준도 증가하는 것으로 보았다. 그렇지만 그는 인간의 욕구는 성질이 완전히 다른 두 개의 욕구, 즉 만족에만 영향을 미치는 만족요인과 불만족에만 영향을 미치는 불만족요인으로 나눠져 있다고 설명한다.

이와 같이 만족을 좌우하는 요인을 "동기 요인"이라 하는데 여기에는 구체적으로 일 자체, 성취, 인정, 책임, 승진, 성장 등 일과 관련된 "내적요인"으로 구성되어 있다. 한편 불만족에 영향을 미치는 요인을 "위생요인"이라 하는데 여기에는 급여(돈), 회사 정책, 감독, 상사, 동료 및 부하 관계, 작업 조건, 개인 생활, 안정성과 같은 일과 관련된 "외적요인"으로 구성되어 있다고 주장한다. 이렇게 볼 때 물질을 대표하는 돈, 가족 구성, 상사, 동료와 부하 관계와 같은 사람과 관련된 요인은 불만족 요인에 해당한다. 이런 불만족 요인들을 해소시키면 경제적인 고통, 불안, 고립, 소외감 같은 불만족은 줄어들지만 만족에는 별다른 영향을 미치지 않는다.

전통 경제이론에서는 어째서 이러한 현상이 일어나는지 그 이유를 설명할 수 없기 때문에 이런 현상을 설명하기 위해서 행복경제학이라는 새 분야에서 심리사회적 요인으로 설명하려 한다. 욕망의 크기에 따라서 행복을 느끼는 수준도 변하기 때문에 심리 사회적인 개념인 "욕망"이라는 변인에 주목해야 된다. 물질적인 욕망에 빠지게 되면 마약중독과 같은 효과가 있어서 물질적 유혹의 덫에서 벗어나지 못한다는 가설이다. 욕심이 클수록 절망도 크다는 말처럼 욕망이 클수록 행복을 느끼는 수준도 함께 높아진다. 이 같은 원리로 욕망을 한 단계 낮추면 행복을 느끼는 수준도 그 만큼 낮아지게 된다. 이 처럼 욕망과 행복은 상대적인 관계에 있기 때문에 욕망의 규모를 자기의 분수에 맞도록 적당히 조절할 필요가 있다.

욕망은 보통 세 가지 조건에 따라 크기와 방향이 결정된다. 첫째로 욕망의 규모를 적당히 조절해야 한다. 욕망이 클수록 행복의 수준도 높아지기 때문이다. 내가 나의 꿈을 크게 가질수록 욕망도 그 만큼 커지므로 꿈에 비례해서 행복의 수준도 함께 높아진다. 보통 젊은이는 꿈을 크게 가질수록 좋다고 하는데, 그렇게 꿈을 크게 가지면 행복 수준도 그 만큼 높아져서 실제로 행복을 느끼기 어려워진다. 그래서 희망하는 꿈은 실현이 가능한 정도로 적절히 조절해야 향후 희망하는 행복도 현실적으로 이루기 쉽다.

둘째로 욕망 수준을 정하는 기준을 이웃보다는 내 기준에 맞도록 조절해야 한다. 같은 떡이라도 옆집 떡이 더 커 보이기 마련이기 때문에 나의 기준을 이웃과 비교해서 높게 설정하기 쉽다. 그래서 옆집이 물질적으로 나보다 풍요롭다면 당연히 나의 욕망의 크기도 그 만큼 커지게 된다. 그러면 기대하는 행복의 수준도 함께 높아진다. 지금 우리는 안방에 앉아서 텔레비전을 통해 물질적으로 나보다 더 풍요로운 사람과 비교하는 환경에 노출되어 있기 때문에 행복을 위한 물질적인 욕망의 크기도 그 만큼 커지게 된다. 가끔은 나의 경제적 수준보다 낮은 사람과 비교하는 기회를 갖게 된다면 욕망의 크기도 내 분수에 맞게 적당히 조절할 수 있고 그렇게 하게 되면 행복의 수준도 그 만큼 현실적으로 통제할 수도 있다. 위만 보고 걷기보다는 가끔은 아래를 보며 내 욕망의 크기를 조절할 필요가 있다.

셋째로 욕망 중에 불만족과 관련된 욕망에 집착하기보다는 만족과 관련된 조건에 관심을 집중하는 생활을 해야 한다. 즉 돈과 물질이라는 조건에 집중하는 것보다는 일, 성취, 책임, 성장 등과 관련된 조건에 집중하는 것이 훨씬 더 확실히 행복을 약속할 수 있다. 관계에 관한 욕망에도 관심을 가져야 하겠지만 일에 관련된 욕망에 더 많은 집중을 하는 것이 행복수준을 높이는데 더 유리하다는 것을 알아야 한다.

높은 지위에 올라 출세를 하고 돈도 많이 버는 부자들은 더 좋은 음식을 먹고 몸에 좋은 보약과 불로초를 먹기 때문에 일반인보다 건강이 더 좋고 기대수명과 건강수명도 더 길까 하는 생각도 든다. 일반적으로 더 많이 가지고 더 높은 지위에 있는 사람이 더 오래 산다는 것은 잘 알려진 사실이기 때문이다. 부자 나라 미국이나 유럽과 한국의 노숙자들의 수명은 모두 40대 후반을 넘기기 어렵다. 한국건강형평성학회의

자료(2023)에 의하면 경제적으로 상위 20%에 속하는 집단이 하위 20%의 집단보다 최소 3~9년 정도 더 오래 살고, 건강수명도 8~14.8년까지 차이가 난다고 한다. 이런 현상은 자연계에서도 나타나는 일반적인 현상으로 우두머리 새끼처럼 금수저로 태어나면 수명에 절대적인 영향을 미친다. 이러한 결과가 사실이라면 일단 출세를 하고 돈도 많이 벌어야 한다.

그런데 한국통계학회에서 발간한 "국민건강보험표본 코호트 DB(2017)" 자료를 보면 경제적인 소득과 건강이나 수명과의 관계에서도 "이스털린 역설"이 적용된다는 것이 입증되었다. 즉 경제수준이 하위에 속하는 집단은 상위 집단에 비해 건강과 수명에서 많은 차이가 있다. 그러나 중위소득 집단부터는 상위 집단과 건강이나 수명에서 어떠한 차이도 발견할 수 없었다. 다시 말하면 우리나라도 일정 수준의 경제적 중위권을 넘어서면 이후부터는 건강과 수명은 소득이나 지위와 아무런 관계가 없다는 뜻이다. 몸에 좋은 보약을 찾고 인삼과 불로초를 먹어도 그 효과는 거의 제한적이라는 뜻이다. 경제적으로 우리 몸에 부족한 영양분을 빠뜨리지 않고 필요한 최소한의 영양분을 골고루 섭취한다면 호의호식하는 부자나 불로초를 즐겨 먹던 진시황제와도 건강이나 수명에서 별다른 차이를 느끼지 못한다는 뜻이다. 물질적으로 부유한가 가난한가에 따라서 건강과 수명에 많은 영향을 끼친다고 말하지만 경제적으로 중산층만 되면 물질적으로 부유한 사람의 건강이나 수명과 별다른 차이를 보이지 않는다. 건강과 수명은 기본적으로 선천적인 유전에 의해 결정되지만 후천적인 식생활과 생활습관에 의해서도 많은 영향을 받는다고 믿어진다. 부족하지 않게 골고루 음식을 잘 먹고 적당한 운동에 스트레스까지 벗는 가벼운 마음으로 살아간다면 건강과 수명과 행복을 모두 잡을 수 있는 길이 활짝 열리게 된다.

물질과 지위를 과대평가하는 이유

우리의 뇌 구조는 생식능력을 배가하는 활동, 즉 생식능력을 늘려주는 활동에 모든 역량을 집중하도록 진화했다. 재산이 많고 서열이 높아지면 확실히 생식능력을 증가시킬 수 있는 기회가 늘어난다. 보다 더 많은 생필품을 가지고 있는 사람, 상대방에게 겁을 주어 영역에서 쫓아낼 수 있는 힘과 권력이 있는 사람은 매력적인 여성으로부터 더 많은 관심과 기회를 갖을 수 있어서 더 많은 후손을 낳을 수 있고, 그 후손이 살아남을 수 있는 확률도 훨씬 더 높아진다.

이러한 생각은 수천 년 동안 흘러오면서 뇌 속에 깊이 뿌리 박혀 진화되었다. 그러나 기본적인 먹거리 문제가 해결된 오래 전부터 더 이상 생존욕을 위해 투쟁할 필요가 없는데도 불구하고 우리들은 여전히 혹시나 하는 불안감으로 물질에 집착하게 된다. 부모들 모두 아이들과 많은 시간을 보내면 본인도 아이도 모두 다 행복할 것이라는 것을 알고 있지만 왠지 모를 불안감 때문에 직장에서 밤늦게까지 피로에 지치면서 수입을 올리기 위해서 열심히 일하고, 아이들을 더 훌륭한 학군에서 공부하게 할 수 있다는 믿음이 있기 때문에 높은 지위에 올라가기 위해

머리를 싸매고 열심히 공부를 시킨다. 이러한 행동이 진화론적인 관점에서는 상당히 중요한 것으로 보일지 모르지만 아이들에게는 그렇게 행복한 일은 되지 못한다.

우리들이 이처럼 과소비에 빠지게 되는 이유는 다른 사람 때문에 피해를 볼 수도 있다는 손해를 방어하기 위한 것이 많다. 내가 다른 사람의 소비와 무관하게 내 소비수준을 결정한다고 해도 혹시 다른 사람들이 나를 낙오자로 낙인찍어 버릴까 걱정을 한다. 유명한 고급가방 대신 싸구려 가방을 들거나, 낡은 청바지에 보풀이 이는 스웨터를 입거나, 멋있는 고급 승용차 대신 낡은 차를 애용하는 나를 타인들이 보면 이웃의 소비 형태와 맞지 않기 때문에 이런저런 손해를 볼 수 있다. 따라서 소비 형태는 내 욕구를 만족시키기보다 다른 사람의 욕구와 비교하여 나를 방어하려는 소비 형태가 일어나게 된다.

우리들이 돈, 명예, 지위, 특권과 같은 외형적인 재화와 내면적인 욕구를 비교하면서 평가할 때 매우 잘못된 결정을 한다. 심리학자들이 꼽고 있는 인간의 중요한 내면적인 욕구는 가족, 친구, 동료들과 즐거운 관계를 맺으면서 인정도 받고, 자신감을 얻으려 하는 욕구와 인생을 내 생각대로 꾸려 나갈 수 있는 자율성을 위한 노력을 확보하려는 것에 있다. 그런데 이러한 내면적인 욕구 충족과 외형적인 재화 사이에서 어느 한쪽을 결정해야 할 때 우리는 기본적으로 외형적인 재화에 더 큰 의미를 부여한다는 것이 취리히대학 슈트처(Stutzer)와 프라이(Frey) 교수의 주장이다. 우리들이 이런 결정을 내리는 것은 내면적 욕구를 충족하는 것이 외형적 재화만큼 중요치 않아서가 아니라 그런 진실을 반복해서 잊어버리기 때문이다. 마치 우리들이 1kg의 지위와 1kg의 우정을 저울에 달면서 언제든지 지위가 우정보다 더 무겁다고 확신하게 되는 아주 체계적인 잘못된 결정을 한다.

슈투처와 프라이 교수는 "경제적 효용의 잘못된 결과"란 논문에서 이런 잘못된 결정을 내리는 이유를 잘 설명하고 있다. 그들은 "효용"이라는 말은 고전 경제학이 빚어낸 개념이라면서 과연 그러한 결정이 자신의 행동에 이익이 될지 아닐지를 판단하는 기준으로 사용하게 된다. 그러므로 옳지 않은 어떠한 가정이나 이유로 잘못된 결정을 내릴 때에 본래 얻을 수 있는 이익보다 더 적은 효용을 갖게 된다. 다시 말해서 우리가 도달하게 될 자리보다 더 아래에 머물게 되는 것이다. 그런데 우리에게 이런 잘못이 체계적으로 일어날 뿐 아니라 상당히 규칙적으로 일어난다고 한다.

이들은 구서독 직장인들의 출퇴근 시간과 생활 만족도에 대한 연구(1984)를 했다. 1년에 3만 유로를 더 받는다는 조건으로 출퇴근 시간이 더 길어진 곳으로 전근하라는 제안을 받는다. 만약에 제안에 동의한다면 통근시간이 길어지기 때문에 가족, 친구와의 산책과 같은 취미활동 시간이 줄어든다. 연구결과는 분명히 직장까지의 거리가 길수록 삶의 만족도는 낮아지게 되어있다. 통근 거리가 한 시간 늘어나면 잃게 되는 삶의 질을 보상 받기 위해서 임금의 40%를 인상해 주어야 하는 것과 비슷해진다. 그럼에도 불구하고 우리들의 임금 인상액이 이러한 손해를 보상받지 못하는 조금 많은 금액일지라도 출퇴근 시간이 긴 먼 곳까지도 전근하는데 동의 한다.

한국에서도 이와 관련된 흥미있는 자료를 발표했다. 동남지방통계청(2023)이 동남권(부산, 울산, 경남)과 수도권(서울, 인천, 경기) 청년(19~39세)을 대상으로 경제적 소득과 생활 만족과의 관계를 비교하여 보았다. 경제적인 삶의 질은 수도권의 월평균 임금(2022)은 290만 원인데 비해서 동남권은 263만 원으로 27만 원의 차이를 보였다. 임금 격차는 2013년 이후 계속 커지는 추세에 있으며, 고용율은 수도권이 70.3%으로 동남권의 63.8%보다 높았다. 그러나 비경제적인 삶의 질에서는 동남권의 만족도(2022)가 7.1점인데 비해서 수도권은 6.4점으로 동남권이 더 좋았다. 행복을 느끼는 긍정적인 정서도 7.5점으로 수도권의 6.6점보다 높았고, 부정적인 정서는 2.5점으로 수도권의 3.6점보다 낮았다. 스트레스 지수도 43.9%로 수도권의 46.9%보다 낮았고, 여가시간도 5.0시간으로 수도권의 3.9시간보다 많았다. 그러나 동남권 청년들은 높은 일자리 기회와 월평균 27만 원이라는 소득의 차를 크게 느끼면서 수도권으로 직장을 옮기려는 의지가 강하다고 통계청은 논평한다.

이처럼 고전 경제학자들의 주장에 의하면 여러 재화와 관련되어 있는 활동을 평가할 때 정확한 비교도 없이 의외로 간단하게 평가한다고 한다. 거리가 먼 교외까지 출근할 때 들어가는 추가 교통비, 심리적 육체적인 스트레스 등 많은 손해 요인이 발생하는데 이러한 상황들을 평가할 때 소득이 늘어나거나 생활비가 절약된다는 긍정적인 요인들만을 강조하고 앞으로 있을 손해는 잊어버리고 만다.

슈투처의 주장에 의하면 실제 현실에서는 고전경제학 이론과 다르게 행동하고 계속 불행한 결정을 내리는 것은 외형적인 요인의 의미를 과도하게 크게 인식하기 때문이라 한다. 돈과 지위 등은 가치체계에서 항상 가족과 친구관계보다 더 높게 평가된다. 돈과 지위라는 외형적인 요소는 직접 느낄 수 있고 측정도 가능하기 때문에 그것에 대한 욕구에 빠지기가 쉽다. 1년에 3만 유로를 덤으로 더 받는 직장, 더 높은 직위를 약속하는 직장이라면 많은 행복요인이 사라진다고 해도 누구든지 두 손 들어 환영하는 조건에 빠지게 된다.

그러나 외형적 요인이 갖고 있는 매력은 시간이 흐르면서 위력이 점차 사라지게 된다는 사실을 상상하지 못한다. 3만 유로라는 소득 증가의 기쁨은 순식간에 사라지게 되고 매일 통근으로 일어나는 스트레스만 남게 된다. 우리는 평생 행복을 위해서 담금질하고 망치질하는 대장장이라고 생각하지만 사실 우리는 계속 되풀이해서 나의 손가락만 내리치고 있는 것이다. 외형적인 요소에 기대 이상으로 과대평가하는 습관 때문에 비교 계산을 올바르게 하지 못하는 실수를 범하고 있다.

이러한 모든 원인은 유전자 안에 있는 것 같다. 어떻게 해도 물질적인 욕심을 채울 수 없는 욕심쟁이 심보가 항상 더 높은 생존 기회를 얻었을 가능성이 높았다. 경제학자 이스털린은 그러한 욕심이 유전자 안에 고스란히 그대로 남아 있다고 주장한다. 선조들이 살아남는데 성공한 대가로 우리들은 행복의 방향을 잃고 불행의 언저리에서 살고 있는 셈이다. 이런 추론이 사실이라면 우리는 어째서 진실을 깨닫지 못하고 계속해서 뜨겁게 달궈진 난로 뚜껑에만 손을 대고 있는 것일까?

행복을 방해하는 심리적 요인

행복을 연구하는 이론가들은 돈과 같은 물질은 행복을 높여 주는 힘은 상당히 제한적이라고 주장한다. 처음에는 돈을 많이 가질수록 행복도 올라가지만 국민들의 GNP가 1만 달러를 넘게 되면 돈은 그 이상 행복에 별다른 영향을 끼치지 못한다고 말한다. 이런 일이 일어나게 되는 심리적인 이유는 첫째는 "쾌락 적응"이고, 둘째는 "상대적 비교"이고, 셋째는 "개인의 행동특성"에서 그 원인을 찾을 수 있다.

첫째로 물질에 대한 인간의 적응능력은 놀랄 만큼 빠르다는 사실이다. 물질에 대한 "쾌락 적응"은 "상실의 적응"에 비해 빠르게 원래의 상태로 되돌아간다. 우리는 삶의 환경이 변화되면 바로 행복이 찾아올 것이라는 희망에 호도되어 행복을 위해 상황 변화에만 집착하게 된다. 그러나 물리적 상황 변화에는 얼마가지 않아 쉽게 적응되어 원래의 느낌으로 되돌아간다. 그래서 삶의 환경을 변화시켜 행복하고자 하는 전략은 결국 효과가 없어서 실패하게 된다. 이사, 결혼, 새로운 직장과 같은 일신의 변화는 일시적 행복을 줄지 모르지만 오랫동안 지속하지 못하는 이유는 이런 적응현상 때문이다.

이러한 적응 때문에 소득이 늘어나면 욕심도 자동적으로 함께 커진다. 행동연구가들은 임금 인상의 긍정적 효과에서 80%는 함께 커진 욕심 때문에 바로 사라진다고 한다. 미국인이 원하는 것을 실현하기 위해서 소득이 얼마나 필요한가 하는 질문(1987)에 5만 달러라고 답했지만 같은 질문에 7년 후는 10만 달러라고 답했다. 이 처럼 소득과 욕심은 서로 내통하며 언제나 함께 움직이며 나간다. 마이어스(Myers, 2007)가 1950~2000년에 이르기까지의 미국인의 소득과 행복의 관계를 추적해 보았는데 이 기간 동안 소득은 3배 이상 증가하였지만 행복의 수준은 아무런 변화가 없었음을 확인했다.

영국 런던 정경대 경제학과 레이어드(Layard) 명예교수는 생활수준은 상당 부분 술이나 마약 같은 성질을 갖고 있다고 주장한다. 생활수준을 바꾸어 유쾌하고 새로운 경험을 느끼는 사람이 계속해서 똑 같은 기분을 느끼려면 더욱 더 많은 것들이 필요하게 된다고 생각한다. 여행을 즐기는 여행 전문가는 점점 더 많이 여행 가방을 들고 다녀야 바라는 행복을 느낄 수 있다. 우리들 모두 일정 생활수준에 이르러 행복을 느끼게 되면, 적응이란 놈이 내 곁으로 와서 "이것은 이제는 평범한 거야"라고 속삭이면서 사라져버린다. 복권에 당첨된 사람에 대한 국제 연구에서 대부분이 결국은 행복하기보다 불행해졌다는 결과가 확인되고 있다. 그 이유는 그 간의 경제적 풍요의 수준을 계속 유지할 수 없는 경제적 어려움에 빠지게 되면 더 큰 불행의 길로 들어서기 때문이라고 한다.

실제의 소득과 원하는 소득 사이에는 서로 만날 수 없는 두개의 평행선이 생긴다. 마치 모래 위에 유모차가 남기고 간 바퀴 자국처럼 평행선을 이루게 된다. 소득이 늘어나면 기대도 함께 높아지기 때문이다. 우리의 의식은 짧은 적응기간을 지나고 나면 모든 것이 평범한 상태로 돌아간다. 돈이 더 많아져도 우리는 짧은 기간 동안만 행복할 수 있다. 어째서 그러한 현상들이 일어날까? 이 몹쓸 현상의 여러 이유 중에 하나는 "적응"이다. 일단 적응이 되면 아무리 다른 사람이 보기에 충분히 소유한 부자라고 해도 그는 그 보다 더 많은 것을 요구하게 된다.

그러나 상실감에서 느끼는 불행감에서 회복하여 원래의 상태로 회복되는 적응기간은 상당히 많은 시간이 필요하며 어떤 것은 적응이 되기 어려운 경우도 있다. 옆집에서 들리는 소음 문제부터 배우자의 이별 문제, 실직 문제, 만성질환과 장애문제 등은 많은 적응기간을 가져도 원래 수준으로 회복되기 매우 힘들다.

둘째 "상대적 비교" 때문에 물질적인 풍요만으로 행복하기 어렵다. 세계적인 축구선수 베컴(Beckham)은 눈이 오나 비가 오나 매일 1만 8천 유로를 받기 때문에 모두 부러워하는 성공한 스포츠 선수다. 그러나 성공 기준을 돈이라는 단위로만 비교하게 되면 절대로 만족할 수가 없다. 슈마허(Schumaher)는 계속해 운동장만 돌면서 베컴에 비해 10배나 많은 돈을 번다. 그런데 우즈(Woods)는 매일 골프만 치고 놀면서 세계 최고 연봉을 받는다. 이 처럼 "이웃 소득"을 비교하는 순간에 나는 낙담할 정도로 불행에 빠지게 되고, 이웃보다 조금 더 가지면 더 없이 즐겁고 행복해진다.

구동독 사람은 통일 후 훨씬 더 많은 부를 누리게 되었지만 통일 이

전에 비해서 더 불행해졌다고 생각한다. 장벽이 무너지면서 그들의 비교 집단이 갑자기 동독에서 서독으로 바뀌었기 때문이다. 이웃집 떡이 훨씬 더 커 보이는 법이다. 우리의 현실은 TV를 켜거나 집 밖에 나가기만 하면 온통 나보다 더 예쁘고 화려한 옷을 입고서 돈을 펑펑 쓰며 폼을 재는 사람이 나의 초라한 모습을 비웃는다. 5%의 행복한 사람을 위해서 95%의 사람이 불행을 감수해야 한다. 이웃의 극단적 비교와 잘난 채 자랑만 하는 무한한 경쟁 사회 속에서 억지로 살아가는 슬픈 세상이 되었다.

디너(Roberto Diener)는 소유한 물질적 부의 절대적인 규모보다 단지 이웃보다 조금 더 많이 가졌거나 덜 가졌다는 비교에 따라서 행복의 수준이 달라지는 문제를 밝히기 위해 빈곤도시 인도의 캘커타 노숙자 거리로 날아갔다. 그들은 모두 사회적 위치, 복지, 의료혜택 등에 불만이 있지만 생활하는 상태에 대한 행복은 놀랍게도 7점 만점에 4점으로 비교적 행복을 느끼면서 살고 있다. 이들에 비해서 사회적 서비스와 복지 혜택에서 월등하게 높은 미국 오레곤의 노숙자들과 행복감을 비교했다. 인도 노숙자의 평균 월 생활비는 24달러였고 미국 노숙자의 생활비는 10배 이상 많은 300 달러였다. 그렇지만 행복감은 미국의 노숙자보다 인도의 노숙자가 훨씬 높았다. 미국에서 노숙자라는 신분은 이웃과의 경쟁에서 패배했다는 모욕감이 높지만 인도의 노숙자 신분은 이웃에게 그렇게 모욕적이지 않게 보이기 때문이다.

물질이란 돈과 행복과의 관계는 돈의 외형적 규모보다 이웃과의 비교가 더 중요하다. 경제학자 스미스가 국부론에서 사람이 얼마나 많이 소유해야 하는가 하는 문제를 논했다면, 이제 이웃보다 앞서기 위해서 얼마나 더 필요한가를 논해야 할 시점이 왔다. 우리들의 욕심은 끝이 없어서 이제 "필요한 것"과 "원하는 것"을 구별할 능력을 잃어버렸다. 필요한 것을 다 갖고 있지만 계속해서 새로운 것에 욕심을 부리는 "최신모델 증후군"의 희생자로 살고 있다.

우리는 얼마나 많은 돈이 있어야 부자라고 생각할까? 이는 돈의 절대적 기준보다는 타인과의 비교라는 주관적 기준에 따라서 달라진다. 통계청의 "가계금융복지조사"에 의하면 20억이 있으면 상위 1%(2019년 기준)에 속했고 10억이 있으면 상위 6%에 속했다. 그러나 2020년에는 상위 1%에 속하려면 26억이 필요하고, 2021년에는 29억으로 높아진다. 상위 1%라면 대략 17만 가구로 62만 명 안에 속한다. 그런데 2023년에는 부자라는 주관적인 기준이 자산기준으로 46억 원으로 급등하는데 미국인이 느끼는 부자(28억 원)의 개념보다 훨씬 높다. 40대 연령층으로 제한하여 부자의 개념을 보면 5억이 있으면 상위 30%, 10억 4천만 원이 있으면 상위 10%, 50억이 있으면 상위 1%에 속한다고 생각한다. 한국인은 자산 중에서 부동산 비중이 높아서 현금 흐름에 대한 체감현상이 낮기 때문이라고 하지만 주관적인 이웃과의 비교기준이 너무 높다.

일본 47개 도시민의 행복도 조사(2022)에서 오키나와의 시민이 가장 높은 행복을 느끼면서 살아가고 있다고 한다. 이에 비해서 도쿄 시민이 느끼는 행복감은 최하위 권이었다. 아이러니하게 도쿄의 연봉이 가장 높았으며, 오키나와는 전국에서도 꼴찌로 낮았다. 우리의 경우는 어떨까? 한국 최고 부자 도시인 울산의 행복도가 가장 높을지 아니면 경제 규모가 가장 큰 서울일지 상당히 궁금하다. 서울대학교 행복연구센터의 발표에 의하면 가장 높은 행복을 느끼며 살고 있는 도시로 세종특별자치시가 선정되었다. 이웃 간의 비교의 차이가 거의 없는 공무원 중심 도시이기 때문에 그렇게 생각하고 있을 것이다. 이웃과 비교하지 않고 오로지 자신에 만족하는 오유지족(吾唯知足)이라는 말을 새기며 살고 싶다.

셋째는 "개인의 행동특성"으로 완벽주의적인 특성은 행복에 부정적 영향을 줄 수 있다. 완벽주의는 완벽한 목표를 이루기 위해 끊임없이 노력하는 신념으로 긍정적 측면도 있지만 부정적 측면이 훨씬 더 많다. 완벽주의가 잘 기능하면 자존감과 자기 효능감을 높여주는 긍정적 측면도 있지만, 대부분 성취에 대한 압박감이 높아서 위기의식, 소외감, 탈진, 불안 등 부정적인 결과를 초래하여 행복을 감소시킨다, 그들은 다른 사람이 보기에는 충분히 훌륭한 수준에 도달했음에도 불구하고 자신의 기준에 완벽하게 들어맞지 않으면 스스로를 평가절하하거나 자신을 폄하하는 경향이 강하다. 따라서 쉽게 만족하지 못하고 스스로를 열등하다고 인식하기 쉽고 비논리적 사고로 왜곡된 인식을 하기 쉽고 자기 파괴적인 욕구를 보이며 항상 경쟁에 집착한다.

하버드대학의 긍정심리학자 샤하르(Tal ben Shahar)는 보다 행복한 삶을 살기 위해서 완벽주의자들에게 "최적 주의자"가 되기를 권하고 있다. 완벽주의자는 모든 것에서 문제점을 찾아내려 하기 때문에 어떠한 환경에서도 만족할 수 없다. 따라서 이처럼 엄격하고 완고한 완벽주의자들은 인지적 독단주의(닫힌 사고) 또는 감정적 독단주의(닫힌 마음)에 빠져서 자신의 성장의 길을 스스로 멈추게 할 수 있다. 그러나 최적주의자는 실패를 피드백으로 생각하고, 마음을 열어 가능성을 찾고, 관대하고 융통성 있는 역동성을 찾으려 한다. 모든 것을 다 가질 수 없다는 현실을 받아들이고 완벽이 아닌 최선을 추구하는 생활을 하면 더욱 행복할 수 있다. 야구선수는 아무리 훌륭한 타자라고 해도 4할을 치기는 어렵다. 이러한 야구에 비하면 인생을 살면서 반타작을 했다면 크게 성공한 것으로 만족해야 한다.

미국의 저명 대학에서 박사학위를 받고 대기업에 취업한 한 중역이 남미의 한적한 해변에서 휴가를 즐기고 있었다. 그는 오후 늦은 시간에 산책할 때마다 기타를 치며 한가롭게 시간을 보내는 중년 어부를 보고 말을 걸었다. 어부 양반 당신은 무슨 일을 하면서 하루를 보내느냐고 물었다. 이에 어부는 "오전에 바다에 나가 가족을 위해 고기를 잡고 오후에는 해변에 나와서 기타를 치며 즐겁게 시간을 보내곤 합니다"라고 대답했다. 이에 중역은 그에게 자신의 인생 성공담을 이야기 하면서 지금도 늦지 않았으니 더 열심히 살라고 충고를 했다. "여기에 고기가 많으니 열심히 고기를 잡아 수산물 회사를 만들고 통조림 회사도 만들어 미국에 수출하면 큰 돈을 벌 수 있으니 이런 계통으로 공부를 열심히 해보라"고 자기만의 비밀인 것처럼 충고했다. 이에 어부는 중역에게 "그렇게 열심히 공부하여 돈을 많이 벌어 부자가 되고나면 그 다음에는 어떻게 하죠?"하고 물었다. 미국의 신사는 자신의 충고가 잘 통한다고 생각하면서 "부자가 된 후 늙그막한 나이에 조용한 해변에 나와 기타를 치며 인생을 즐기는 것이죠"하며 힘있게 응답했다. 그러자 어부는 "내가 지금 중년 나이에 이미 그런 생활을 하고 있잖소?" 하며 말하자 중역은 말을 잊고 말았다. 최적주의자(Optimalist)의 완벽한 승리다.

노인이 행복할 수 없는 이유

한국인은 이미 세계의 장수국가 대열에 올라 있다. 2021년에 83세를 넘어섰고, 고령인구의 구성비가 2022년에는 17.3%, 2025년에 20.3%, 2045년에는 37%에 달해서 일본(36.8%)도 추월할 것이며, 2070년에는 75세 이상 인구비율이 OECD 회원국 중에서 가장 높은 국가가 될 것이라고 예측하고 있다.

그런데 세계 노인 빈곤율을 보면 한국 노인들이 OECD 37개 국가 중에서 37위로 가장 가난하다. 통계청 "통계플러스 여름호(2023)"에 의하면 2019년 기준 66세 이상 고령자의 상대적 빈곤율이 43.2%에 달한다. 상대적 빈곤율이란 국민들의 평균 중위 소득의 50% 미만에 해당하는 계층을 말한다. OECD 국가 중에서 상대적 빈곤율이 40%를 넘는 국가로는 한국뿐인데, 호주(23.7%, 20), 미국(23.0%), 일본(20.0%), 영국(15.5%), 독일(9.1%), 프랑스(4.4%)등 국가에 비해 너무 가난하게 생활하고 있다.

한국은행 "100년 행복연구 센터"에 의하면 여유로운 노인 생활비는 352만원이라고 한다. 국민연금공단의 연구(2023)에 의하면 노후의 적정 생활비는 부부의 경우 월 277만원, 개인의 경우 177만 3천원이라 한다. 그리고 부부의 월 평균 최소의 생활비는 198만 7천원, 개인의 경우 124만 3천원이다. 그런데 기초 연금 월 평균 최대 금액은 30만 7,500원에 그치며, 국민연금도 58만원에 그친다. 노인들은 기초연금(25.6%)과 국민연금(15.2%)를 다 합쳐도 필요한 생활비를 충당할 수가 없다. 자식이나 친척(19.4%), 배우자 소득(11.0%), 예금과 적금(10.2%), 노동활동(9.5%) 등으로 충당하고 있다. 그래서 노인 10명 중 6명은 생활비 마련을 위해 노동현장에 뛰어들고 있는 현실이다.

이렇게 갑자기 빈곤해지는 노인의 모습은 그들만의 인생 궤적을 살펴보면 이해가 된다. 우리의 전통적인 삶의 목표는 수부귀남(壽富貴男)이다. 즉 장수, 부자, 출세, 득남이라는 욕구 충족에 있다. 그 중에서 장수의 희망은 이미 세계 장수 국가로 등극했고, 득남 욕구는 사회 가치관 변화로 남성 우월적 개념은 퇴색했다. 이제 남아 있는 욕구는 돈 많이 벌고 출세하는 욕구가 최대의 관심사가 되었다. 그래서 출세를 위한 대학 진학률이 70%나 되어서 세계 1위에 올라있다. 10명 중 7명이 대학에 입학한다니 세계 2위인 캐나다(60%)보다 10%나 높고 미국(47%) 프랑스(44%) 독일(30%)보다는 2배 정도 높다. 부귀를 이루기 위해서 교육에 투자하는 열의가 세계적이라는 사실에 놀라지 않을 수 없다.

그런데 자녀가 성인으로 성장을 해도 결혼하여 분가할 때까지 모든 양육비와 교육비용도 책임져야 한다는 인식이 강하다. 대학을 졸업할 때까지 총 양육비가 거의 4억이 필요하다고 하는데 이러한 비용은 모두 부모의 몫이라는 의견이 80%를 넘는다. 전 재산을 모두 처분해서라도 교육만은 시켜야 한다는 의식이 강할 뿐 아니라, 결혼 이후의 주택비와 사업비까지도 부담한다면 문제는 더 심각해진다. 그런 다음 퇴직한 후에는 자연스럽게 경제적인 빈곤자로 전락하게 된다. 미국 투자은행 제퍼리스 금융그룹 자료(2022)에 의하면 1인당 총 생산 중에서 자녀를 18세까지 기르는데 들어가는 양육비 비중이 세계에서 한국이 가장 높아서, 1인당 GDP의 7.9배에 달한다. 그 다음으로 중국이 6.9배로 2위에 있으며, 이탈리아(6.28배), 영국(5.2배), 일본(4.26배), 미국(4.11배), 독일(3.64배), 프랑스(2.24배), 호주(2.08배)의 순이다. 한국의 부모들은 미국 부모에 비해 수입대비 지출 비율에서 거의 2배 정도를 더 쓰고 있다.

보건복지부 "전국 출산력 및 가족보건복지 실태조사"에 의하면 자녀 한 명을 대학까지 키우는데 드는 양육비는 3억 9천만원 정도가 필요하다고 한다. 재수, 휴학, 어학연수 등에 관련된 비용은 계산하지 않은 순수한 경비인데 지금은 얼마나 올랐을지 상상이 된다. 평균 도시 근로자 4인을 기준으로 할 때 전체 소득의 27%가 교육비라 하니 자녀가 두 명이면 수입의 절반 이상을 교육비로 지출해야 한다는 계산이다. 이로 인해 노인들은 모두가 "빚 폭탄" 위기를 맞게 된다. 삼성생명 은퇴연구소의 자료(2018)에 의하면 한국인의 은퇴준비 점수는 54.5점으로 "주의 수준"에 있다고 한다.

이처럼 부모들의 헌신적인 경제적 지원에 힘입어 대학을 졸업해도 다시 험준한 취업의 고개를 넘어야 하고, 다시 또 혼기에 들어서게 되면 자녀 결혼도 준비해야 한다. 서구의 젊은이들은 대부분 부모의 도움 없이 자력으로 결혼하고 자력으로 사회생활을 시작하려 한다. 결혼정보회사 통계자료 "2019년 결혼비용실태 보고"를 보면 결혼에 필요한 평균 비용으로 2억 3천만 원이 들고 신랑과 신부의 부담 비율은 7:3 정도라고 한다. 이 중에서 74%가 주택비용인데, 그것도 약 60% 정도가 전세로 시작한다. 주택 마련 비용 74%를 제하고 순수 결혼비용만 6천만 원이 든다.

서울과 인근 지역에서 전세로 시작해도 최소한 4억 정도가 필요하다면 순수 결혼비 6천만 원을 포함해서 4억 6천만원이 필요하다. 자녀의 양육과 대학 교육비로 최소 3억이 소요되니 순수 결혼비만 계산해도 총액 3억 6천만원 정도를 준비해야 한다. 주택까지 구입해 준다면 한 명에 10억 원, 두 명이라면 20억 원을 준비해야 한다.

이렇게 힘들게 자녀를 양육시키고 결혼까지 마치면 이제 부부를 위해서 노후자금을 준비해야 한다. 부부의 적정 생활비는 월 277만원이며, 개인은 177만원이라고 한다. 65세에 은퇴한 후, 90세까지 살고, 예금 금리를 1%로 하고, 물가 상승 1.5%를 적용했을 때 65~90세까지 필요한 총액은 14억원이 된다. 서울지역에서 두 명의 자녀를 대학까지 교육시키고 결혼하여 독립시킨다면 두 명에 20억이 소요되고, 퇴직 노후자금으로 14억원 등 평생에 모두 34억 원이 필요하다. 그러나 자녀를 양육하고 가르치기 위해 모든 자산을 소비했으니 은퇴 후의 생활이 빈곤해질 수밖에 없다.

따라서 70세에도 경제활동을 해야 하는 인구가 2010년에 38%, 2021

년에는 44.4%를 점하고 있으며, 80세 노인도 24%가 일을 하고 있다. 통계청(2023)에 의하면 연금만으로는 생활비가 부족하기 때문에 65~74세 노인 중에서 59.6%, 70세 후반 노인 중에서도 40%가 생활비를 위한 취업을 희망하고 있다고 한다. 은퇴 후에도 12년 이상 경제활동을 하니 사실 은퇴 나이를 72.3세로 보아야 한다. 선진 OECD국가 중 가장 오래 일하는 불미스런 자료다.

여기에 가족주의까지 해체되어 경제적 빈곤에 이어 심리적인 소외감까지 겪게 된다. 한국보건사회연구원 보고(2023)에 의하면 자녀가 부모 부양의 책임이 있다는 응답이 21.4%로 15년 전의 50% 이상의 찬성에 비해 급격히 감소되었다. 보건복지부가 2023년에 발표한 "2020년 노인 실태조사"에 의하면 "노인 단독가구" 비율이 78.2%로 2008년(66.8%)에 비해 크게 높아졌다. 그러나 노인이 독립할 수 없어서 자녀와 함께 사는 비율은 15.5%에 그치고 있다. 자녀와 함께 사는 노인 중에서도 오히려 자녀가 독립할 수가 없어서 함께 사는 경우도 31.1%나 된다. 노인이 아이를 돌보거나 살림을 도와주려고 함께 사는 경우(13.4%)까지 포함하면 할 수 없이 자녀와 함께 사는 비율이 44.7%까지 높아진다. 이는 부모가 경제력이 부족하여 함께 사는 경우가 점차 줄어들고 있다는 의미로 해석된다.

이처럼 현대에 들어와서는 부모 부양의 책임에서 벗어나겠다는 경향이 뚜렷해 졌다. 이러한 태도를 갖게 된 결정적인 원인으로 가족제도가 붕괴되고 새로운 핵가족 제도가 강화되었기 때문이다. 뿐만 아니라 새로운 가족을 이루게 된 자녀 세대들이 부모 세대의 가치관을 시대에 뒤진 낡은 꼰대 세대들의 가치관으로 폄하하면서 가족 간의 대화가 단절되는 경우도 많아졌다. 가족제도가 해체되면서 가족들의 이견을 조정하고 통제하는 기능이 사라졌기 때문이다.

곤란한 상황에서 도움을 청할 수 있는 친구나 친지가 있는지의 여부에 대한 질문에서 한국은 OECD 국가 중에서 고립도(18.9%)가 꼴찌에서 3번째로 높다. 고립도가 우리보다 더 높은 국가는 콜롬비아(20.7%), 멕시코(22.1%), 튀르키예(26.4%) 등 3개국뿐이다. 고립도가 높은 한국의 노인들은 OECD 국가 평균 자살률에 비해 2배가 넘는 36명이 매일 자살하는데, 이 중에서 10명은 고독사라고 한다. 보건복지부의 "2022년 고독사 실태조사"에 따르면 지난 한 해 고독사가 3천 3백 건이 넘는데 남성이 여성보다 5.3배나 더 높다 한다. 보건복지부가 1인 가구를 대상으로 조사한 "고독사 위험군 설문조사(2023)"에 의하면 고독사 위험군이 21.3%로 나타났다. 1인 가구를 717만 명으로 볼 때 152만 명이 고독사 위험군으로 전체 인구의 3% 정도가 된다. 미국의 CNN 방송에서도 한국 노인의 고독사(godoksa) 문제를 특집 방송한 일이 있을 정도여서 이제 고독사 문제는 반드시 해결해야 할 우리의 당면 문제가 되고 있다.

이와 같이 한국의 노인은 OECD 국가 중에서 경제적 빈곤과 정신적 외로움의 문제를 모두 짊어진 고달픈 삶을 살고 있다. 한국의 노인은 37개 OECD 국가 중에서 자녀 교육에 가장 많은 투자를 하고 은퇴한 후는 어떤 보상도 없이 빈곤과 외로움과 고독에 빠져 헤어나지 못하고 있다. 일본의 사회 평론가 스기다 슌스케(杉田 俊介)는 퇴직

후에 경험하는 황혼 이혼이나 상처를 받으면 행복의 수준은 크게 떨어져서 고립과 소외감이 더 커진다고 한다. 노화공학연구소 조사에 의하면 행복지수가 높은 고령 남성 중 80%는 배우자와 함께 살고 있으며, 독신 남자 중에는 4%만이 행복하다고 한다. 특히 배우자와 사별하여 홀로 되면 남성이 여성보다 훨씬 더 많은 충격을 받는다고 한다.

남자는 독신이 되면 기혼 남자보다 심근경색 사망 위험성이 2.2배, 호흡기질환 사망 위험도 2.4배, 자살률도 2배 이상 높아진다. 사별하게 될 때 남성은 삶의 의욕을 잃고 행복지수도 크게 떨어지지만, 여성은 평소에도 항상 남편만 의지하지 않으며 친구 관계나 지역사회 활동을 지속해 왔기 때문에 남성에 비해서 충격이 그렇게 심각하지 않다고 한다.

계속되는 출산율 감소와 지속적인 노인인구 증가로 우리도 이미 노인 선진국 자리에 올라있다. 통계청 장래인구 특별 추계에 의하면 15~64세의 생산인구가 2020년 현재 3,736만 명에서 2067년에는 1,787만 명으로 감소하고, 65세 이상 노인인구는 813만 명에서 1,827만 명으로 증가하여 생산인구 1명이 노인 1명을 책임져야 하는 OECD 최고의 노인국가로 전락할 수 있다.

세계 최고령 국가인 일본의 노인문제는 매우 심각하다. 2021년 일본계 미국 예일대학의 경제학 교수 나리타 유스케(成田 悠輔)는 일본의 노인문제를 해결하기 위한 방책으로 노인들의 집단할복 의무화를 주장한 적이 있고, 하야카와 치에(早川 千繪) 감독은 "Plan 75"라는 영화에서 75세가 넘은 노인에게 스스로 죽음을 선택할 수 있는 권리를 보장해야 한다고 제안하고 있다. 우리도 누군가가 다시 고려장 제도를 주장하게 될지 모르겠다.

노화의 현상과 돌봄 정책

앞에서 한국 노인들이 행복할 수 없는 이유를 경제적 빈곤과 심리적 소외감 등 두 가지 근거에서 설명했는데 여기에서는 노인들이 마지막 여생을 행복하게 지낼 수 있도록 도울 수 있는 “의료 및 돌봄 정책”에 관한 문제를 생각해 보려고 한다. 인류의 평균 수명은 해마다 크게 늘어나고 있다. 1800년대의 세계의 평균 수명은 겨우 26세에 불과했으나 1900년에는 31세, 1950년에는 49세, 2000년에는 66세, 2010년에는 69세, 2015년에는 71세, 2020년에는 73세로 늘어난다.

한국인의 기대수명도 지난 100년 동안에 놀라울 정도로 증가하였다. 1900년경의 우리의 기대수명은 23세 정도로 추산되어서 미국과 독일의 기대수명(46~47세)에 절반에 불과했다. 그런 후에 1960년에는 54.3세로 미국(69.8세)과 독일(69.1세)에 비해 15년 정도로 격차를 좁히더니, 2000년대에 들어서서 우리의 기대수명은 76.5세로 미국이나 독일과 비슷한 수준에 올랐고, 드디어 2010년에는 80.8세로 이들 국가들을 앞서게 되었다. 보건복지부의 “2022 OECD 보건통계”에 의하면 한국인의 기대수명은 83.5년으로, OECD 평균(80.5세)보다 3년이나 더 장수하고 있어서, 38개 OECD 국가 가운데 일본 다음으로 최장수국 자리에 올라있다.

수명은 보통 살아있는 기간을 말하는 "기대수명"과 건강하게 산 기간을 말하는 "건강수명"으로 나누어 설명할 수 있다. 그래서 단순히 오래 사는 기대수명보다는 실제로 활동하며 건강하게 산 기간을 의미하는 건강수명이 더 중요하다. 이러한 건강수명이라는 지표는 세계보건기구(WHO)가 2000년부터 세계 각국을 대상으로 조사하여 발표하고 있는데, 이 지표는 각국이 노인들의 건강정책을 수립히는 참고자료로 활용하고 있다.

세계 191개국 중에서 건강하게 활동할 수 있는 건강수명은 일본(74.5세)이 1위이며, 그 다음으로 오스트레일리아(73.2세), 프랑스(73.1세), 스웨덴(73.0세) 등이 상위권에 속해 있다. 미국은 24위(70세), 한국은 51위(65세), 중국은 81위(62.3세), 러시아는 91위(61.3세)이며, 건강수명이 가장 짧은 국가는 시에라리온(25.9세), 니제르(29.1세), 말라위(29.4세) 등 아프리카에 속한 국가들이다. 이제는 세계 최장수 국가로 "100세 시대"를 눈앞에 두고 있지만, 건강수명으로 본다면 아직도 세계 중위권에 머물러 있다. 절대적인 기대수명은 늘어났지만 삶의 질이 떨어져서 상당 기간을 유병(有病) 장수로 힘들게 살고 있다는 뜻이다.

우리의 기대수명은 83.5세(남 80.5세, 여 86.5세)로 건강수명 73.1세(남 71.3세, 여 74.7세) 간에는 10.4년이라는 차이가 있는데, 이러한 10여 년은 노쇠와 질병으로 힘들게 살아가는 기간이다. 그런데 이러한 10년의 기간은 경제적인 발달이나 의료 수준의 차이와는 무관하게 모든 국가에서 공통으로 나타나는 인류의 공통 현상이라고 한다. OECD 평균 기대수명(80.5세)과 건강수명(70.3세)과도 약 10년의 차이가 있다. 최장수 국가인 일본(10.1년)이나 독일(10.8년), 프랑스(10.4년), 스페인(10.5년), 이탈리아(11.1년) 등 경제 선진국은 물론이고 기대수명이 53세로 가장 짧은 아프리카의 레소토(6.6년)나 가봉(9.0년)도 일정 기간 유병기간을 거친다. 이는 노인들은 모두 기대수명이나 의료복지 수준과는 관계없이 생애의 10여 년 정도는 건강하지 못한 삶을 살아야 한다는 뜻이다.

인간은 모두 70세부터는 신체기능이 급격히 약화되는 분기점에 도달한다. 국제과학커뮤니티 인텍오픈(IntechOpen)이 출간한 "노인학"에 의하면 신장은 40세 이후 10년마다 1cm씩 줄어들다가 70세부터는 속도가 빨라진다고 한다. 근력은 60세 이후 연간 3%씩 감소하기 때문에 가벼운 낙상 사고에도 심한 부상이나 골절상을 입을 가능성이 높다. 장기의 기능도 약해져서 고혈압이나 당뇨병, 치매 등 만성질환이 발병하기 쉬운 나이가 된다.

노화(Aging)에 대한 이유는 아직도 연구 중에 있지만 지금까지 알려진 주요한 두 가지 가설이 있다. 하나는 유전적 예정론이고 또 하나는 손상이론이다. 유전적 예정론에 의하면 최대 수명은 이미 유전적으로 결정되어 있다는 가설이다. 예정된 생물학적 생체시계가 세포 내의 염색체에 내장되어 있다는 것이다. 그래서 동물마다 생물학적 수명은 모두 다 다르다. 쥐는 2~3년, 돼지는 10년, 사슴, 원숭이, 호랑이는 20년, 닭, 소, 곰은 30년, 비둘기, 학은 40년, 여왕 흰개미, 악어는 50년, 독수리는 60년, 코끼리는 70년, 거북이는 150년, 붉은 성게는 200년, 코끼리 거북은 200~300년, 그린란드 상어는 300~500년, 백합조개는 400~500년, 검은 산호는 4,000년을 살며 인간은 질병이나 사고사를 당하지 않으면 120년 정도 살 수 있다고 한다.

손상이론은 세포가 손상되어서 노화가 촉진된다는 이론이다. 세포손상의 주원인은 활성산소에 있다고 한다. 우리 몸은 음식물을 에너지로 바꾸기 위해서 산소를 사용하면서 대사 부산물로 수많은 활성산소를 배출한다. 그래서 우리 몸은 활성산소가 세포를 손상시키기 전에 항산화 영양소나 항산화 효소의 도움을 받아 활성산소를 효율적으로 제거한다. 그런데 유해물질 등에 의해 활성산소에 과도하게 노출되거나 우리 몸의 항산화제나 항산화 효소가 부족하게 되면 세포손상이 가속화되어 암을 일으키거나 장기에서 각종 관련 질병을 일으켜 노화를 촉진시킨다.

노화의 이유를 세포의 개념으로 설명할 수 있다. 영국 웰컴트러스트 생어연구소(Wecome Trust Sanger Institute)에 의하면 70세 이후 줄기세포에 극적인 돌연변이가 나타나서 혈액세포의 다양성이 약화되어 70세 이후부터 급격한 노화현상이 나타나게 된다. 65세 이하의 성인은 2~20만에 이르는 줄기세포에서 혈액세포를 만들어 내는데 70세 이상이 되면 줄기세포에서 만들어 내는 세포의 수와 활동성과 다양성이 점차 줄어들어 노화를 촉진하게 된다.

그러나 이러한 손상이론에 이의를 제기하는 한국 학자가 있다. 노화연구의 세계적인 석학인 박상철(전남대 석좌교수)은 오랜 연구결과

늙은 세포가 젊은 세포보다 외부환경에 더 건강하게 반응할 뿐 아니라 줄기세포도 늙은 세포가 만든다면서 아무리 늙어도 회복의 잠재력이 있다는 사실을 입증했다. 늙은 고목은 고사되는 것이 아니라 새싹을 돋아나게 한다는 희망적인 발견이다. 그래서 그는 노화기는 삶의 "마지막 단계(Final Stage)"가 아니라 "진행 중인 단계(Ongoing Stage)"로 단순한 소멸이 아니라 새로운 생존전략이 진행되는 단계라고 주장한다.

따라서 신체를 잘 관리하고 노력하면 신체 나이와 상관없이 장수할 수 있다고 주장하기도 한다. 그는 100세 이상 장수하고 있는 400명 이상의 노인에 대한 연구에서 장수할 수 있는 몇 가지 공통 특징을 확인하였다. 첫째 그들은 부지런하였다. 잠시도 쉬지 않고 무엇인가를 하려 한다. 남에게 일을 맡기지 않고 스스로 하려고 노력한다. 둘째 호기심이 왕성하다. 늘 새로운 것에 관심을 가지고 자기 발전을 위해 무엇인가를 계속 배우려 한다. 셋째 솔직하다. 가슴 속에 담아두지 않고 할 말이나 감정을 그대로 표현하려 한다. 때로는 급하거나 거침없는 성격으로 보일 수 있으나 밖으로 발산함으로써 별로 스트레스를 받지 않는다. 넷째 잘 어울리려고 한다. 사람들을 좋아해서 혼자 있기보다는 항상 동네 사람들과 어울리고 싶어 한다.

그러나 노인이 되면 신체적인 쇠약과 더불어 심리적 특성에도 많은 변화가 온다. 가장 두드러진 성격 변화로 우울증적 경향이 증가한다. 신체 질병, 경제력의 약화, 배우자의 죽음, 가족으로부터의 소외, 일상생활에서 자기 통제력의 약화, 지난 세월에 대한 후회 등이 원인이 되어 우울증이 증가하게 된다. 두 번째로 내향적이고 수동성인 경향이 높아진다. 노년기가 되면 자기 자신에 대한 사고나 감정을 기준으로 판단하는 내향적 경향이 강해지고 누군가의 도움을 받아 문제를 해결하려는 수동적인 경향이 강해진다. 세 번째는 경직성이 강해진다. 노년기에는 새로운 환경에 쉽게 적응하지 못하기 때문에 환경에 대한 학습능력이나 적응능력이 현저하게 떨어진다. 네 번째로 조심성이 높아진다. 노인이 되면 시각, 청각 등의 감각능력과 신체능력이 쇠퇴하기 때문에 문제를 대할 때 가능하면 조심스럽게 접근하려 하며 확실성이 보장되어야 결정을 내리려 한다. 다섯 번째로 신체적 경제적 정신적 능력이 저하되기 때문에 중요한 사람에게 의존하는 경향이 높아진다.

건강보험심시평가원이 한국노인 간호학회지(2023)에 발표한 자료에 의하면 더 나은 서비스를 이용할 수 있다면 장기요양 돌봄 서비스를 위해 수급자의 39.0%가 추가 요금을 지불할 의사가 있다고 응답했다. 이러한 태도는 소득이 높은 가구일수록 높아서 월 소득이 500만 원 이상인 가계에서는 59.3%가 추가 비용을 부담하겠다고 한다. 대부분의 보호자들은 장기요양 서비스에 대한 불만족과 질적인 개선의 필요성을 느끼기 때문일 것이다. 이는 그만큼 양질의 서비스를 이용할 수 있는 제도적 장치의 개선이 필요하다는 의미로 돌봄 서비스의 제도뿐만 아니라 서비스 인력의 질적 수준에 대한 만족도를 높여야 한다는 의미로 해석된다. 특히 간병인들의 자격요건 강화와 서비스 질에 대한 향상이 필요함을 지적하고 있다.

그러나 노인인구가 점차 늘어나는 추세에 있으며 돌봄 시설을 확충하고 양질의 간병인을 수급하는 계획은 재정적인 문제뿐 아니라 전문

인력을 원활하게 공급하는 계획에도 많은 한계가 있다. 여기에 가족주의가 점차 약화되고 가족으로부터 멀어지는 노인들은 더욱 더 외롭고 고독해 진다는 문제점을 고려한다면 노인들의 행복한 삶을 위한 정책적 발상을 획기적으로 전환해 볼 수도 있다. 노인들만의 요양원이나 양로원 같은 노인 전문시설에서 벗어나 "내 집에서 노후 보내기(Aging in Place)" 문제를 논의해 볼 수도 있다.

지금 독일에서는 일반 주민들과 함께 어울리는 23채의 공동주택을 만들어 노인들과 이웃이 함께 어울려 사는 실험을 하고 있다. 복도식 아파트로 이웃 간의 경계를 허물고 아이들은 물론 일반인들과도 빈번한 교류를 통해 외로움을 없애고 풍부한 교류를 갖겠다는 것이 가장 큰 목적이다. 혼자 사는 노인 인구는 점점 많아지고 기존의 전통 가족의 의미는 퇴색해 지고 있다. 독일 노후문제연구센터에 의하면 1996년에 성장한 자녀 중 약 38%가 부모와 이웃하거나 같은 도시에 살았지만 2014년에는 26%로 줄었다고 한다. 또한 부모의 교육수준이 높을수록 자녀가 성장하여 가까이에 거주할 확률도 더욱 적어진다. 이제 가족이나 친척보다는 이웃과의 관계를 더 중요하게 생각하는 사람들이 많아지고 있어서 이제 우리도 독일의 이런 실험에 적극적인 관심을 가질 필요가 있다. 가족 단위의 좁은 관계에서 벗어나 보다 넓게 친구나 지역 주민들과의 관계의 폭을 넓히는 문제가 점점 더 중요해지고 있기 때문이다. 그러나 노쇠해지거나 치매에 걸리는 경우에 친구들의 지원만으로 어디까지 버틸 수 있는지는 좀 더 연구해 봐야 할 과제다.

인간의 뇌는 사회적 상호작용을 지원하도록 특별하게 진화해 왔다는

"사회적 뇌" 가설에 따르면 사회적으로 외롭거나 고립되면 뇌의 인지기능이 떨어진다고 설명한다. 바꾸어 말하면 사회적 접촉을 활발하게 유지하면 인지기능의 약화를 예방할 수 있는 가능성이 있기 때문에 독일의 "내 집에서 노후 보내기 운동" 같은 것에 관심을 가질 필요가 있다. 일본 규슈대 니노미아 토시하루 연구팀이 일본의 노인 8,896명을 대상으로 연구를 수행한 결과(Neurology, 2023)에 의하면 사회적 접촉이 많을수록 뇌 위축, 치매, 우울증 등의 인지 능력 저하를 예방할 수 있다는 사실을 확인했다. 사회적 접촉은 특히 기억에 관여하는 해마와 편도체에도 영향을 미치는 것으로 해석된다.

노화는 생물학적 관점, 사회학적 관점과 심리학적 관점 등에서 논의할 수 있지만 결국 노인이 건강하고 행복하게 살아가기 위한 수단으로 생물학적인 의료복지 정책과 사회학적 연금정책 못지않게 노쇠하고 병약한 삶을 살아가는 10년 동안의 "의료 및 심리 사회적 돌봄 정책"에도 새로운 눈을 떠야 한다.

제3장

행복에 영향을 미치는 의도적 행동

앞에서 행복을 설명하는 요인 중에서 유전요인이 50%정도 영향을 미치고, 물리적 환경 요인은 10%정도 영향을 미친다고 설명했다. 동식물의 행동은 이 두 가지 본능에 의해서 대부분의 행동이 통제되지만, 인간의 행동은 "자유 의지"에 따라서 개인차가 크게 달라진다. 그리고 이런 개인차에 의해서 행복에 40% 정도가 달라지는데, 이런 개인차가 바로 의도적 행동이다.

따라서 사람이 생존본능과 생식본능이라는 원시본능에만 집착한다면 더 이상 인간적이지 못한 것이다. 이런 원시본능을 넘어 행복이라는 욕구를 충족해야 비로소 인간다운 삶을 살게 되는 것이다. 그렇게 하기 위해서 양질의 의도적 행동을 개발하여 삶을 풍요롭게 설계해야 한다. 결국 의도적 행동만이 행복을 경험하게 하는 가장 중요한 요인이다.

성인 100명을 모아 놓고 마술 지팡이를 휘둘러 그들의 유전요인과 환경요인을 똑 같게 하고, 의도적 행동만을 자유롭게 결정하도록 하면 이 요인으로 행복의 40%정도는 설명할 수 있다. 그런데 사실 유전이나 환경요인도 의도적 행동에 따라서 상당 부분 변화시킬 수 있기 때문에 실제로 행복은 그가 마음먹기에 따라 얼마든지 달라질 수 있다.

이제부터 의도적 행동 중에서 가장 중요한 긍정적인 마음과 삶의 의미, 이타행동과 웃음, 삶의 속도와 종교, 관계 망의 중요성과 같은 요인들에 대해서 알아보고, 행복한 선진국으로 가기 위해서 어떤 삶을 살아야 하는지에 대해서도 알아보겠다.

행복은 마음먹기에 달렸다

말을 강가까지 끌고 갈 수는 있어도 말이 물을 먹으려 하지 않으면 절대 물을 먹일 수 없다. 제2장에서 언급한 환경이론은 물을 마시도록 환경을 조작해 주면 물 마시는 행동을 유도할 수 있다며 환경조건의 통제를 중요하게 생각한다. 그렇지만 인지이론(제3장)은 말이 물을 먹고 싶어 하는 내적인 욕망, 즉 갈증을 느껴야만 물을 마시게 된다며 환경조건과 통제보다는 개인적인 내적 욕구와 동기를 더 중요하게 생각한다.

20세기 초까지 환경이론이 미국을 중심으로 세계 교육을 지배했다면 20세기 중반부터는 인지학습 이론으로 그 자리를 교체하게 된다. 이와 같이 이론이 뒤바뀌게 되는 계기는 캐나다 출신 스탠포드대학의 반두라(Bandura)가 공격적인 행동을 하는 모델을 본 아이가 공격적 행동을 더 많이 한다는 유명한 보보인형(Bobo Doll) 실험결과를 발표(1961)하며 개인의 모방과 관찰이라는 인지능력이 중요함을 강조했기 때문이다. 사람은 주변 자극에 반응하는 단순한 수동적 기계가 아니라 각자마다 개인이 가지고 있는 내면의 욕구, 만족, 기대 등등의 개인적 인지능력에 따라 행동의 결과가 크게 달라진다며 주체자 개인의 특성을 강조하고 있다. 다시 간단히 말하면 행동하는 사람이 어떠한 생각을 가지고 있느냐 하는 의도적인 행동에 따라서 결과가 크게 달라진다고 주장하는 이론이다.

이와 같은 인지학습 이론은 세 가지 주요 학습원리에 근거한다. 첫째로 학습자는 모든 정보를 능동적으로 처리하여 결과를 적극적으로 활용한다. 둘째로 인간은 여러 경험을 활용하여 다양하게 반응한다. 학습자는 개인의 내적 특성에 따라 학습 과정이나 결과가 다를 수 있고, 그 결과 다양한 반응을 보이게 된다. 셋째로 직접적인 경험 뿐 아니라 학습자의 내적 특성과 잠재능력에 따라 상당히 다른 행동을 보일 수 있다.

이러한 인지학습 이론에서는 학습자가 환경조건에 무조건 따르는 단순한 기계가 아니라 환경조건을 어떻게 지각, 이해, 해석해서 가장 적절한 방법을 선택하고 어떠한 대처전략을 활용하느냐 하는 처리 과정에 따라 결과가 완전히 달라진다고 주장한다. 현대의 교육정책은 학교, 가정, 사회 등 모든 분야가 이 인지학습 이론에 근거하고 있다. 어려운 환경이나 신체적 결함을 극복하고 세계적으로 유명한 인물로 성장해 왔던 수많은 학자, 운동선수, 예술가, 사업가들의 성공비결은 모두가 힘든 환경을 극복한 개인적인 인지능력으로 설명할 수 있다.

맹모가 세 번이나 이사하면서 맹자를 엄격히 가르친 이유는 확실히는 모르겠지만 인지학습 이론으로 재해석해 보면 이렇게 가정할 수 있다. 맹모나 맹자가 모두 상당히 명석해서 주어진 환경조건을 이해하고 해석하고 대처하는 방법이 효율적이었을 것이다. 처음에 묘지 근처에서 살면서 무엇보다 인생의 삶과 죽음에 대해 먼저 생각하도록 공부를 시켜서 삶의 엄숙함과 진지함을 깨닫게 했을 것이다. 삶과 죽음의 의미를 교육시킨 후에 다시 시장 부근으로 옮겨 상인들이 삶의 생존경쟁을 위해 치열하게 살아가는 모습을 관찰케 하여 삶의 과정에 대해 깨닫도록 교육시켰을 것이다. 이렇게 처음에는 삶과 죽음에 대해 올바르게 이해를 시키고 다음으로 시장 근처에서 삶이 무엇인지를 깨닫게 한 다음으로 마지막에 학문에 정진하도록 했을 것이라고 가정할 수 있다.

속담에 "될성 싶은 나무는 떡잎부터 알아 본다"는 말이 있다. 금수저론과 은수저론이 사람들의 뜨거운 화제이지만 금수저 환경에서 태어났다고 금수저로 자라는 것도 아니고 은수저 환경에서 태어났다고 은수저 신분으로 살아야 하는 법칙도 없다. 금수저 환경에서 자랐어도 은수저 생활로 살아 갈 수도 있고, 은수저 환경에서 자랐어도 금수저 생활로 살아 갈 수도 있는 가변성이 얼마든지 일어날 수 있는 것이다. 그래서 우리는 "개천에서 용이 날 수 있다"는 인생 역전의 희망과 꿈을 꾸며 살아갈 수 있다. 떡잎은 주어진 환경에 의해 간단히 결정되는 숙명체라기 보다는 끊임없이 환경조건에 적응하고 극복하는 씨앗 자체의 의지력에 따라서 결과가 전혀 다르게 나타날 수 있다는 주장에 동의하게 된다. 나라고 하는 존재는 50%의 유전과 10%의 환경, 그리고 40%의 의지로 빚어낸 작품이라고 할 수 있다.

그러면 어떤 사람이 행복을 느끼면서 살아갈까? 행불행은 핏줄이라는 유전적인 조건에 의해 결정된다면서 핏줄론적 숙명의 노예로 살아갈 것인가? 아니면 환경적인 조건에 따라 행불행이 결정된다면서 태어난 환경 탓만 하면서 환경의 노예로 살아갈 것인가? 또는 유전이나 환경 조건을 탓하기보다 내 자신이 생각하고 결정하는 나의 내적 의지력과 태도와 같은 특성에 따라서 행불행이 좌우된다면서 모든 것을 내가 할 탓으로 돌리면서 살아갈 것인가?

행복을 찾는 길에 오르려면 과연 어떠한 길을 택해야 할까? 지금까지 논의 된 이론에 의하면 행복과 불행은 그것이 있는 곳까지 찾아서 가는 것이 아니라 내 마음속 깊은 곳에서 자라는 행복의 씨앗을 찾아내어 잘 키우는 것이다. 내가 행복의 씨앗을 찾을지 불행의 씨앗을 찾을지 하는 문제는 내가 어떤 마음을 먹느냐 하는 의지력에 따라 달라진다. 그래서 의도적 행동에 따라서 행복을 만들 수도 있고 불행을 만들 수도 있다는 내 탓, 즉 나의 의도적인 행동이 가장 중요한 요인이라고 설명하는 이론에 동의하게 된다. 행복과 불행은 나의 마음 밖에서 찾는 것이 아니라 의도적 행동으로 마음 깊숙이 숨어 있는 행복의 보물함을 열기만 하면 행복은 내 것이 되는 것이다.

긍정은 행복의 고속도로다

심리학은 크게 두 가지의 학문적인 목적과 사명이 있다. 첫째는 모든 세상 사람이 생산적이고 행복하게 살 수 있도록 도움을 주는 일이고, 둘째는 사람들의 숨어있는 재능을 찾아내어 그 재능을 계속 키워주는 일을 도와주는 일이다. 한 동안은 심리학이 인간의 긍정적인 면과 부정적인 면을 균형 있게 다루었지만 프로이트의 정신분석이론이 그 세력을 확장하며 인간의 밝은 면보다 어두운 면을 강조하기 시작했고, 제2차 세계대전 이후에 이러한 경향은 더 강화되면서 급격히 인간의 부정적 측면을 더욱 더 강조하게 되었다. 그럴 수밖에 없었던 이유는 제2차 세계대전 기간에 발생한 전쟁 피해자와 상이용사를 도우려는 병리적 치료에 집중하였기 때문이다.

이 같은 흐름으로 심리학은 1990년대 말까지 행복을 돕는 방법보다는 불행을 치료하여 일상적 상태로 되돌리는 일을 연구하는 일에 더 많은 시간과 노력을 쏟게 되었다. 가정이나 학교에서 아이들 태도나 행동 등을 변화시키야 할 때 잘못된 부정적인 행동을 볼 때마다 야단을 치고 벌을 주어 변화를 유도하려는 방법들이 행동주의 이론이라면, 이와는 반대로 긍정적인 행동을 할 때 칭찬을 중심으로 변화를 시도하는 것이 훨씬 더 효과적이라는 인지론을 알기 시작했다.

이제 심리학은 처벌 중심적 이론에서 긍정적으로 격려하는 것이 훨씬 더 효과적이라는 사실을 알게 되었는데, 놀랍게도 이런 발견은 5살 먹은 어린 아이와 아빠와의 일상 대화가 계기가 되었다. 1997년 유태계 출신의 펜실베니아대학 셀리그만(Seligman) 교수와 겨우 5살 먹은 딸 "니키"와의 대화가 심리학의 연구 흐름을 바꾸어 놓았다. 그가 어느 여름날 정원의 잔디를 분주하게 깎고 있는데, 어린 딸 니키는 잡초를 뽑아서 하늘에 높이 던지면서 노래도 하고 춤도 추며 즐겁게 놀았다. 이러한 딸의 모습에 짜증이 난 아빠는 "조용히 해라!" 하면서 큰 소리를 쳤고, 이에 딸 니키는 깜짝 놀라면서 울상을 하면서 집으로 들어갔다. 아빠와 딸의 이와 같은 상황은 누구나 흔히 볼 수 있는 일상적인 모습이다.

그런데 딸 니키는 잠시 후에 다시 정원으로 나와서 조용히 아빠에게 말했다. "아빠, 드릴 말씀이 있어요. 아빠는 그동안 내 모습이 어땠는지 기억해요? 그 동안 정말 어느 누구도 말릴 수 없는 심술쟁이 울보였잖아요. 난 날마다 징징거리며 떼를 썼거든요. 그래서 다섯 번째 생일 날 나는 다시는 절대 징징거리며 울지 않겠다고 다짐 했거든요. 그런데 이 결심은 지금까지 내가 했던 그 어떠한 결심보다도 훨씬 더 힘들었어요. 그렇게 힘이든 결심을 내가 해냈다는 사실을 아빠가 알았다면 이렇게까지 나에게 신경질적으로 소리 지를 일은 아니잖아요?"

5살 박이 어린 딸이 아빠도 미처 이해하지 못했던 아빠의 문제점을 짚어 낸 것이다. 그는 당시 망치로 머리를 한대 맞은 것 같은 큰 충격을 받았다고 회상했다. 아이를 키울 때 그 아이가 갖고 있는 단점 중심으로 교육시키려는 방법이 틀렸다는 큰 깨달음을 받게 되었다. 니키 자신이 스스로 해결할 수 있는 능력이 있었기 때문에 아버지가 해야 할 일은 딸 니키를 있는 그대로 이해하고 그런 장점들을 개발해 주는 것으로 충분했다. 그렇게 하는 것이 아이의 삶의 밑거름이 될 수 있게 도와주는 것이었다.

그는 1998년 미국 심리학회 회장 신년사 연설에서 "손도 쓸 수 없을 정도로 망가진 인생에 대한 연구는 이제는 그만하고 잘 풀릴 것으로 보이는 문제에 연구의 초점을 맞춰야 한다"고 선언했다. 그러면서 2000년에 "긍정 심리학"이라는 새 학문의 이론을 발표하면서 온 세상에 이를 알리게 되었다. 이제 긍정 심리학은 그간 부정적 측면만 강조하면서 미국에서 만연했던 질병모델 가설에도 도전하기로 했다. 부정적 측면에 쏟아왔던 관심을 이제 긍정적 측면에도 쏟아야 한다는 목소리가 나오기 시작했다. 그 때부터 인간의 긍정적 측면을 과학적으로 연구하는 계기가 시작되었다.

긍정적 감정 수준이 높으면 인간관계 폭을 높이고 건강에 유익할 뿐 아니라 질병 예방과 노화 방지에서 장수까지 삶을 건강하고 풍요롭게 하는 많은 긍정적인 효과를 볼 수가 있다. 이제 긍정적 감정은 살아가는 과정에서 빼놓을 수 없는 매우 중요한 의도적 조건이 되었는데 우리 사회는 이런 긍정적 감정 수준이 세계에서 어느 정도나 될지 궁금하다. 세계 159개 국가의 행복지수를 조사했는데 상위 40개국의 긍정적 감정과 부정적 감정의 지수를 비교할 때 안타깝게도 우리 국민들의 긍정적 인 감정지수는 40개국 중에서 최하위 수준인 39위에 올라 있다.

우리는 슬프고 고된 역사적 배경 때문에 긍정보다 부정적 감정이 우선한다. 지금 힘들게 경제선진국 대열에 합류했지만 심리적 감정은 아직도 후진국 수준에 머물고 있다. 경제적인 무한 경쟁시대에 살고 있지만 이제부터 환경과 사물을 보는 관점은 물론이고 사람을 보는 관점도 긍정적으로 바꾸어야 참된 행복 선진국 대열에 오를 수 있다. 자연환경을 사랑하고 가족과 친구관계를 긍정적으로 수용하는 연습을 이제부터라도 열심히 연습해야 한다.

우리는 아직도 부정적인 확증편향(Confirmation Bias)의 틀에 묶여서 살고 있다. 자신의 선입견을 뒷받침하는 근거만을 받아들이고 자신에게 유리한 정보만을 선택적으로 수용하는 특성을 말한다. 정보에 대한 객관성과는 무관하게 자신이 보고 싶은 것만 보고 믿고 싶은 것만 믿는 특징을 보이는 현상이다. 이런 확증편향은 경우에 따라서 긍정적 측면도 있고 부정적인 측면도 있는데, 확증편향에 대한 재미있는 실험의 한 예를 보겠다. 헬싱키대학의 심리학 교수인 에로넨(2022)은 학생들에게 두 개의 만화그림을 보여주었다. 하나는 TV를 보고 있는 그림 아래에 "숙제를 해야 한다는 것을 기억해요"라는 자막이 쓰여 있었다. 두 번째 만화그림에는 숙제를 해서 제출하는 모습을 담은 그림을 보여 주었다.

그런 후 학생들에게 만화 주인공이 어떤 성향을 가지고 있는 사람인가를 물었다. 어떤 학생은 숙제를 하기 위해 즐겨보는 TV를 끌 줄 아는 부지런한 학생이라고 긍정적으로 말했고, 어떤 학생은 숙제도 대충

했을 것이라고 부정적인 말을 했다. 아무런 감정도 없는 중립적인 만화 그림 두 장을 보고 어떤 학생은 긍정적인 반응을 했고, 어떤 학생은 부정적인 반응을 한 것이다.

그런 후 학생들을 추적 조사한 5년이 지난 다음에 재미있는 결과를 얻었는데, 부정적인 평가를 했던 학생들의 대부분은 졸업 후 불행한 삶을 살았고 긍정적인 평가를 했던 학생들은 아주 행복하게 살고 있었다. 부정적인 평가를 했던 학생들은 취직을 못해서 백수로 지내거나 직장에서 스트레스를 받아 힘들게 살거나 경제적으로 어렵게 살고 있었다. 이에 비해 긍정적으로 반응했던 학생들은 대부분 행복한 삶을 만끽하고 있었다. 좋은 직장에 취직해서 좋은 대우를 받으며 승승장구하는 사람, 좋은 짝을 만나서 행복한 가정을 꾸리고 사는 사람들이 많았다.

이 실험의 결과는 프랭클의 로고 테라피 또는 칙센트미하이의 사상과도 상통한다. 세상을 어떤 시각으로 바라보고 그 속에서 어떤 삶의 의미를 찾느냐에 따라서 우리의 삶이 달라질 수 있는 것이다. 삶은 마음먹기에 따라서 행복의 길로 갈 수도 있고 불행의 길로 갈 수도 있다. 세상은 정말로 스스로 생각하는 대로 "창조"되는 것이다.

행복을 이끄는 낙관주의

긍정적인 사람은 수명도 더 길다는 사실이 확인되고 있다. 일리노이 대학의 디너(Diener)는 긍정적인 사람은 9.4년 더 오래 산다는 것을 확인했다. 수녀가 1930～1940년 사이에 입문할 때 썼던 종교적 서약과 수명과의 관계를 60년이 지난 후에 분석했다. 분석 결과 가장 긍정적인 수녀는 그렇지 않은 수녀에 비해 10년이나 더 오래 살았다. 가장 긍정적이지 않은 수녀는 80세가 되기도 전에 60%가 사망했지만 가장 쾌활한 수녀 중에서는 25%만이 사망했다. 결국 오래 생존할 확률은 인생 초기의 긍정적 감정에 따라서 좌우된다는 것이 확인된 셈이다.

싱가포르 의대에서는 행복과 수명과의 관계를 연구하여 그 결과(2018)를 발표했다. 60세 이상 노인 집단 4,478명을 2009～2015년까지 추적해서 행복 점수와 사망률과의 관계를 분석했는데, 행복점수가 1점 올라갈 때마다 사망률은 9%씩 줄었다. 행복한 노인의 사망 가능성은 행복하지 않은 노인에 비해 무려 19%나 낮았다. 이와 같은 경향은 여성, 젊은 노인, 늙은 노인을 가리지 않고 일정했다. 행복이 조금만 늘어나도 노인 수명에 긍정적 영향을 미치는 것이다.

보스턴 의대의 르위나는 낙관적인 마음가짐이 수명을 늘리고 건강하게 살 수 있게 한다는 연구를 발표(미국국립과학원회보, PNAS, 2019)했다. 그는 의료계 여성 70,000여 명과 군생활 유경험 남성 1,500여 명을 대상으로 연구한 결과 낙관적인 남성과 여성이 평균 11~15% 더 오래 사는 것으로 나타났고, 85세 이상 생존할 확률도 매우 높았다. 낙관적인 사람은 목표와 자신감이 있고, 문제 해결 능력에도 뛰어났고, 감정 조절도 능해서 스트레스 상황에도 잘 견뎌내기 때문에 건강하고 장수하는 것 같다.

예일대학의 레비(Levy)는 긍정적인 정서와 노화현상과의 관계를 23년간 추적조사 했다. 자신의 노화에 대해 긍정적인 인식을 하고 있는 노인은 일반인에 비해서 7.5년이나 더 장수했고, 부정적인 인식을 하는 노인은 기억과 감정을 담당하는 해마(海馬)가 축소되는 속도가 일반인에 비해 3배나 더 빨라서 알츠하이머와 같은 치매질환에 걸리게 될 확률이 더 높아 진다. 긍정적인 생각은 콜레스테롤과 혈압을 낮추는 효과도 있어서 금연과 운동으로 얻는 장수효과보다 더 크다. 셀리그만은 1900~1984년도까지 미국 대통령 후보의 지명연설문에서 낙관적인 연설을 했던 후보가 22번 중에서 18번이나 당선된 사실도 확인했다.

태도나 감정을 부정적으로 표현하면 우리의 건강에 좋지 않은 영향을 끼친다는 연구가 많다. 험담을 자주 하는 사람은 심장질환으로 고생할 가능성이 매우 높다고 한다. 늘 경쟁심을 갖고 다른 사람에게 적개심을 품고 사는 성격도 심장질환을 일으키는 중요 원인 중 하나다. 성격 유형에 따라 질병에 쉽게 노출되기도 하고 수명에도 큰 영향을 받는다. 건강을 위해서 열심히 운동을 하거나, 이러한 식품을 먹으라 하거나, 충분한 수면을 취하고, 규칙적 생활을 하고, 사람들과의 관계의 망도 좋게 하라는 등 많은 이야기가 있다. 그러나 건강에 영향을 끼치는 것이 물질이나 육체적 활동에만 있는 것은 아니다. 어떤 마음가짐으로 생활하느냐 하는 것이 몸의 활력에 더 크게 영향을 끼친다.

예를 들면 내일 아무런 약속도 없다고 하자. 어떤 이는 내일은 심심하겠다고 생각할 수 있고, 어떤 이는 내일은 조금 여유가 있겠다고 생각할 수도 있다. 이처럼 음료가 절반 정도 들어 있는 잔이 앞에 있을 때 어떤 사람은 반밖에 없다고 생각할 수 있고 어떤 사람은 아직도 반이나 차 있다고 생각할 수 있다. 같은 사물이나 상황에 대해 한 쪽은 부정적인 시각을, 다른 한 쪽은 긍정적인 시각을 보일 수 있다. 그런데 긍정적으로 생각하는 낙관주의적 태도는 스트레스, 면역력, 심혈관 등 건강 지표를 개선시켜준다는 연구 결과가 많다.

낙관주의적인 태도는 수명을 연장시켜준다는 연구가 있다. 미국 하버드대학의 공중보건대학원에서 1993~1998년까지 50~79세의 여성 16만 명의 낙관적 태도와 수명과의 상관관계를 분석하여 미국노인의 학회잡지에 결과를 발표했다. 낙관 점수를 4분위로 나누어서 수명과 비교를 했는데, 낙관 점수가 가장 높은 1분위 집단의 수명이 4분위 집단의 수명보다 5.4% 더 길었고 특히 90살 이상 살 확률도 10% 더 높았다. 교육수준, 경제지위, 인종, 우울증이나 기타 만성질환 등 수명과 관련된 어떠한 요인을 고려해도 같은 결과가 나왔다. 결론적으로 낙관주의 자체가 수명을 늘리는 건강의 결정적인 지표라는 것이 확인 된 것이다.

이처럼 낙관주의적 태도가 더 오래 살도록 하는 이유는 무엇일까? 기존의 연구는 낙관주의자들이 건강식을 즐기며, 비흡연 같은 생활 습관을 갖고 있는 비율이 높다는 점을 우선으로 꼽았다. 그러나 최근의 연구에 의하면 생활습관은 기껏해야 수명에 24% 정도만 영향을 미친다. 그러면 나머지 요인은 무엇인가? 연구진이 꼽는 가장 중요한 요인은 스트레스 관리방식이라고 한다. 낙관주의적 태도는 스트레스에 정면으로 대처하려는 경향이 높다고 한다. 예를 들면 다른 사람에게 도움을 요청하는 등의 방법을 활용하여 스트레스의 원인을 적극적으로 해소하거나 스트레스에 적응하려는 경향이 높다.

이러한 낙관주의적인 태도는 선천적으로 태어나는 특질인지 또는 후천적 운동으로 근육을 키우듯 연습으로 키울 수도 있는 것인지 의문이 생긴다. 그런데 다행스럽게 이러한 낙관주의는 연습을 통해 얼마든지 키울 수 있다고 한다. 유전자가 동일한 쌍둥이 연구에 따르면 낙관적 태도의 유전자 영향은 25%에 그치고 나머지 75%는 후천적 연습의 결과라고 한다. 하기에 따라서 얼마든지 낙관적 태도를 키울 수 있다는 뜻이다.

영국 더럼(Durham)대학의 시로이스(Sirois)는 낙관주의적인 태도는 간단한 연습을 통해서 키울 수 있다고 주장한다. 예를 들어서 미래의 목표를 이루어 낼 때의 자신을 떠올리고 이러한 상황을 글로 쓴다면 일시적으로 낙관지수가 크게 올라가게 된다. 또는 그날 겪은 것 중에 긍정적인 것만을 기록하는 긍정 일기를 쓰거나, 자신이 할 수 있는 것과 할 수 없는 것 중에 할 수 없는 것에는 기대를 낮추려고 노력하는 것도 권고할 만한 방법이 된다. 시로이스는 타고난 낙관주의자가 아니라면 장수할 수 있는 가장 좋은 방법으로 육체를 단련하고 건강식을 섭취하고 스트레스를 관리하고 숙면을 취하는 방법 이외에 또 한 가지 추천할 것은 낙관적인 사고방식을 갖는 것이라고 말한다.

무엇을 위해 살아야 하는가?

사람들의 행동을 심리학적인 입장에서 설명하려는 대표적인 학자인 매슬로우(Abraham Maslow)는 1954년에 욕구 단계설(欲求段階說)을 발표했다. 인간 행동을 폭 넓게 설명하려는 이론으로 가장 크게 인정을 받는 이론이다. 이 이론에 의하면 인간의 욕구는 가장 낮은 동물적인 욕구부터 가장 높은 인간적인 욕구까지 삼각형 같은 피라미드 형태로 계층을 이루고 있다고 말한다. 가장 낮은 생리적 욕구로부터 안전의 욕구, 사랑과 소속의 욕구, 자아 존중의 욕구, 자아실현의 욕구 등 5가지의 욕구가 단계적인 과정을 거치며 성장 발전한다고 주장한다.

가장 낮은 하위단계 욕구는 생리적 욕구로 여기에는 음식, 물, 공기, 체온, 수면, 휴식, 성, 배설 등의 욕구로 생식욕구와 생존욕구가 관련된 동물적인 욕구로 이루어져 있다. 이러한 욕구가 충족되면 다음 제2단계 욕구인 안전과 안정의 욕구가 중요해 진다. 다양한 위험에서 신체적 건강, 가족, 재산, 주택, 직장 등에 관련된 안전과 자기 보존의 욕구가 작동하게 된다.

안전의 욕구를 충족시키게 되면 다음 단계인 소속과 사랑의 욕구가 중요하게 된다. 사랑의 욕구, 집단 소속의 욕구, 관계의 욕구, 가족과 사랑하고 싶은 욕구가 새로 중요하게 된다. 사랑하며 정서적 안정감을 찾고, 관계를 통해 사회적인 망을 넓히기도 한다. 이러한 욕구를 충족하지 못하게 되면 외로움, 고독 같은 사회적인 고통을 경험하기도 하면서 스트레스와 우울증에도 빠지기 쉽다.

이러한 욕구가 충족되면 또 한 단계 높아져 네 번째 욕구인 존중의 욕구가 중요하게 된다. 자아 존중 욕구는 낮은 수준의 존중에서 높은 수준의 존중 단계를 거치며 나타난다. 낮은 수준은 지위, 인정, 명성, 위신, 주목 등 외적인 존중과 관련된 욕구들로 흔히 말하는 명예욕, 권력욕과 같은 자랑을 통해서 얻게 되는 욕구를 말한다. 이에 비해서 높은 수준의 자아존중 욕구는 강인함, 자유, 경쟁력, 자신감, 숙달, 독립심 등 스스로를 가치 있는 존재로 여기는 존중 욕구다. 외부에서 인정받고자 하는 낮은 수준의 욕구와 달리 스스로의 내적 만족에 의해서 충족되는 욕구를 말한다. 이런 자아존중의 욕구를 만족시키지 못하면 열등감, 나약함, 무기력 같은 심리적 불안감에 시달릴 수 있다.

마지막으로 다섯 번째 욕구는 자아실현의 욕구다. 욕구 중에 가장 높은 최고 수준의 욕구로 자기 자신의 숨겨진 잠재력을 발현하여 스스로를 성취지향적 인간이 되려는 욕구다. 자기의 타고난 능력과 성장 잠재력을 실현하려는 욕구로서 자신의 역량이 최대한으로 발휘되기를 희망하고 창조적인 경지에까지 자신의 잠재능력을 실현하려는 욕구다. 이 욕구는 순전히 자기 자신의 내적인 만족에 의해서 이루어지는 순수한 욕망이다. 자신의 잠재능력을 타인에게 보여주는 과시 욕구가 아니라 마음으로 스스로 하고 싶은 일을 할 때 얻게 되는 욕구다.

매슬로우의 욕구단계설을 기준으로 우리 삶의 태도를 비교해 보면 몇 가지 되돌아 볼 문제점들을 확인하게 된다. 우리는 돈 많은 부자(富者)를 잘 산다는 뜻의 "행복(Well-Being)"과 혼동하여 쓰는데, 사실 돈 많은 부자(富者)와 "행복(Well-Being)"과는 관계가 없음을 여러 번 지적한 바가 있다. 부자(富者)는 돈이 많아서 부자일 뿐이지 삶을 잘 사는 "행복(Well-Being)"과는 관계가 없다. 같은 논리로 "못 산다"는 말도 돈이 조금 부족한 빈자(貧者)와 혼동하고 있다. 돈의 기준으로 보면 부자일지 몰라도 삶의 행복을 기준으로 보면 가난할 수도 있고, 돈으로 보면 가난하더라도 행복이라는 기준으로 보면 잘 사는 사람일 수도 있다. 돈으로는 좋은 음식과 고급 주택, 집단과의 관계와 소속감, 외적인 자존심 등 주로 물질적인 욕구는 살 수 있지만, 가정, 배려, 관심, 사랑, 따스함, 건강, 미소, 행복, 기쁨, 격려, 보람, 평화, 자긍심, 창조 등 정신적이고 심리적인 고차 욕구는 돈으로는 살 수 없는 인간적인 고차 욕구다.

한국청소년정책연구원에서 한중일 3개국 청소년 가치관을 연구한 결과(2009)에 따르면 우리들은 이웃 국가 청소년에 비해서 지나친 배금사상(拜金思想)에 젖어 있다는 것을 알 수 있다. 한국 청소년은 중국과 일본 청소년에 비해 삶에 대한 만족도가 낮고, 인생에서 최대 관심은 돈을 벌어 부자가 되는 것이라는 가치관이 높다. 삶을 살아가는 만족도(한국 57.6%, 중국 85.3%, 일본 74.4%), 현재 삶에 대한 행복도(69.2%, 89.5%, 78.4%), 미래에 대한 전망(62.8%, 87.3%, 67.9%) 또

한 한국 청소년이 가장 낮다. 이에 비해서 한국의 청소년은 인생에서 돈(92.3%)이 가장 중요하다고 생각하는데 비해서 중국 청소년은 학력(93.3%)을 가장 중요하게 생각한다. 특히 부자는 사람들의 존경을 받을 대상이라는 가치관에 동의하는 비율에서 한국(40.0%)이 가장 높고 다음으로 중국(24.2%)과 일본(23.2%)의 순인데 한국이 이들 이웃보다 두 배 정도 더 높다. 그렇지만 사회 공정성에 대한 견해에 대해서는 한국(3.6%)이 중국(22.3%) 일본(10.9%)에 비해서 훨씬 더 낮은 부정적인 경향을 보이고 있다.

이처럼 우리사회의 가치는 이웃 국가에 비해서 상위의 인간적 욕구보다 하위 단계인 동물적 욕구에 지나친 집착을 보이고 있다. 특히 우리 청소년은 중국, 일본 청소년에 비해 인생에서 가장 중요한 것은 "돈"이라면서 이른바 경제적 동물(Economic Animal)이라는 인식이 높아서 돈 많이 벌어 부자로 살겠다는 동물적인 하위욕구의 수준에 머물러 있다. 경제수단인 돈을 기준으로 본다면 우리는 이미 세계에서 10위권 부자 나라로 성장했지만, 세상을 살아가는 만족과 행복을 기준으로 보면 부끄럽게도 세계의 60위권인 중하위권 수준에 머물고 있다. 물질적인 돈으로는 선진국에 올랐지만, 정신적 수준에서는 후진국 수준에 머물고 있다. 돈 많다고 돈 지갑을 자랑하며 고급 차에 고급 가방을 들고 고급 옷을 걸치고 살고 있지만 속은 텅 비어 있는 속빈 강정과 같은 삶으로 인간적인 욕구는 바라보지도 않고 있다. 돈만 알고 물질적인 부귀로만 사는 경제적 동물의 가치 개념에서 벗어나 한 층 더 높은 인간적 욕구를 추구하는 삶의 가치로 방향을 전환해야 한다.

몰입경험으로 즐거움 느끼기

지금 하고 있는 일에 너무나 몰두해서 시간 가는 줄 몰랐던 경험이 있었나요? 몰입(Flow)이라는 개념은 현재 순간에 강렬하게 흡수되어서 빠져나오지 못하는 상태를 말한다. 몰입의 상태에 빠지게 되면 스스로를 강하고 유능하다고 생각하며 완전한 몰아의 상태에까지 들어간다고 말한다. 시카고대학 심리학과 교수로 재직하다가 캘리포니아 클레어몬트 대학원에서 "삶의 질 연구소장"을 역임했던 칙센트미하이(Csikszentmihalyi) 명예교수는 긍정 심리학의 선구자이다. 그는 특히 행복과 창조성의 관계에 많은 관심을 가지고 있다. 그는 전문지식과 창의적 사고와 몰입(Flow)이란 세 가지 조건들이 맞을 때 일의 의미를 느낄 수 있고 행복감도 느낄 수 있다고 주장한다.

어느 여행길에서 민속인형을 조각해서 한 개에 10달러에 판매하는 조각가에게 10개에 90달러로 흥정을 했다. 이에 노인은 하루에 3개까지는 창의적 사고로 몰입하며 일의 의미도 느낄 수 있지만 그 이상 작업은 힘든 노동이기 때문에 오히려 노동의 대가로 120달러를 내야 한다고 말했다. 그는 정말 일을 즐기며 행복하게 살아가는 방법을 아는 예술가이다.

하루는 잠을 자는 8시간을 제외하면 첫째로 일하는 8시간, 둘째로 요리와 청소에 관련된 유지활동 4시간, 그리고 셋째로 휴식과 관련된 여가활동 4시간 등으로 나누어 볼 수가 있다.

그 중에서 가장 중요하고 비중도 많은 영역은 물론 경제적인 돈을 버는 일과 관련된 영역이다. 여기에 우리는 에너지의 절반 정도를 사용한다. 일주일에 40시간 정도로 깨어 있는 시간 중에서 약 35%에 해당한다. 일을 할 때마다 몰입하기는 쉽지 않지만 자기 자신의 실력을 쏟아 부을 때 그러한 경험을 할 수가 있다. 일이 상당히 어려우면 제풀에 포기하고, 반대로 주어진 일과 실력의 수준이 너무 낮아도 금새 미온적이 된다. 그래서 일을 통에서 몰입경험을 하기 위해서는 자신의 능력에 맞게 일의 난이도를 적절히 조정해야 한다. 그렇기 때문에 힘겨운 일이라도 수준에 맞는 실력과 만나면 도전적인 의식을 불러일으켜서 맛보기 힘든 깊은 참여의식과 몰입이 이뤄진다. 등반가는 정상에 오르기 위해서 최선을 다해서 온 힘을 짜내야 할 때, 성악가는 높고 낮은 음계를 자유자재로 넘나들 때, 자수를 좋아한다면 자수 무늬가 지금껏 시도했던 어떤 무늬보다도 훨씬 복잡한 무늬를 완성시킬 때, 의사라면 순발력과 높은 실력이 필요한 수술에서 새로운 수술 기법을 쓸 때 바로 이러한 몰입경험을 하게 된다.

몰입은 과제를 수행하는 관점에서 어려움, 불안, 도전과 같은 요인을 건설적인 활동이나 수행을 향상시키려는 기회로 보려는 드웨이(Dewey)와 토인비(Toynbee)의 사상과도 상통한다. 각성의 수준이 낮은 조건에서는 어떠한 도전의식도 가질 수 없어서 실적의 향상이 일어날 수가 없다. 중간 정도의 각성에서는 중간 정도의 도전 의식이 촉발되기 때문에 보통 정도의 실적을 보인다. 반면에 각성 수준이 높게 되면 최적의 도전의식을 경험하기 때문에 실적도 이에 상응하여 일치된 최고의 결과를 낳게 된다. 결국 과제의 수행 실적을 높이려면 과제 수행능력을 끌어올리고, 각성 수준을 올리고, 과제가 지나치게 어렵다고 생각되면 과제를 보다 쉽게 재설계해야 한다. 결국 목표가 명확하게 정의되고, 투입된 활동 결과의 효과를 곧바로 확인할 수 있고, 과제의 난이도가 나의 실력과 알맞게 균형을 이루고 있다면 어떤 활동에서도 몰입 경험을 맛보면서 삶의 질까지도 높일 수 있다.

둘째는 육체적인 유지활동 영역이다. 식사, 휴식, 세면, 청소, 요리, 장보기와 각종 집안 일 등 생활여건을 조성하는데 투입되는 시간으로 전체 시간의 20~40%를 차지한다. 이러한 유지활동과 관련된 일은 아주 다양하게 많지만 가사 노동을 즐기는 사람들은 없을 것이다. 가사 노동을 귀찮은 반복적인 일로 생각하기 때문이다. 어떤 일이든 귀찮고 반복적인 일로 생각하면 그 일이 특별한 능력을 요구하지도 않고 돈도 많이 벌 수 있어도 그러한 일은 하지 않으려 한다.

보수가 많아도 반복적인 일에는 귀찮아 한다는 사실을 증명한 재미있는 실험이 있다. 경제적 불황기에 있던 시절 미국에서 사원모집 공고를 냈는데, 자격으로 학력과 경력은 무관하며 주급으로 당시 주급의 2배를 준다는 조건이었다. 수많은 응시자들 중에서 삶의 의욕을 측정하는 성취동기 수준이 높은 집단과 낮은 집단 등 두 집단으로 나눠 합격자를 선발했다. 그런 후 이들에게 큰 백지 한 장을 주고 자를 이용해 왼쪽에서 오른쪽으로 1cm 간격으로 줄을 그으라고 했다. 하루 종일 이렇게 줄긋는 일을 반복하게 했다. 동기 수준이 낮은 사람은 일이 쉽고 특별한 실력도 필요 없는데 돈은 많이 받으니 아무 말 없이 열심히 줄을 긋고 있었다. 그러나 동기 수준이 높은 사람들은 질문을 하기 시작했고 점차 한두 명씩 이직하기 시작했다. 돈은 많이 벌 수 있지만 일을 하는 재미도 없고 창의성도 목표도 의욕도 없다는 이유다. 창의력, 실력과 목표의식을 찾지 못해 몰입경험을 느낄 수가 없다면 귀찮고 반복적인 것으로 보이게 된다.

이번에는 귀찮은 일이지만 창의력과 능력은 물론 몰입을 통해서 새로운 제품을 고안한 일본의 중년 부부의 한 사례를 보겠다. 부인은 남편이 매일 밤 소변을 볼 때마다 귀찮게 팬티 끈을 풀어야 하는 모습을 보고 보다 더 편리하게 소변을 볼 수 있는 제품을 만들어 남편이 편리하게 생활할 수 있도록 해야겠다는 목표를 세우고 몇 달간 궁리한 끝에 팬티 중간에 구멍을 뚫고 단추를 달아 새로운 디자인의 팬티를 만들어 냈다. 이 디자인은 남편을 끔찍이 사랑한 부인의 창의력과 능력과 문제해결을 위해 몰입한 결과로 이뤄낸 것으로 후에 세계적인 상표로 등록되어 벼락부자까지 되었다. 가정의 잡일을 단순하고 귀찮고 반복적인 일로 본다면 어떤 것도 새롭게 발전시키기 어려울 것이다. 그러나 청소하는데 창의력을 동반한 몰입을 한다면 청소에 관련된 많은 지식과 발명품이 쏟아져 나올 수 있다. 아이가 커가는 모습을 매일 세밀하게 관찰한 일기를 모아서 발표한 것으로 세계적인 아동심리학자로 등장한 사례도 있다. 세계적인 요리 전문가, 가정관리 전문가, 전문 자동차 정비사 등 수 많은 전문가들과 학자들은 평범한 일에 몰입하고 여기에 창의력과 능력을 적절히 배합한 의욕을 합해서 세계가 놀라는 일을 하게 된다.

셋째는 여가활동으로 보통 이런 활동을 자유시간이라고 한다. 그리스 철학자들은 학문, 예술, 정치 등 분야에서 자기계발 활동에 시간을 사용할 때에만 진정한 인간이 될 수 있다고 주장했다. 학교를 의미하는 "school"은 여가라는 "scholea"에서 왔는데, 여가를 적절히 활용하는 것이 학문의 올바른 길이라는 의미가 있다. 그러나 그리스 학자들이 생각해 왔던 이 같은 여가의 개념과 달리 현대에 들어서면서 TV 시청, 컴퓨터 보기, 신문이나 잡지를 보거나 능동적으로 활동하는 자율적인 활동을 여가라는 의미로 쓰고 있다. 하여간 이런 여가 활동에 각성 시간의 20~40% 정도를 쓰고 있다.

하루 중에서 긍정적 반응이 가장 많이 나타나는 활동이 여가와 관련된 시간이다. 여가시간에 강한 의욕을 가지고 하고 싶은 일을 마음대로 할 수 있기 때문이다. 그러나 여기에 뜻밖의 숨은 사실이 있다. 신문을 읽고 텔레비전을 보거나 그냥 쉬어가며 보내는 수동적 여가는 즐거움을 줄지 모르지만 정신 집중을 요구하지 않는 활동이므로 몰입 상태를 이루기 어렵다. 그렇지만 직접 참여하는 능동적 여가는 상당히 많은 긍정적인 경험을 느끼도록 한다. 운동을 하거나 악기를 연주하거나 어떤 작품을 만들 때는 더 많은 행복을 느끼며 의욕도 넘쳐서 집중력도 높아지고 그 어느 때보다도 몰입 경험을 할 가능성이 높다. 능동적 활동은 그만큼 의지와 창조성과 같은 요인이 필요하기 때문에 수동적인 여가활동과 능동적인 여가활동 간에는 하늘과 땅만큼 차이가 클 뿐만 아니라 심리적 효과도 크게 다르다.

미국에서 10대 청소년들의 몰입 수준을 연구한 결과에 의하면 TV를 볼 때는 13%가, 취미활동을 할 때에는 34%가, 운동이나 게임을 할 때 44%가 몰입을 경험한다. 이는 TV를 보는 것보다 취미활동이 2.5배 정도, 적극적 운동이나 게임은 3배나 더 즐거움을 선사한다는 의미이다. 그런데도 10대들은 취미활동 중에서 운동보다 TV 시청에 4배나 더 많은 시간을 소비하고 있다. 절반에도 미치지 못하는 즐거움을 얻기 위해서 4배나 많은 시간을 쓰고 있는 것이다. 자전거 타기나 농구를 하거나 피아노를 치는 것이 할 일 없이 상가를 배회하는 것보다 훨씬 더 즐겁다는 것을 인정하지만, 그러한 운동이나 취미활동을 하기 위해서는 사전에 많은 준비 시간이 필요하기 때문에 그렇게 하기를 싫어한다. 이런 수동적인 여가가 문제가 되는 것은 이런 것에 자유시간으로 보내는 유일한 방편으로 쓰는 순간부터 타성에 빠져서 그런 습성이 뿌리를 내리게 되어 생활전반이 허물어지기 시작한다는 것이다. 이런 사례에 대한 역사적인 이야기는 로마제국이 시민을 달래기 위해서 동원했던 책략으로 "빵과 원형 경기장" 정책을 예로 들 수 있다. 로마 시민들에게 다른 생각을 하지 못하게 빵이나 먹으며 즐겁게 서커스나 보라는 우민정책을 편 것이다.

우리는 얼마나 몰입 상태를 경험하는가? 독일인 6,469명의 의견을 물었더니 23%가 몰입 경험을 자주하고, 40%가 가끔 경험하고, 25%

는 거의 느끼지 못하고, 12%는 전혀 경험하지 못한다고 했다. 미국인을 대상으로 한 조사에서는 15%가 살아가면서 단 한 번도 몰입경험을 한 적이 없다는 연구결과가 있다. 무려 몇 천만의 미국인이 가치 있는 삶을 스스로 포기하고 있는 것이다. 청소년이 일주일에 몰입경험을 몇 번이나 하는지 2년 간격으로 조사해 보았다. 그 결과 60%의 학생이 2년 전이나 2년 후나 큰 변화가 없었다. 그런데 나머지 40%의 학생은 2년 동안에 큰 변화를 겪어서 그 절반은 몰입 경험을 더 많이 했고, 그 절반은 몰입 경험의 빈도가 감소했다. 몰입 경험이 늘어난 학생들은 공부를 더 많이 하고 수동적인 여가 활동을 중지했다. 청소년의 여가활동은 동네를 배회하거나 쇼핑을 하거나 TV나 영화를 보는 등 특별한 노력을 하지 않아도 되는 그런 활동을 즐길 수도 있고, 학교 공부나 체력훈련 소양교육과 같은 상당한 노력과 힘든 과정이 요구되는 활동에 몰입할 수도 있다. 그러나 같은 몰입이라 하더라도 그 활동이 성인 이후의 삶에 얼마나 도움이 되는 활동인지 하는 가성비(價性比), 즉 효율성으로 비교했을 때 청소년 시절 다소 힘들고 더 많은 노력이 필요했던 활동이 후에 더 가치가 있고 효용성이 있었다는 것을 알아야 한다. 이러한 자료들을 볼 때 힘겨운 난관을 극복할 능력은 결국 나의 마음 결정에 따라 달라진다는 것을 이해하게 된다. 나를 극적으로 변화시키지는 못해도 적어도 자기 스스로가 하는 일을 가치 있게 전환시킬 수 있는 기회는 얼마든지 있다. 일을 하던, 유지 활동을 하던, 여가활동을 하던 항상 즐거운 마음으로 최선을 다해서 항상 새로운 것을 찾고 그런 과정에서 몰입 경험까지 한다면 행복한 삶을 약속할 수 있을 것이다.

목표 난이도는 적절해야 한다

앳킨슨(Atkinson)이라는 심리학자의 동기이론에 의하면 성공하고자 하는 동기가 높은 사람은 성공의 난이도가 중간 정도인 목표를 택하기 좋아 한다. 반면 실패를 두려워 하지만 성공의 동기 역시 높은 사람은 난이도가 상당히 높은 목표를 선택하려고 한다고 한다. 다시 말하면 성공하고 싶은 동기가 높은 사람들은 자신이 감당할 정도의 목표를 선택하려 하고, 성공을 원하지만 실패도 두려워하는 사람은 오히려 이루기 어려운 목표를 선택하는 경향이 높다. 이렇게 이루기 어려운 목표를 선택하는 것은 목표를 이루지 못해도 목표가 워낙 어려웠기 때문에 실패했다는 핑계를 댈 수 있기 때문이다. 실력이 매우 부족한 학생이 가장 합격하기 어려운 대학에 지원을 한다거나, 능력이 없으면서도 엄청난 규모로 사업을 계획하는 경우와 같다.

성공하고 싶은 동기가 높은 사람은 어려운 목표를 세우는 것도 싫어하고, 이루기 쉬운 목표를 세우는 것도 싫어한다. 성공하고 싶은 사람들은 적절히 힘든 목표를 세우고, 목표를 이루기 위해서 실천 계획을 상세하게 구상하기를 좋아한다. 이들이 목표를 설정할 때에 사용하는 전략은 이런 것들이다. 첫째로 실현 가능성이 있는 목표를 세운다. 별 노력도 없이 이룰 수 있는 아주 쉬운 목표도 아니고, 요행이나 운을 기대하는 힘든 목표를 세우지도 않는다. 내가 최선의 노력을 다 할 때 성공 가능성이 높은 목표를 세운다. 둘째로 목표에 대한 구체적인 실천 계획을 세운다. 꼭 기억할 것은 즐거운 마음으로 목표를 이루려는 행동 계획을 세운다. 부자가 되기 위해서 안 먹고 안 입고 고생하면서 인생 후반에 건강을 잃고 병원에 가야 하는 그러한 목표는 잘못된 것이다. 셋째로 설정한 목표의 성패가 내 감정을 극대화 시킬 수 있는 것이어야 한다. 목표를 이루고 못 이루는 것이 나의 감정을 복받치게 해야 한다. 목표를 이루었을 때에 기쁨의 희열을 느껴야 하지만, 이루지 못했을 경우에도 실망의 눈물을 흘릴 만한 목표여야 한다. 네 번째로 목표 진행 과정에 대해 정기적으로 점검하고 확인해야 한다. 나의 순수한 의지나 능력으로 힘이 들면 주변에서 타인의 지원도 받을 방안을 구체화해야 한다. 마지막으로 중간 점검을 할 때 부정적인 결과를 미리 예상해 보고 보완 대책에 대한 전략을 생각해 두어야 한다. 갑작스런 돌발 상황을 겪어도 실망하거나 당황하지 않고 침착하게 응급 대처할 수 있어야 한다.

이루고 싶은 단기목표를 세워서 구체적으로 실천하고자 하는 계획을 예로 들어 보겠다. 우선 금년에 이루고 싶은 목표 4~5개를 선정한다. 예를 들어 첫째로 건강을 위해서 걸어서 출퇴근 한다. 둘째로 건강을 위해 금연과 금주를 하겠다. 셋째로 가족의 화목을 위해서 가족과 함께 해외여행을 한다. 넷째로 행복한 노후를 대비해 주말 농장을 마련한다.

끝으로 풍요로운 노후를 위해 빌딩을 매입하겠다.

목표 1 : 걸어서 출퇴근

목표 2 : 금연과 금주

목표 3 : 가족과 해외여행

목표 4 : 주말 농장 마련

목표 5 : 빌딩 매입

이렇게 이루고 싶은 목표를 정했으면 각각의 목표에 대한 객관적 성공확률을 계산한다. 나의 개인적인 의지를 표현하는 주관적인 성공확률이 아니라 나를 잘 알고 있는 주변인들이 나의 능력과 조건을 고려해서 객관적으로 성공할 가능성을 계산해야 한다. 이런 기준으로 보아 건강을 위해서 걸어서 출퇴근 한다는 목표의 성공 확률은 상당히 가능성이 높아서 0.9라 하고, 두 번째의 목표도 비교적 가능해서 0.7이라 하고, 세 번째의 목표는 성공할 확률이 반반이어서 0.5라 하고, 네 번째 목표의 성공 가능성은 비교적 어려워서 0.3이라 하고, 다섯 번째 목표 성공 가능성은 거의 불가능해서 0.1이 된다고 가정해 보겠다.

목표 1 : 0.9

목표 2 : 0.7

목표 3 : 0.5

목표 4 : 0.3

목표 5 : 0.1

그런 다음 이번에는 각각의 목표를 이루어 내기 위해 내가 투입할 노력의 양을 계산한다. 이것은 1에서 각각의 목표에 대한 객관적 성공 확률을 빼는, 즉 "1-목표의 객관적 확률"의 방식으로 계산한다.

목표 1 : (1-0.9) = 0.1
목표 2 : (1-0.7) = 0.3
목표 3 : (1-0.5) = 0.5
목표 4 : (1-0.3) = 0.7
목표 5 : (1-0.1) = 0.9

즉 첫 번째 목표를 달성하기 위해 내가 투입해야 할 노력의 총량은 0.1이기 때문에 거의 의도적으로 노력할 필요조차 없다는 의미가 된다. 두 번째의 목표를 위해서 노력할 에너지 양은 0.3이므로 조금 노력하면 되고, 세 번째 목표에 투입해야 할 노력의 양은 너무 많지도 너무 적지도 않은 적절한 0.5가 된다. 네 번째의 목표를 이루기 위해서는 상당한 정도 무리를 해야 할 0.7이고, 다섯 번째 목표를 이루기 위해 투입할 에너지의 양은 불가능에 가까운 0.9가 된다. 하루 온 종일 밥도 먹지 말고, 쉬지도 말고, 잠도 자지 않고, 일만 해야 한다는 의미다.

목표를 이루기 위한 객관적 성공확률과 목표에 투자해야 할 에너지의 양을 계산했으면, 이제 각각의 목표 설정에 대한 효율성을 계산해야 한다. 이는 객관적인 성공확률과 주관적인 노력의 양을 곱하면 된다.

목표 1 : (0.9×0.1) = 0.09

목표 2 : (0.7×0.3) = 0.21

목표 3 : (0.5×0.5) = 0.25**

목표 4 : (0.3×0.7) = 0.21

목표 5 : (0.1×0.9) = 0.09

목표 순서에 따라 효율성은 각각 0.09, 0.21, 0.25, 0.21, 0.09가 된다. 여기에서 목표의 효율성이 가장 큰 목표는 세 번째 목표(0.25)임을 알 수 있다. 객관적인 성공의 확률이 반반(0.5)이고, 목표에 투자할 에너지의 양도 적절(0.5)한 목표가 가장 이상적인 목표란 뜻이다.

스트레스라는 자극은 너무 약해도 지나치게 너무 높아도 건강할 수도 없고, 삶의 행복도 느낄 수 없다. 그러므로 자극의 크기는 적당해야 한다. 건강이나 행복한 삶을 위해서 스트레스는 "역∪형 곡선" 관계, 즉 그릇을 엎어 놓은 것(∩)과 같은 관계에 있다. 그러므로 목표를 정할 때에 목표 달성이 쉽지도 어렵지도 않은 적당한 정도의 난이도를 갖는 것을 선정해야 한다. 처음부터 이루기 어려운 목표를 정하는 것은 어리석은 일이다. 옛말에 "첫술에 배 부르랴"라는 말처럼 처음에는 실현이 가능한 목표를 정하고 점차 목표를 높여 재설계하는 전략이 필요하다. 어떤 일이든 처음부터 단번에 만족할 수는 없다는 말을 깊이 새겨야 한다. 가장 효율적인 목표는 지나친 것은 부족한 것만 못하다는 의미의 과유불급(过猶不及)이라는 옛말을 명심하면서 적당하게 정해야 한다.

감사와 감동을 할수록 행복은 더 커진다

식물도 아프면 비명을 지르는 반응을 한다는 사실을 이스라엘의 텔아비브대학 생명과학부 차모비츠(Daniel Chamovitz) 교수가 확인(2019)했다. 식물이 아픔을 느끼면 사람이 들을 수 없는 20~100Khz의 고주파로 고통을 호소하는데 이 소리를 특수 장비로 녹음하여 확인한 것이다. 이처럼 식물도 감정적 정서를 느끼고 반응도 한다는 것이 확인되었다. 과수원에서 나무가 좋아하는 음악을 들려준다는 이야기부터 목장에서 양질의 우유를 생산하기 위해서 소나 양이 즐기는 음악을 들려준다는 이야기는 이제 옛말이 되었고, 양조장에서 맛 좋은 술을 만들기 위해 효모가 좋아하는 음악을 들려주기도 한다. 이제 베토벤 음악을 듣고 자란 시금치와 아리랑을 듣고 자란 오이를 밥상에 올리게 될 날이 멀지 않았다.

세상에는 세 가지 종류의 사람이 있다. 첫째는 기쁜 일이 있어도 감사하지도 않는 사람, 둘째는 기쁜 일이 있을 때에만 감사하는 사람, 셋째는 어려운 역경 속에서도 항상 감사하는 사람이다. 물론 자주 감사하고 감동을 느끼면 행복도 그 만큼 더 커지는데, 우반구적인 감성이 우세한 우리 민족은 당연히 세 번째 부류에 속한다. 그런데 요즈음 우리는 은혜에 대해 감사하기보다는 배금주의 사상에 빠져서 부모가 남긴 재산 때문에 자녀들 간에 다툼이 일어나는 경우가 적지 않다. 아무리 작고 보잘 것 없는 것이라도 받는 쪽에서 감사하는 마음이 있어야 하는데 이런 감사하는 마음에 대한 교육보다는 부귀를 얻는 것만 교육한 결과다. 물질은 짧은 기간이 지나면 곧바로 적응현상이 일어나서 결코 물질로는 만족할 수 없는 불만족 요인인데 말이다.

우리가 주고받는 대화는 서로에게 어떤 영향을 끼치게 될까? 늘 험담을 일삼는 사람과 감사와 덕담에 익숙한 사람의 건강과 행복과는 상당한 차이가 있을 것이다. 결론부터 말하면 감사하며 소통하는 사람들은 험담에 습관이 된 사람에 비해 행복이란 삶의 질에서 하늘과 땅만큼 차이가 크다. 전문가의 의견에 따르면 부정적 태도나 감정은 건강에 악영향을 주기 때문에 평소에 자주 험담하는 사람은 심장질환에도 잘 걸린다. 강한 경쟁심, 남을 밀어내는 적개심 등이 많으면 심장질환에 걸릴 중요 원인이 될 수 있다.

험담은 수명에도 큰 영향을 미친다. 우리는 “욕을 해서라도 가슴속 응어리를 풀어내면 스트레스 해소에 도움이 될 것”이라고 믿는다. 그러나 무엇이든 “적당히” 해야 한다. 잦은 욕설은 뇌의 건강을 해친다고 한다. 욕을 하게 되면 몸 안에서 스트레스 수준을 경감시켜주는 코르티솔 호르몬이 분비되는데 험담을 듣는 사람뿐만 아니라 자신의 뇌 기능도 위축시키는 연구 결과가 있다. 동핀란드대 연구팀은 타인에게 빈정거리거나, 흉을 자주 보는 사람은 치매 위험이 3배, 사망률은 1.4배 더 높아진다고 한다. 흉을 보는 빈도가 높을수록 사망률 또한 상승한다는 사실도 밝혀냈다.

이와는 반대로 자연, 사람, 종교, 예술 등을 통해서 감동을 느끼면 우리의 몸과 마음은 긍정적인 큰 효과를 볼 수가 있다. 캐나다의 심리학 교수인 스텔라(Jennifer Stella)가 연구한 결과(2015)에 의하면 감동적인 경험을 많이 느끼는 사람들은 감동을 느끼지 못하는 사람들에 비해 체내 염증과 관련된 인터류킨 단백질 수치를 낮게 유지하여 염증에 잘 대처하게 한다. 그리고 코티졸이라는 스트레스 호르몬의 분비를 억제시키면서 한편으로는 도파민의 분비를 촉진시켜 우울하고 슬픈 마음을 즐거운 마음으로 변화시키도록 한다.

가장 행복한 사람은 가장 많이 소유한 사람이 아니라 가장 많이 감사하는 사람이다. 탈무드에서 "이 세상에서 가장 행복한 사람은 지금 이 모습 그대로 감사하면서 사는 사람이다"라고 말하고 있다. 인도의 시성 타고르도 "감사의 분량이 곧 행복의 분량"이라고 말했다. 행복해서 감사한 것이 아니라 감사하기 때문에 행복해 지는 것이다. 결국 행복은 소유에 정비례 한다기보다 마음에 정비례 한다고 보아야 한다.

입살이 보살이라는 말처럼 항상 감사하는 마음을 가지고 사는 사람은 본인은 물론이고 상대방에게도 따뜻하고 행복한 긍정적인 기(氣)를 준다. 화를 낸 사람이 뿜어낸 공기를 풍선에 넣고 이 공기를 쥐에게 마시도록 했더니 수 분 내에 죽었다는 이야기처럼 대화의 내용과 감정이 미치는 부정적 영향력은 매우 크다. 화, 슬픔, 불안, 공포, 증오, 미움과 같은 부정적인 정신 상태에 있을 때에는 인체에 어떤 나쁜 물질이 생성되며, 그 물질은 매우 강력한 독성이 있다. 그런데 독사의 경우에는 독주머니가 있어 자신의 독을 보관했다가 안전하게 밖으로 뿜어낼 수 있어서 자신에게는 전혀 해가 없지만, 인간은 독사처럼 독주머니가 따로 없기 때문에 독은 그대로 몸속을 돌아다닐 수밖에 없으며, 몸의 여러 곳을 돌아다니면서 질병을 일으키게 된다. 미국 프린스턴 공대의 잔(Robert Jahn)은 "마음은 아주 미세한 입자(粒子)로 구성되어 있다"고 한다. 그리고 공간에 입자로 있다가 파동이 일어나면 성질이 변해 시공간(時空間)을 초월하여 이동할 수 있다고 한다. 다시 말해 마음은 에너지 성질을 가지고 있어서 이동하며 다른 물질에 영향을 미치기도 한다. 따라서 기분을 좋게 먹으면 있던 병도 달아나게 할 수 있다고 믿는다.

아직까지는 기(氣)의 존재 유무를 정확하게 과학적으로 입증하지는 못하고 있지만, 기(氣)에 대한 개념은 중국사상에 뿌리를 내린 철학적인 공리다. 동양학에서 기(氣)의 개념을 객관적 존재로서 형태가 있는 모든 물질의 기본 근원이라고 인식하여 왔다. 기(氣)는 모든 공간 도처에 널리 가득 차 있고, 응축된 묽고 감지될 수도 없는 형태로 구성되어 있다고 한다. 기(氣)는 공허하여 어떤 형체도 없으나 언제나 형상을 만들어 낼 수 있다고 믿는다. 이와 같은 동양의 기(氣)의 개념에 대하여 현대 양자물리학이 동의하기에 이르렀다. 양자물리학이 기(氣)의 개념을 점차 과학적 방법을 활용하여 그 존재를 인정하기 시작했다.

기(氣)를 과학적 방법으로 설명하고 있는 유명한 "관찰자 효과(Observer Effect)"라 하는 실험이 있다. 아인슈타인 이후 최고의 노벨 물리학상

수상자 파인만(Feynman)이 실험을 통하여 우리의 "마음"은 만물을 변화시켜 새로운 것을 창조해 내는 잠재력이 있다는 사실을 과학적인 방법을 통해 결과를 증명하였다. 마음이 생각하고 바라보려는 방식대로 물질을 변화시키는 능력을 과학적으로 입증한 것이다. 사람이 허공을 바라보게 되면 공기 중의 "빛 알갱이"들이 "고체 알갱이"로 변화하여 그 존재를 드러내고, 바라보지 않을 때는 사방으로 흩어져서 빛의 물결 자국들만 남는다. 내가 바라보게 되면 빛의 알갱이가 고체 알갱이로 변신하여 모습을 드러냈다가 내가 바라보지 않을 때는 다시 빛의 물결로 퍼져서 드러나지 않는다는 것이다. 어떤 누구도 바라보지 않게 되면, 즉 생각을 품지 않으면 공기 중에 물결로 흩어져 있다가, 바라보게 되면, 즉 생각을 품게 되는 순간 다시 단단한 고체로 변신하여 자기 존재를 나타낸다. 우주 만물을 구성하고 있는 미립자가 잠시 흩어졌다가 내가 초점을 맞춰 바라보기만 하면 다시 현실로 모습을 보이는 놀라운 사실을 밝혀낸 것이다.

불교 인식론에 의하면 모든 것은 오로지 마음만이 만들어 낸다는 일체유심조(一切唯心造)라는 말과 딱 들어맞는다. 인간의 마음 작용 결과에 따라 물질이 존재하기도 없어지기도 하는 개념을 양자 물리학이 그 작용원리를 증명해 낸 것이다. 우리 뇌신경은 초당 4,000억 비트의 정보를 처리할 수 있는 능력을 가지고 태어난다는데, 일반인들은 기껏해야 1/2억에 해당하는 2,000여 개의 정보만 처리할 수가 있다. 주어진 능력의 2억분의 1만 사용하고 있을 뿐이라는 계산이다. 그래서 명상, 수행, 기도 등과 같은 특별한 기법을 개발해서 인식하지 못하고 있는 무수히 많은 미지의 새로운 존재들의 세계를 인식하려고 노력한다.

이러한 가정이 사실이라면 우리는 관계를 통해서 얻을 수 있는 기(氣)를 보다 과학적으로 연구할 필요가 있다. 잔뜩 화를 내며 상대에게 듣기 싫은 말을 퍼붓지만 상대방은 이에 아무 대꾸도 없이 일관했다면 양자 간에 미치는 손익계산은 정말 흥미로워진다. 항상 화(火)라는 기(氣)를 발산하면서 살아가는 사람은 건강과 행복의 점수를 얻기 힘들 것이고, 늘 긍정적인 기(氣)를 발산하면서 살아가는 사람의 건강과 행복의 점수는 상당히 높을 것이다. 이와 같은 관계를 깨닫는 순간 우리들은 천지인아(天地人我)라는 모든 대상에게 늘 감사와 감동하는 마음의 기(氣)를 발산하면서 살아간다면 훨씬 더 건강하고 행복한 삶을 살아갈 수가 있을 것이다.

항상 상대방에게 진심으로 사랑하는 마음을 담아 친절을 베풀고, 예의를 갖추어 감사해 하고, 어른에게 겸손한 마음을 표하는 예의는 모두 겉으로는 상대방에게만 좋은 기(氣)를 주는 것처럼 생각하지만, 사실 가장 큰 이득을 보는 사람은 그런 기(氣)를 만들며 살아가는 본인 자신이다. 항상 좋은 기(氣)를 모으려고 스스로 자기 마음을 그렇게 준비하는 습관이 있기 때문이다. 그래서 그러한 삶을 사는 사람은 엄청나게 수지가 맞는 장사를 하는 셈이다. 그런 사람은 상대에게 항상 좋은 기(氣)를 무료로 전달하지만 가장 수지맞는 장사는 내가 나에게 전하는 긍정적인 마음의 기(氣)일 것이다. 원가도 들지 않으며 평생 무료로 무한정 공짜로 쓸 수 있는 것이 감사와 감동하는 마음의 기(氣)다. 그냥 좋은 기(氣)만을 만들어 내려는 마음만 먹으면 다른 어떠한 노력도 필요 없다. 오늘도 내일도 내가 건강하고 행복하게 살아가기 위한 방법은 사랑하는 마음의 기(氣)를 만들면서 살아갈지 아니면 미운 마음의 기(氣)를 만들면서 살아갈지 하는 내 마음의 결정에 따라 달라진다.

이타행동으로 행복 높이기

동식물을 포함한 생명체들은 모두 이타행동(利他行動), 즉 기부활동을 한다. 코스타리카에 살고 있는 흡혈박쥐는 굶고 있는 동료를 보면 자신이 먹은 피를 토해서 나누어 준다. 벌 중에서 일벌은 평생 여왕벌과의 교미의 기회도 없으면서 평생 머슴처럼 일만 죽도록 하는 이타행동을 한다. 그런데 개미는 한술 더 떠서 동료들을 위한 위를 따로 하나 더 가지고 있다고 한다. 첫 번째 위는 "사회적 위"라 부르는데, 여기에 음식을 임시로 저장해 두었다가 비상시기에 도움이 필요한 동료에게 나누어 준다. 그리고 두 번째 위는 자기 필요에 따라 음식을 소화시키는 위다. 개미들의 "사회적 위"는 굶주린 동료를 위해서 봉사하는 식량창고인 셈이다.

이기주의적 사상을 주장하는 도킨스(Dokins) 주장에 따르면 이 처럼 동료를 돕는 행위조차 자기 자신이 위기에 처할 때에 도움을 받을 수 있는 행위이기 때문에 이기적 행동의 또 다른 행동 유형일 뿐이라고 말한다. 트리버스(Robert Trivers)도 이와 같이 동료를 돕는 행위를 "호혜적 이타주의"라고 주장한다. 동물 모두가 미래 자신의 먹거리를 확보하려는 저축이나 보험적인 의미로 동료들을 돕는 행위일 뿐이라고 주장한다.

그런데 사람은 이런 호혜적 목적 이외에 아무런 보상 없이 순수하게 돕는 이타적 행동도 한다. 펜실베니아와 조지타운대학에서 이러한 행동을 공동 연구했다. 한 번도 본 적이 없는 낯선 사람에게 자기의 신장을 익명으로 기증했던 사람들의 신경계를 관찰했는데, 이들은 자신이 직접 고통을 당할 때나 낯선 사람의 고통을 접할 때나 신경계 활성화 부분이 거의 같다는 것을 확인했다(Psychological Science, 2018). 이런 결과는 이타성이 높은 사람은 타인의 고통을 보는 것만으로도 자기 고통처럼 똑 같이 반응한다고 해석할 수 있다.

인간의 이 같은 이타행동의 특성에 대한 연구는 독일의 막스플랑크협회(Max Planck Gesellschaft)의 진화인류학 연구소의 토마셀로(Tomasello) 소장에 의해서 더욱 발전하게 되었다. 그는 생후 18~24개월 된 어린이와 침팬지의 행동을 비교 연구했는데, 원숭이에게 보이는 합리적인 이기성과는 다르게 어린이는 선천적으로 이타적인 본성을 갖는 것으로 알려졌다. 이런 타고난 이타적 본성에 따라서 반복적 협력을 하면서 마침내 사회와 제도를 만들어 내고 결국 인간이라는 종을 성공적으로 진화시켰다고 주장한다. 동물들의 "문화"라는 것은 전적으로 모방과 착취의 과정에 기반을 두지만 인류의 "문화"는 이러한 착취를 넘어선 "협력적" 과정에도 기반을 두고 있다는 특징이 있다. 우리 조상 호모사피엔스는 전례가 없을 정도로 서로 협력적인 생각과 행동을 허용하면서 진화했다. 인간이 가장 특징적이라고 할 인지적인 성취물들,

즉 복잡한 기술과 언어와 수학적 상징과 복잡한 사회 제도는 모두 각자가 개인적으로 홀로 행동한 결과가 아니라 서로 돕는 상호작용이라는 과정을 통해 얻어진 결과다. 인간의 이러한 이타성이라는 선천적인 씨앗이 없었다면 이타적 사회, 제도, 이념, 규범, 종교와 같은 제도가 생길 수 없었을 것이다. 어린이들은 성장해가면서 점차 이런 협력적인 집단적 사고에 참여하게 된다.

이처럼 대가성도 없이 남을 돕는 행위는 나의 행복 수준을 얼마나 높여주는가? 캐나다의 브리티시 컬럼비아대학의 심리학과 교수인 던(Dunn)이 재미있는 실험을 했다. 직장에 출근하는 46명을 두 집단으로 나눠 이들에게 각각 20달러씩 나눠 주고 한 집단에게는 "자기 자신을 위해서 쓰고", 또 다른 한 집단에게는 "다른 사람들을 위해서 쓰라"고 했다. 다음날 오후에 행복수준을 측정했더니 타인을 위해서 돈을 사용했던 집단에서만 행복수준이 높아진 현상을 발견했다. 그래서 돈이 적어 그런 효과가 나타났는가 하여 다시 50달러씩 주고 같은 실험을 반복했는데도 동일한 결과를 얻었다.

친절하고 이타적인 행동을 하게 되면 여러 긍정적 효과가 있다는 연구결과가 많이 있다. 사람들은 도움을 받을 때보다 도움을 줄 때 더 큰 만족감을 느끼고 불평불만은 감소된다. 류버모스키의 연구(2008)에 의하면 자발적인 봉사활동을 하면 그렇지 않은 경우에 비해 우울감이나 불안 수준이 낮더라도 미래에 대해 보다 큰 희망적인 태도를 갖는다. 이와 같이 남을 돕는 사람들 중에서 75%는 행복할 것이라는 첫인상을 느끼지만, 자기 자신만 아끼는 이기적인 사람들을 보면 95%가 불행할 것이라는 첫인상을 느낀다고 한다. 이는 다른 사람들의 눈에 이기적인 행동을 하는 사람은 불행할 것이고 이타적 행동을 하는 사람은 행복할 것이라는 인상을 갖게 한다는 의미이다. 이 뿐만 아니라 심리학 교수인 포스트(Post)는 이타적 감정과 행동은 행복, 건강, 수명과 깊은 정적 관계에 있다며, 주관적 행복의 수준이 높은 사람은 이타적인 행동도 많이 한다고 한다.

베풀고 나누면서 살아가는 이타행동을 좋아하는 사람들은 그렇지 않은 사람들에 비해서 장수한다는 연구결과도 있다. 독일의 막스플랑크 인구통계 연구소의 클루그(Kluge)와 포그트(Vogt)의 공동연구(미국 국립과학원회보, PNAS, 2020)에서 관대함과 수명과는 선형적인 정적 관계에 있다고 말했다. 세계 34개국을 대상으로 연구한 결과 서유럽 국가들은 대체로 이웃과 함께 나누며 살고 있으며 수명도 더 길었다. 한편 세네갈 같은 사하라 이남 아프리카의 국민은 평생 소득에서 타인과 공유하는 비율이 가장 낮았고 조기 사망률은 가장 높았다. 남아프리카 국가는 아프리카 다른 국가에 비해 경제적으로 발전했지만 소유 자원에 대한 재분배는 거의 없고 사망률은 상대적으로 더 높았다. 그러나 서유럽권의 프랑스와 일본은 노인이나 어린이들에게 많이 나누고 공유하며 사는데 사망률은 가장 낮았다. 이러한 국가의 국민들은 평생 소득의 68~69%를 다른 이웃과 함께 나누며 살고 있다. 어찌 이러한 일이 일어나는가? 사람은 혼자 살 수 없기 때문에 모두가 크고 작은 사회를 구성하면서 살아가는데 서로 무엇인가를 주고받는 행동은 행복감의 수준을 증대시키고 이것은 건강에까지 긍정적 영향을 끼치게 되는 것이다.

이런 남을 돕는 이타행동은 언제부터 교육이 가능할까? 이 문제에 응답하는 실험이 있다. 그루세크와 리들러(Grusec & Redler, 1980)는 친구들에게 필요한 연필을 나누어주고 친구가 힘들어 하는 일을 도와주는 등 이타 행동을 하도록 유도했다. 실험집단 아이들에게는 자신이 친구들을 돕는 좋은 아이라고 생각하도록 긍정적인 칭찬을 했고, 통제집단에게는 아무런 조치를 하지 않았다. 실험결과 8세 아동은 이타적인 강화에 고무되어서 친구를 돕는 이타 행동을 많이 증가시켰지만, 5세 유아에게는 그와 같은 효과가 상대적으로 적었다. 아동들의 이타행동은 8세부터 통제될 수 있음을 확인하는 실험 결과다. 이러한 이타 행동을 유도할 수 있는 방법으로 강화와 모방이 있다. 아동이 친구를 도와주는 이타 행동을 할 때마다 칭찬과 격려 등의 강화를 하면 이타행동을 증가시킬 수 있게 된다. 모방으로도 이타행동을 촉진시킬 수 있다. 에런과 휴스만(Eron & Huesmann, 1986)의 연구에 의하면 이타행동을 관찰하거나 필름을 이용해서 이타행동을 관찰한 집단은 그렇지 않은 집단보다 자신의 물건을 더 잘 나누어 주었다.

그러나 이타행동을 하기 전에 반드시 "공감"하는 능력을 먼저 배워야 한다. 주변 사람의 감정, 생각, 상황 등을 이해할 수 있는 공감능력을 높여서 타인과 관계를 갖는 고리로 연결해야 한다. 공감하기 위해서는 인지적 요소와 정서적 요소가 개입되어야 한다. 인지적 요소는 타인의 생각, 감정을 수용하고 이해를 통해 자아 중심에서 벗어나는 자기탈피 과정을 말하며, 정서적 요소는 공감적 관심, 즉 그 사람의 입장에서 생각해 보는 정서적인 관계를 의미 한다. 요즘 개인주의 가치관이 강한 청장년 세대는 특히 이러한 공감하는 능력을 익혀서 관계의 고리를 넓혀야 한다. 이타행동은 각 개개인의 행복감을 높여 줄 뿐만 아니라 행복하게 살아가면 이타행동도 증가하는 상호의존적인 관계에 있기 때문에 공감능력 향상은 메마른 사회를 기름지게 할 수 있다.

웃음은 마음의 보약

우리는 요즈음 교양, 윤리, 인격보다는 지식과 기술만이 우대받는 산업사회에 살고 있다. 누구나 더 많이 배워 출세하고, 돈 많이 벌어서 부귀영화를 이루며 잘 살려는 지식만능 사회에 살고 있다. 1597년에 영국의 철학자 베이컨(Bacon)이 "아는 것이 힘이다(Scientia Potentia Est: Knowledge is Power)"라고 외친 후부터 서양은 정신보다 물질의 속성을 알려고 했고, 그 결과 과학 만능과 물질 제일주의 세상을 열어 놓았다. 그렇지만 나는 공자가 말한 것처럼 아는 것보다 좋아하는 것, 좋아하는 것보다는 즐기면서 살아가는 생활을 더 중요하게 생각한다. 논어의 옹야(雍也) 편에 "아는 자는 좋아하는 자만 못하고, 좋아하는 자는 즐기는 자만 못하다(知之者不如好之者。好之者不如樂之者)"라는 말이 나온다. 우리들은 살아가면서 아는 것보다는 좋아하는 것, 좋아하는 것보다 즐길 줄 아는 생활을 하는 것이 행복한 삶의 길이라는 것을 알아야 한다. 좋아하고 즐기면서 생활하면 자연스럽게 많이 웃게 되고, 그 생활 자체가 행복한 삶이 된다.

웃음에 대한 최초의 기록은 잠언 17장에 기록된 "마음의 즐거움은 좋은 약이다"라는 말일 것이다. 그리고 철학자 히포크라테스가 "건강이라는 것은 몸과 마음이 균형을 이룬 상태"라고 정의를 하면서, 심신의 건강을 위해서 반드시 웃음이 필요하다고 했다. 즉 몸이 아프면 마음까지 함께 치료해야 하는데, 웃음이 몸과 마음을 함께 치유하는 최고의 방법이라고 했다. 고대 의사인 밀레투스의 "인간의 특성"이란 의학서에 보면 웃음의 어원은 "건강(Health)"을 의미하는 헬레(Hele)에서 왔다고 한다. 고대에도 웃음이 몸과 마음의 중요한 건강 방법임을 알고 있었다는 말이다. 고대 그리스 시대에 원형 경기장인 공연장 근처에 병원이 위치했었다는 사실은 아픈 환자들이 즐겁게 웃도록 배려했던 웃음치료의 목적이 있었다. 하버드대학의 심리학자 제임스(James)는 "우리는 행복하기 때문에 웃는 것이 아니고, 웃기 때문에 행복하다"고 주장했던 것처럼 웃음이 건강과 행복한 삶을 위한 명약임을 강조하고 있다.

웃음을 체계적이고 과학적인 방법으로 연구한 최초의 사건은 토요리뷰(Saturday Review) 편집장이던 커슨즈(Cousins)가 "질병의 해부"라는 책을 출판한 1970년대부터 시작된다. 그는 편집장으로 근무했던 1964년에 생존률이 겨우 500:1로 6개월 시한부 난치병인 강직성 척추염으로 사경을 헤매고 있었다. 그 때 몬트리올대학의 셀리(Hans Selye) 교수가 집필한 "삶의 스트레스"라는 책을 통해 모든 병은 곧 마음에서 온다는 사실을 깨닫게 되었고, 마음의 즐거움은 몸에 좋은 약이 될 수 있다고 생각했다. 그런 후 바로 병원에서 퇴원하여 거처할 곳을 호텔로 옮겨서 웃음치료 방법을 시작하기 위해 자기 방에다 몰래 영사기를 설치하여 코미디 관련 영상을 보며 웃음으로 치료를 시작했다. 10분 웃으면

2시간 동안 통증을 느끼지 못한다는 사실을 몸소 체험하면서 그는 계속해서 웃음치료를 했고 그 결과 점차 회복되어 500:1의 생존률을 극복했다.

1960년대 후반에 스텐포드 의과대 프라이(Fry)가 웃음의 생리적인 효능을 연구하면서 우리의 몸은 웃음에 의해 자극 받는다는 사실을 밝혀냈다. 그의 "치료제로서의 웃음"에서 억지로 15초 동안만 강력하게 웃어도 3분 동안 아주 강력하게 노를 젓는 운동을 한 것과 같은 효과를 본다고 했다. 조선시대 어의였던 허준이 1610년 경에 저술한 동의보감 내경(內景)에도 "심자일신지주(心者一身之主)", 즉 마음이 육체의 주인이란 말이 나온다. 우리의 선조들도 허준 선생처럼 옛부터 건강을 위해 육체보다 마음이 더 중요함을 강조했다.

웃음은 신체에도 긍정적인 영향을 끼쳐서 1,000억 개의 뇌 세포를 골고루 자극해 주는 오케스트라 같은 역할을 하며, 한 번 웃는 효과는 윗몸 일으키기 25회와 같은 효과가 있다고 한다. 웃음은 코티졸, 에피네프린, 도파민 등과 같은 스트레스 호르몬 수준을 경감시켜 주고, 건강 강화의 효과가 있는 엔돌핀 호르몬 수준을 높여 주고, 항체 생산세포를 강화시키며, 세포면역 기능의 주된 역할을 담당하는 T세포의 효능성을 강화시키며, 혈압을 조절하는 긍정적인 영향이 있다는 연구 결과가 보고되고 있다. 뿐만 아니라 웃음은 정서적인 긴장을 감소시키는 데에도 큰 영향을 미친다. 지친 뇌를 쉬게 하면서 스트레스, 죄의식, 분노와 같은 부정적 정서를 완화시켜 주는 효과도 있다. 그 이외에도 타인과의 관계에서 긍정적인 영향을 미쳐서 잘 웃는 사람이 대인관계에서 더 좋은 효과가 있는 것으로 알려져 있다.

젊고 건강한 사람이더라도 하루에 3,000~5,000개 정도의 암세포를 포함해 여러 종류의 바이러스가 우리 몸에 침투하는데, 이 나쁜 바이러스를 퇴치하는 것이 림프구의 일종인 "NK 세포"다. NK 세포는 우리 몸에 50억 개 정도가 활발히 활동을 하면서 암세포와 바이러스를 제거하는 역할을 한다. 그런데 우리가 웃으면 이런 NK 세포가 활성화 되면서 암세포나 각종 바이러스를 훨씬 더 강력하게 공격하여 우리 몸의 면역력을 강화시켜 준다. 웃음의 효과는 면역력뿐만 아니라 뇌 기능도 활성화시켜 준다. 학습 자료를 기억하는 해마(海馬)도 활성화 시키므로 기억의 효과를 더욱 향상시킨다. 이 외에도 웃으면 엔돌핀이라는 호르몬이 뇌에서 분비되어 행복감을 높여 주는데, 이 호르몬은 모르핀보다 몇 배 더 높은 진정 작용이 있어서 통증도 격감시킨다.

우리 민족은 웃음이 많았던 민족으로서 계층을 막론하고 해학, 풍자, 유머가 널리 퍼져 있었다. 1,500년 전 신라시대 왕과 귀족의 무덤에서 출토된 토우 등에서 당시 신라인들의 웃음문화를 엿볼 수가 있다. 불상 서산마애삼존불(瑞山磨崖三尊佛), 통일신라시대의 얼굴모양의 수막새는 당시의 웃음 문화를 잘 보여주고 있는 사례다. 석굴암본존불(石窟庵本尊佛), 삼화령미륵삼존불(三花嶺彌勒三尊佛), 그리고 미륵반가상(彌勒半跏像)도 당시 웃음문화를 잘 표현하고 있다. 조선시대에도 새의 깃털을 이용해 환자의 몸에 간지럼을 태워서 웃음까지 유발시켰다는 기록도 있고, 임금에게는 웃음 전담 내시도 두었다는 기록이 전해오고 있다.

그러나 조선 시대에 유학이 본격적으로 성행하면서 웃음문화가 시들기 시작했다. 유교 교리에 마음을 진지하게 지켜야 성현의 도를 실행할 수 있다며 웃음이라는 의미를 적극적으로 평가하지 않았다. 마음을 사단칠정(四端七情)으로 나누어 연구하면서 기쁨과 즐거움과 같은 마음은 악하기 쉬운 칠정에 속한다고 보았기 때문이다. 모름지기 군자는 자세를 엄정히 취하고 우스개 따위와는 멀리하라고 경계하였다. 이제 현대 산업화 시대에 들어서 웃음은 우리의 곁을 떠나버렸다. 성인 남녀의 웃음 회수를 보면 여자는 3회를 웃고, 남자는 0.1회를 웃는다고 한다. 세계의 평균 웃음 회수를 보면 여자는 8회이고, 남자는 5회인 것과 비교하면 우리는 지금 웃음을 잃어버린 시대에 살고 있다. 어린 아이들은 하루 평균 400회 이상 웃는다고 하는데, 그 많은 웃음이 도대체 어디로 갔는지 모르겠다.

어느 팔순 노인이 자신의 인생을 되돌아보니 잠을 자는 데 26년, 일하는 데 21년, 밥 먹는 데 6년, 사람 기다리는 데 6년을 보내고, 정작 웃는 데는 고작 22시간 3분뿐이었다고 했다. 우리는 웃음에 너무나 인색한 삶을 살아왔다. 우리 얼굴에는 80여 개의 근육이 있는데, 그 중에 14개의 근육만 움직이면 웃을 수 있다. 찡그리고 인상을 쓰기 위해서 무려 72개의 얼굴 근육을 써야 하는데, 이는 웃을 때에 쓰는 근육보다도 무려 4배나 더 많은 것이다. 웃음을 짓는 것이 찡그리는 것보다 훨씬 더 쉽고 경제적인데 말이다.

느린 생활로 행복 찾기

영국 GWR(Great Western Railway)가 1838년에 런던에서 브리스톨까지 달리는 세계 최초의 최신식 증기기관차 개통식을 준비하고 있었다. 시속 70km 속도로 출발하자 기자는 무리하게 빠른 속도에 공포심을 느꼈고 의사는 너무 빠르게 움직이게 되면 질식사 가능성이 있다며 기차를 타지 말라고 했다. "돌다리도 두들겨 보고 건너라"는 말처럼 우리의 전통도 굼벵이와 차이가 없을 만큼 행동이 느리고 침착했다. 허드렛물을 마당에 버릴 때도 "훠어이~"하며 소리를 내면서 벌레에게 피할 기회를 주었다. 농부들은 봄에 씨앗을 뿌릴 때 하늘(새)과 땅(벌레)을 위해 한 개씩 뿌렸으며, 나머지 한 개만 나를 위해 뿌렸다고 한다.

펄 벅(Buck)이 처음 한국을 방문한 1960년의 일화가 있다. 해가 질 무렵 달구지에 볏단을 가득 싣고 자신의 지게에도 한 짐의 볏단을 지고 가는 농부를 보고서, 펄 벅 여사가 농부에게 "어째서 소달구지에 타지 않고 지게에 짐까지 지고서 힘들게 걸어갑니까?"고 물었다. 이에 농부는 "에이! 어떻게 타고 갑니까? 저도 하루 종일 일을 했지만 소도 역시 하루 종일 일을 했어요. 그러니 당연히 짐도 나누어서 지고 가야지요."

라고 대답 했다고 한다. 늦가을 아직 감나무에 감이 달려있는 것을 보고 "감을 따기가 힘들어 그냥 남겨 놓았나요?"고 물었더니, 농부는 "까치 밥"으로 겨울에 까치가 먹으라고 남겨 놓았던 까치 식량이라는 말에 여사는 무척 감동했다고 한다. 정월 대보름날 이른 아침에 부스럼을 예방하고 이를 튼튼하게 하기 위하여 견과류를 깨서 먹는 풍습이 있는데, 첫 번째 견과류는 반드시 먹지 않고 짐승이나 새가 먹도록 창밖이나 지붕 위로 던져야 했다. 기르는 소를 내 몸처럼 사랑하는 마음, 가을 감을 따면서도 까치밥을 남겨 두는 마음, 굶주린 짐승에게 먹이를 던져주는 여유롭고 배려 깊은 마음을 실천하며 살았던 것이 바로 우리의 참 모습이었다. 김치, 고추장, 된장, 간장은 모두 느림으로 만든 세계 최고 맛을 자랑하는 한국의 전통 발효 식품이다.

우리의 선조들은 침착하고도 여유롭게 살아온 전통 문화가 있다. 토지세 제도를 개선하기 위해 세종대왕이 1430년 세종 12년 3월에 개정안을 만들어서 착수한지 14년 만인 1444년인 세종 26년에 전국적인 실행에 옮길 수 있었다. 의견을 조사도 하고, 국민투표도 하고, 토론도 하고, 지역별로 시범도 하고, 수정도 하고, 철저한 조정의 회의를 거쳐 드디어 토지세를 "전분(田分) 6등급"과 "연분(年分) 9등급"으로 최종 확정할 수 있었다. 전분 6등급은 토지의 비옥도를 6등급으로 나누어서 토지세를 차등하게 부과하기 위함이고, 연분 9등급은 날씨의 풍흉(豊凶)에 따라서 상상(上上)에서 하하(下下)까지 9등급으로 나누어 그 해 등급에 따라 토지 1결(结)에 걷는 세금을 정했다. 토지 1결(结) 당 최고 20두(斗: 말)에서 가장 낮은 4두(斗)까지 차등으로 적용했다. 이러한 침착하고 오랜 시간을 거치며 결정한 토지세 규정은 그래서 그 후 450년간 과세 원칙으로 변함없이 활용할 수 있었다.

마음이 빠르면 몸도 빠르게 준비해야 한다. 심장에서 혈액 공급이 빨라지게 되고 산소도 더 많이 필요해서 호흡 속도도 더 빨라지게 된다. 자동차가 빨리 가기 위해서 가속페달을 밟는 것과 같다. 항상 과속으로 달리다 보면 자동차의 수명이 짧아진다. 자동차의 부속품은 교체하면 되지만 사람의 부품(장기)은 쉽게 교체하기 어렵다. 그래서 빠른 마음으로 살아가게 되면 몸에 이상이 생길 수밖에 없다.

이러한 현상들을 스트레스와 질병의 상관관계로 설명한다. 1960년 경에 미국의 심장 관련 전문의였던 프리드만과 로젠만(Friedman & Rosenman)이 급한 성격을 A유형성격(Type-A Behavior Pattern, TABP)이라 부르고, 침착하고 느린 성격을 B유형 성격(Type-B Behavior Pattern)이라 부르면서 성격을 크게 두 가지 유형으로 분류했다. 그리고 관상동맥성 심장질환은 A유형 성격과 밀접한 정적 관계가 있음을 밝혀냈다. A유형 성격은 항상 시간적으로 조급해 하고, 경쟁적 의식이 강하고, 매사를 철두철미하게 대비하는 특성을 보인다. 이런 성격특성을 가진 사람이 스트레스에서 신속하게 벗어나지 못하고 계속 가슴에 품게 되면 마침내 각종 질병에 걸리게 된다. 우리 집안에 누구든지 인자위덕(忍者爲德)이란 글 하나 정도는 소장하고 있을 것이다. 어떤 상황에서도 인내하라는 유교문화의 그릇된 교훈이다. 참는 사람들에게는 질병만 찾아온다는 인자위병(忍者爲病)으로 바꿔서 읽어야 한다.

미국은 물질문명을 중시하는 문화로 변해서 A형성격 소유자가 50%

를 넘어섰고, 남성 관리자 중에서는 70%를 넘는다고 한다. 사회가 점차 급해지면서 A형화 되고 있는데 우리 사회도 그럴 것이라고 예측된다. A형 성격을 가진 사람이 사회적 역할에서 보다 민첩하게 대처할 것으로 예측되므로 책임 있는 지위에는 대부분 A형인 사람들이 차지할 것으로 예측하기 때문이다. 그런데 이렇게 왕성한 활동 끝에 나타나는 불안과 우울과 같은 심리적 불평을 호소하지 않는 것은 이해할 수가 없다. 이들은 오히려 절박한 시간적 압박과 도전의식을 즐기며 이런 것들은 현대생활에서 필수적 요소라며 가볍게 이를 수용해버리는 경향이 있다.

문제는 이런 성격이 사회적 성공을 위해 필요한 필수적인 요인인가 하는 것이다. 그런데 이 문제에 대한 논의도 아직은 두 가지 가설이 서로 팽팽히 대립하고 있다. 한 가설은 메트린(Mettlin) 등이 주장하는 "양의 가설"로 A형과 직업 수준과는 분명한 정적인 관계가 있다고 말한다. A형인 사람들이 보다 열심히 일하기 때문에 직업적 성공의 기회가 더 많다는 주장이다. 이에 비해 프리드만과 로젠만 등은 "질의 가설"을 주장하며, A형성격은 직업 성취에 필요한 창의성과 예리한 판단력에 오히려 방해 요인이 된다고 말한다. 그들이 직업적으로 성공하는 것은 일을 더 잘해서가 아니라 더 많이 하기 때문이라고 반박한다. 어떤 연구에서도 높은 직업 신분이 유일하게 A형 성격이라는 증거는 밝혀지지 않았다. 캐나다의 대기업에서 승진했던 중견 관리자 중에 1/3은 여전히 B형 성격자로 분류되고 있기 때문이다. 만일 똑 같은 결과를 얻기 위해 A형이 더 많은 힘과 정열을 쏟는다면 A형은 풍부한 에너지 공급

원을 가지면서 에너지를 낭비하는 부유한 산유국과 같다고 할 수 있다. 설령 일을 더 많이 하기 때문에 사회적 성공을 하는 것이라는 양적가설에 동의한다고 하더라도 사회적 성공의 대가를 질병과 바꾸는 셈이 되는 것이다. 분명한 것은 A형 성격이 아니라도 사회에서 얼마든지 성공할 수가 있다면 질병에 걸릴 위험을 감수하며 살아가야 할 필요가 있는지 깊이 생각해 볼 일이다.

백인 탐험가들이 원주민을 앞세워서 밀림 깊숙한 곳까지 전진했는데, 사흘을 재촉하며 걷고 또 걸으니 원주민들이 갑자기 멈추고 더 이상 가지 않았다고 한다. "우리가 너무나 빨리 왔으니 우리의 영혼이 따라올 수 있도록 기다려야 한다"는 것이 걸음을 멈춘 이유였다고 한다. 미국의 인디언들도 말을 타고 달리다 가끔씩 멈추어서 영혼이 따라 올 시간을 주려고 뒤를 돌아보곤 했다고 한다. 지금 우리들의 마음도 숲속을 재촉하는 탐험가들의 마음과 다를 바 없어서 잠시 뒤를 돌아 볼 시간도 아까워 계속 앞으로 전진만 하고 있다. 영혼 따위를 한가롭게 기다릴 여유가 없다는 뜻이다.

명상 전문가 이스워렌(Easwaran)은 우리들은 지금 속도만 고집하는 "속도 광증"을 양산하는 시대에 살고 있다며 이러한 "속도 광증"은 전염병과 같아서 많은 사람에게 전염을 시키고 있다고 걱정한다. 이제 나를 조용히 살펴보면 지금도 잘 작동되는 내 마음의 제동장치가 있음을 알게 된다. 하지만 나의 마음은 너무 오랜 동안 가속 페달만 밟아서 내 마음 속 제동장치가 있는 것을 잊었다. 가속 페달만 밟을 줄 아는 속도광 환자가 된 것이다. 나를 앞선 저들을 빨리 제쳐야 하기 때문에 내 마음은 벌써 저만치 달려가고 있다. 내 마음은 욕망만 앞세워 전진하는 질주 본능만 연습시킨 잘못 길들인 경주마 같다. 나의 마음은 결승선만을 바라보고 달리고 달릴 뿐이다. 오직 우승과 순위만 생각하고 마지막 승리를 위하여 죽어라 하고 목숨을 걸고 달리고 있다.

종교를 통한 행복 찾기

세계의 인구(2022)는 대략 79억 5,400만 명 정도다. 이 중에 88.7%인 70억 5,000만 명이 종교를 가지고 있다. 기독교가 36.2%로 가장 많고, 이슬람교가 28%, 힌두교가 15%, 불교가 8%를 차지하고 있다. 미국의 퓨리서치센터(Pew Research Center)가 2010년에서 2050년까지의 종교인구 변화 추이를 발표한 "세계 종교의 미래"라는 보고서에 의하면 2010년 현재 종교인이 84%, 무종교 16%로 종교인이 월등히 많다. 그리고 2050년이 되면 종교인이 87%, 무종교가 13%로 종교 인구가 조금 더 증가한다고 예측하고 있다. 그런데 종교별로 본다면 이슬람교의 약진이 두드러지고 기독교인의 감소가 예상된다는 특이점이 발견된다. 2010년을 기준으로 기독교가 22억 명으로 31%, 이슬람이 16억 명으로 23%를 차지하고 있다. 그런데 2050년이 되면 기독교가 29억 명으로 여전히 31%를, 이슬람이 28억 명으로 30%를 점유하며 이슬람교가 크게 증가할 것으로 예상한다. 2010년 합계 출산율이 기독교가 2.7명이고, 이슬람이 0.4명이 더 많은 3.1명이라는 것이 가장 큰 요인이다. 그래서 2050년 이후에는 이슬람이 세계 종교계의 다수로 등장할 것으로 예측한다.

우리나라는 갤럽이 조사한 통계(2021)에 의하면 종교가 있는 경우가 40%이고, 종교가 없는 무종교인이 60%라 한다. 종교가 있는 종교인 중 개신교 17%, 불교 16%, 천주교 6%로 분포되어 있다. 특히 개신교와 천주교는 모든 연령층에 고루 분포되어 있으며 특히 호남지역에서 강세를 보이고 있다. 불교는 고령층에 집중되어 있으며 영남지역에서 강세를 보이고 있다. 종교인들 중에는 남성보다는 여성이 많고, 젊은 연령층보다는 고연령층으로 갈수록 많아서 젊은 남성층에는 별로 환영받지 못하고 있는데, 이와 같은 경향은 해가 갈수록 더욱 두드러진다. 20대의 경우 종교인의 비율이 2004년 45%, 2014년 31%, 2021년 22%로 격감하고 있다. 30대의 경우도 2004년 40%, 2014년 38%, 2021년 30%로 점차 감소하는 추세에 있다. 이와 같은 현상이 나타나는 것이 종교가 신도의 종교관을 잘못 이해하는 것에 기인하는 것인지, 또는 신도가 종교를 잘못 이해해 발생하는 것인지 양측 모두 깊이 반성할 필요가 있다. 비종교인이 보는 종교별 호감도를 보면 불교가 20%, 천주교가 13%, 기독교가 6%로 가장 낮다.

사람들이 왜 종교를 가지려 하는가? 마음의 안정과 행복을 찾고 가능하면 영생까지 구할 수 있는 길을 찾으려는 목적이 가장 클 것인데, 종교 이외에는 어떠한 학문도 이러한 구원의 문제를 해결할 수가 없다고 생각하기 때문이다. 그래서 이런 문제를 종교적 신앙의 힘으로 해답을 찾으려고 한다. 그렇기 때문에 종교를 가리켜서 "으뜸가는(宗) 가르침(教)"이라고 한다.

미국의 종교심리학자인 제임스(Willam James)는 사람이 종교에 몰입하게 되는 요인을 건강형(Healthy Minded)과 병적형(Sicked Minded) 등 두 가지 형태로 나누어 설명한다. 건강형은 친구나 부모를 따라 종교계에 입문하는 것과 같이 특별한 문제의식도 없으면서 자연스럽게 종교계에 귀의하는 형태다. 그렇기 때문에 종교란 삶의 전부가 아니라 일부분에 해당한다. 반면 병적형은 출생 후 죽을 수밖에 없는 유한성에 문제의식을 느끼게 되고 이를 해결하기 위해 귀의하게 된다. 그래서 그들의 생사의 문제는 삶의 일부분이 아니라 전부를 차지하기 때문에 이런 문제를 해결하지 않고는 삶의 의미가 없다고 생각한다. 이런 유형에 따르면 인류의 역사상 위대한 종교는 대부분 병적형에 속한다.

불교는 석가가 왕자로 태어나서 화려한 삶을 살다가 성문 밖에 늙고 병들고 죽은 사람과 마주한다. 그리고 엄연한 생로병사라는 현실에서 극심한 고통을 느낀다. 그리고 마침내 보리수나무 아래에서 깨달음을 얻고 이 문제에 대한 답을 얻는다. 이렇게 석가모니 붓다처럼 자기 생사의 문제를 스스로의 힘으로 해결하는 것을 자력(自力) 신앙이라고 부른다. 그러므로 불교는 기본적으로는 어느 누구의 힘에도 의존하지 않는 자력신앙 구조를 가지고 있다. 인간은 본래부터 생사의 문제를 스스로의 힘으로 혼자 해결할 능력을 갖추고 있는 것으로 보는 것이 불교의 기본 개념이다.

이와 달리 기독교에 의하면 인간은 스스로 생사의 문제를 해결할 수 없다고 본다. 지음을 받은 신의 피조물이기 때문에 생사 문제를 해결하는 주체는 인간이 될 수 없고 신(神)만이 해결할 수 있다고 믿는다.

이런 신(神)의 절대적인 힘에 의해서 생사 문제를 해결하는 구조를 타력(他力) 신앙이라고 부른다. 해결방법이 자력이든 타력이든 인간은 누구든지 나고 죽는 유한한 문제를 해결하고 싶어 하는 강한 종교적 욕구를 갖게 된다. 전통적 타력 신앙에서는 종교적인 욕구를 충족시키고 영생까지 얻는 것을 "구원"이라 한다. 반면에 스스로의 힘으로 이런 문제를 해결하려는 전통 불교에서는 "깨달음, 열반 혹은 해탈"이라고 부른다.

결국 행복한 마음의 안정을 찾고 생사의 문제에 대한 답을 얻는 과정에서 불교의 불공은 스스로 자력을 바탕으로 하고, 기독교의 기도는 절대자 신의 타력에 호소한다는 차이가 있다. "기도"는 마음으로 바라는 바가 이루어지기를 하느님(북한식 표준어로는 하나님)께 간절히 비는 일이나 의식이다. 성도와 하느님의 교제 혹은 대화, 인간 영혼이 진정으로 생명을 얻는 영혼의 호흡이며 영혼 전체로 드리는 예배(시 119:164)이다. 영(靈)이신 하느님은 기도를 통해서 인간이 당신을 가까이 하려 하며 당신과 대화하며 당신을 알고, 당신의 뜻을 좇아 살기를 원한다(빌 4:6; 살전 5:18; 요일 1:9)는 절실한 의식이다. 이러한 성경구절로 보아 기도는 철저하게 하느님 중심으로 이루어지는 거룩한 행동이고, 하느님 뜻을 받들어 섬기는 것이고, 언제든 하느님 은혜와 긍휼하심에 힘을 입지 않고는 바른 기도를 드릴 수가 없음을 알 수 있다.

하늘은 스스로 돕는 자들을 돕지 않으며, 오로지 하늘의 뜻대로 인간을 바꾸어 낸다. 하늘은 절대로 인간에게 다스려지고 조종되는 존재가 아니다. 오직 하늘이 인간을 다스리는 것이지 인간이 하늘을 조종할 수는 없다. 하느님은 절대로 성도가 드리는 기도의 양이나 자세나 끈기를 고려해 기도에 대한 응답을 결정하지 않는다. 하느님은 성도의 기도를 당신 뜻에 따라 바꾸어 내는 분이다. 하느님께 귀찮을 정도로 강청 기도를 드린다고 하느님께서 보좌가 흔들려 마침내 기도에 응답하신다는 그러한 믿음은 하느님을 기껏 사소한 소원을 들어 주는 값싼 "해결사"거나 착한 "상담사"로 전락시키려는 불경스러운 해석이 될 수 있다.

한편 불교에서 불공은 거룩하시고 존귀하신 부처님께 정성을 다해 촛불, 향, 꽃, 차, 과일의 공양을 올리는 의식 행위다. 진리이신 부처님을 믿고 따르며, 크시고 높으신 공덕을 찬양하고, 맑고, 기쁜 정갈한 마음으로 부처님 가르침을 배우고 실천함으로써 부처님과 같이 참다운 이치를 깨닫기를 다짐하는 의식이다. 끝도 없이 거룩하신 부처님과 보살님께 내가 바라는 것이 잘 이루어지기를 간절하게 비는 믿음이며, 참되고 올바른 마음으로 성실하게 살겠다고 다짐하는 부처님과의 굳은 실천의 약속이다. 우리 속담에 "지성(至诚)이면 감천(感天)이다"라고 하는 말처럼 정성이 지극하다면 하늘도 감동한다는 뜻으로 무슨 일이든 정성을 다 하면 세상에 해내지 못할 일이 없다는 뜻을 의미한다. 가난한 앉은뱅이 지성이와 앞을 못 보는 장님인 감천이와의 참 우정에 하늘이 감동한다는 설화에서 유래한 속담이다.

기독교나 불교나 종교적인 힘을 빌려서 자신들의 소원을 바라는 점에서는 같다고 할 수 있지만, 기도와 불공은 서로가 응답하는 방식에서 상당히 다르다. 기독교에서는 기도의 질이나 양에 따라서 응답이 결정되지 않는다. 오히려 전지전능하신 하느님의 절대적인 처분만을 기다려야 한다. 즉 기도에 대한 응답 여부는 소원을 기원하는 기도자 중심이라기보다 냉엄한 판사나 엄격한 아버지와 같이 엄격하면서도 객관적인 하느님 중심으로 결정이 된다. 그러나 불교에서는 치성을 올리려는 신도의 정성에 마지못해 응해 주는 마음이 여리고 부드러운 어머니의 인상과 같이 기도자 중심이 강한 편이다. 기독교가 타율적 경향이 엄한 아버지의 이미지라면, 불교는 자율적인 경향이 강한 착한 어머니라는 이미지이다. 그래서 기독교는 서양적 이미지가 강한 편이고 불교는 동양적 이미지가 강한 편이다. 그럼에도 불구하고 기독교의 기도나 불교의 불공의 의미를 사회과학적인 의미로 해석하면 철저히 자기를 관리하고 통제하기 위한 "자기최면" 효과를 노리는 점에서는 유사하다고 하겠다.

종교적 이미지가 서양식이건 동양식이건 신앙이 자기 자녀(신도)가 원하는 것들을 부모(절대자)가 무조건 모두 다 해결해 주기를 떼를 쓰는 버릇없는 부모의존 마마보이가 되어서는 안 된다. 자식 스스로가 열심히 목표를 이루려는 구체적인 접근활동을 왕성하게 펼치는 주체자 역할을 하도록 부모는 오로지 자식이 잘못된 나쁜 길로 가지 않도록 정신적으로나 도와주는 지원자나 협력자의 역할로서 끝내야 한다고 생각해야 한다. 종교 활동 자체를 몸과 마음의 수양과 수련의 장으로 여기고 따듯한 마음의 협력자나 또는 상담자로 가까이 하고자 하는 종교관을 가져야 한다.

어떠한 종교이던 종교생활을 하는 사람이 종교를 갖지 않은 사람보다도 행복하고 건강하며 정신적인 외상에서도 훨씬 더 잘 회복될 수 있을 것이다. 특히 여성과 나이가 많을수록 행복감을 더 많이 느끼는 경향이 있다. 그러나 대부분의 연구는 종교가 행복에 미치는 영향은 그리 크지 않다고 한다. 삶의 만족도에는 겨우 5~7%, 정서적 안녕에는 2~3% 정도만 영향을 미칠 수 있다고 한다. 종교가 행복과 건강을 위해서 긍정적인 영향을 주지만 그 상관관계가 이렇게 낮은 이유가 무엇일까? 종교인이 생각하는 종교 활동의 목적에 따라 크게 달라질 것으로 예측된다. 종교를 통해 실존적인 의미를 얻으려는 내현적인 종교심보다 사회적인 관계와 같은 보상을 얻으려는 외현적인 종교심으로 활동한다면 행복과의 관계는 그리 크지 않을 것이다. 종교를 통해 개인적 부귀를 기원하는 기복신앙과 같은 외현적 활동보다는 생로병사와 영생의 문제와 같은 내재적인 문제를 고민하고 해결하고자 하는 내현적 활동이 행복과 더 큰 상관이 있을 것이다. 신(神)은 개인의 부귀나 들어주거나 올리는 돈 몇 푼 보고 넘어가는 하찮은 존재가 아니다. 종교라는 말이 라틴어 "모두를 묶어주는"이라는 "religia"에서 온 "religion"이기 때문에 종교 활동을 통해 많은 사회적인 관계 망을 확장하려는 외현적 종교심보다는 개인적인 심리적 안녕과 행복의 목적을 추구하기 위해서 나의 심리적 현상들을 긍정적으로 하나로 묶으려는 내현적 종교심이 발현되어야 더 큰 안녕과 행복을 바랄 수 있을 것이다.

생존욕구를 넘어 관계욕구로

인류는 살아오면서 생존에 필요한 식량을 확보하기 위해 수많은 전쟁을 일으키며 이웃 영토를 침범하며 발전했다. 그 후 무기와 교통이 발전하면서 전쟁 지역을 넓혀갔다. 중국이 유교사상을 이유로 세계로의 항해를 끝내고, 유럽이 바다를 항해할 배를 건조하면서 바다 넘어 신대륙을 탐험하게 된다. 당시에는 대륙을 통한 교역은 오스만의 관할 지역을 이용해야 했는데, 높은 통행료와 세금의 문제로 유럽 국가들은 바다로 눈을 돌려야 했기 때문이다.

항해의 첫 주자인 스페인은 인도와 인도네시아 지역으로 진출하여 후추와 같은 향신료 무역을 독점하게 된다. 후추는 음식을 고급으로 만들 수 있는 기호식품으로 고기류와 생선의 냄새까지도 제거하는 향신료이기 때문에 권력과 부의 상징이었다. 특히 후추는 살균제와 방부제로도 활용되기 때문에 인도 왕복 항해 비용의 60배의 이득이 생겨 열강들의 각축장이 되었다. 그들은 남미 아즈텍(Aztec) 문명과 안데스 잉카(Inca) 문명까지도 차례로 괴멸시키면서 엄청난 금과 은을 손에 넣었다.

17세기 들어서 네덜란드가 조직력과 선박 대형화를 이루며 포르투갈과 스페인의 해상권을 이어 받고, 세계에서 처음으로 다국적 기업인 "동인도 회사"를 설립해 무역에 직접 참여한다. "하멜 표류기"의 주인공 하멜은 바로 이 회사 직원이었다. 유럽 역사를 바꾼 물자들은 대부분 중양(中洋: 지중해-중동)지역과 동양에서 건너갔는데, 향신료, 금, 설탕, 커피, 차 등의 무역이 식민개척과 침탈의 방식으로 전환되며 비극사가 연출되었다. 커피는 에티오피아 "카파"라는 지역에서 "힘"을 뜻하는 음료로 17세기 후반에 오스만 제국을 통해서 전파되었으며, 홍차는 1,600년경 네덜란드의 다국적 기업인 동인도회사에서 유럽으로 들어가기 시작했다. 중국과의 홍차 무역은 18세기부터 영국의 동인도회사가 매년 4,000톤을 독점했다. 미국이 홍차를 마시지 않고 커피를 마시게 되는 재미있는 야사가 있다. 영국의 동인도회사 선박 3척이 홍차를 가득 싣고 미국의 보스턴 항에 들어오자 인디언으로 변장한 청년들이 일으킨 "보스톤 차 사건"으로 영국과 미국 간의 독립전쟁이 일어나게 되었으며, 이때부터 미국인들은 홍차 대신 커피를 수입해 마시기 시작했다.

벨기에는 레오폴드(Leopold) 2세 국왕이 1865년에 콩고를 사유화하여 노동력을 착취하고 고무, 상아, 카카오 등 자원을 착취하여 엄청난 부를 이루어 냈다. 아마도 콩고 지역에서 재배하는 카카오가 없었다면 벨기에의 초콜릿 산업은 없었을 것이다. 벨기에는 1891년부터 자전거의 바퀴가 나무에서 고무로 대체되면서 고무 수요가 폭증하는 행운도 얻는다. 콩고는 전세계의 고무 생산량의 45% 이상을 생산하고 있었지만, 생산을 더 늘리기 위해 할당량을 늘리고, 이를 채우지 못하면 농부들의 팔을 자르는 만행도 서슴지 않았다. 1900년 초까지 이렇게 사망한 사람이 1,000만 명으로 추산되는데, 벨기에 정부도 콩고 인구의 약 15%가 이렇게 죽었다고 공식 발표할 정도였다. 어떤 연구에 의하면 콩고 인구 4,000만 명 중에서 75%인 3,000만 명이 이렇게 죽었다고 예측하기도 한다.

영국은 중국으로부터 홍차를 수입하고 홍차 대금을 은으로 지불하였는데 중국의 청은 은을 유통하지 않았다. 이에 영국이 은의 부족을 충당할 목적으로 인도 지역에서 재배한 아편을 중국에 판매하려 했고, 이에 중국의 청 황제가 아편을 금지하자, 영국은 은 부족으로 자국 국내 경제가 어렵게 되었고, 영국은 더 이상 인내를 못하고 1840년 아편전쟁을 일으켰다. 아편전쟁에서 영국군이 싱겁게 승리로 끝내자 유럽은 무력한 청의 실제 모습을 보면서 그간 두려워했던 동양지역에 급속히 진출하면서 식민지배와 침탈을 일삼게 된다.

동남아가 원산지인 설탕은 이슬람인의 교역으로 유럽까지 전해지면서 값비싼 약재이면서 귀중품으로 취급하게 되었다. 영국은 1인당 설탕 소비량이 15세기에 400~500g이었으며, 17세기에는 2kg, 18세기에는 7kg으로 급증하게 된다. 당시 포르투갈이 모로코 원정에서 사탕수수 재배법과 제당기술을 습득하고, 흑인 노예를 이용해 브라질에서 대량 생산체제를 갖추게 된다. 설탕이 막대한 이익을 창출하자 스페인이 뛰어들었고, 18세기에는 네덜란드, 프랑스, 영국이 서인도제도를 침략하고 노예를 이용해서 설탕을 대량 생산하게 된다. 뒤늦게 미국이 가세하며 막대한 부와 물자가 투입되면서 자본주의 경제가 싹트는 동력이 되기도 했다. 이와 같이 유럽대륙은 향신료, 기호식품, 맛 첨가제품을 얻기 위해 아프리카와 동양은 물론 세계 지역을 식민지로 침탈하면서 여기서 얻은 이익으로 최고의 경제적 전성기를 맞게 된다.

특히 영국은 해가 지지 않는 나라로 세계 곳곳을 침략하고 지배해 왔다. 여왕 엘리자베스 1세 이후 인도를 200여 년 간 지배하면서, 1757년에 "동인도 회사"를 설립하여, 1856년까지 100년 동안 인도의 노동력과 자원을 착취해 갔다. 이 회사는 이전보다 5배나 높은 농지세를 부과해서 주민의 2/3 이상이 자기 땅을 포기하도록 하였고, 결국 인도 농업을 몰락시켰다. 여기에 대규모 기근까지 겹쳐 어느 지역은 주민의 1/4 이상이 굶어 죽기도 했다. 영국은 인도 산업까지 완전히 붕괴시키기도 했다. 18세기 초 인도의 섬유 생산량은 세계 소비량의 25%를 점했다. 특히 다카 지역에서 생산되는 무스린(Muslin)이란 면직물은 세계 최고의 품질을 자랑했다. 영국은 이 면직물 제조를 위한 방직기를 개발하였고, 이것이 영국에서 산업혁명(1782)을 일으키는 계기가 되었다. 그러나 뱅갈의 수제품과 상대가 되지 못하자 무스린 제품에 75%의 무거운 관세를 물리고, 다카의 면직물 장인을 불러서 그들의 손가락도 잘라버렸다.

18세기 초에 인도는 세계 경제의 23% 정도를 점유했었는데, 이는 유럽의 모든 나라를 합친 것과 같은 규모였다. 그런데 영국이 인도를 착취하고 떠난 후 인도 경제는 세계경제 점유율의 겨우 3%를 조금 넘는 수준으로 급락했다. 동인도회사가 본국으로 환금한 액수가 무려

600만 파운드에 이르는데, 당시에 1파운드는 금 7.32g이니 600만 파운드는 금 43,920kg에 해당한다. 200년 동안 매년 금 215kg를 본국에 가져갔다는 계산이다. 1830년 경 미국 총 통화량이 5,900만 달러였고, 1파운드는 2.4달러 이상의 가치가 있었으니 미국의 총 통화량의 1/4에 해당하는 1,500만 달러 이상을 인도에서 착취했다는 계산이다.

미국은 설탕, 담배, 면화사업 등과 관련된 산업으로 엄청난 부를 축적하게 된다. 노동력은 값싼 아프리카 흑인을 노예로 활용하기 시작했다. 노예들은 대부분 프랑스령인 아프리카의 베냉(Benin)에서 노예무역을 통해 사람이 아닌 상품이 되어 대량 수출되었다. 16세기에는 30만 명, 17세기에는 150만 명으로 증가하면서 지난 400년 간 약 2,000만 명 이상 노예가 거래되었는데, 이 중에 10%인 200만 명 이상이 항해 도중에 목숨을 잃었다고 추산한다.

세계 제1차 대전이 발발하기 이전까지 유럽대륙과 북미는 자국의 부를 축적하기 위해서 약소국들을 무차별로 침탈하여 자원을 강탈해 갔으며, 영국의 스미스(Smith)는 10년에 걸친 노력으로 1776년에 국부론(The Wealth of Nations)을 출판해서, 물질적 부가 행복을 약속할 것이라는 믿음을 갖게 했던 결정적인 책이 되었다.

그러나 세계의 100대 부자들과 아마존 지역의 원주민의 행복 수준을 비교한 결과 별다른 차이를 발견할 수 없다는 연구결과에 대해 정통 경제학이 답을 하지 못하자 행복을 위한 다른 조건에 대해 관심을 갖기 시작했다. 그 중에서 미국 경제사학자 이스털린(Rechard Easterlin) 교수는 소득의 크기가 행복의 크기를 결정한다는 경제학의 신념에 의문을 품기 시작하면서 국민소득이 높아졌다고 해서 행복을 느끼는 비율도 함께 증가하지 않는다는 사실을 알게 되었고, 결국 "이스털린 역설(Easterlin's Paradox)"이라는 가설을 주장하게 되었다.

아무리 강력한 종교 집단이나 국가라 하더라도 이웃과 교류하지 않고 혼자서만 버티게 되면 이웃 국가의 협공으로 멸망하게 된다는 역사적 사실을 인식하게 되었고, 그러면서 행복이란 국가가 되었던 개인이 되었던 그 간의 이기주의적이고 개인주의적인 생존욕구에 집착하면서 단절하였던 관계를 다시 회복시키는 인간성 회복운동이라는 것을 깨닫게 되었다. 이러한 관계 회복운동은 북유럽 국가들로부터 시작되었고, 그 후에 유럽 대륙과 북미권이 뒤를 따르고 있다. 유럽과 북미권 국가에서는 이미 군사, 정치, 경제, 문화, 정보 등 여러 영역에서 개인주의에서 집단주의적 정책으로 단합하고 있으며, 개인들도 성탄절과 추수감사절 또는 가족의 기념일 등을 축하하는 가족 모임이나 빈번한 각종 사회활동 모임을 통해서 활발한 관계 망 활동을 확대하고 있다.

그리고 중국과 베트남 등 서방의 개인주의적 문화를 적극적으로 채택하지 않고 있는 국가들도 전통적인 집단주의와 가족주의 개념이 강해서 여러 분야에서 관계 망을 건전하게 유지하고 있다. 중국인의 가족간 관계 망은 아마도 세계에서 가장 강한 단결력을 자랑할 수 있을 것이다. 그러나 아시아 국가에서 가장 먼저 서방의 개인주의적 가치관을 수용한 일본과 한국은 지나친 개인주의적 가치관으로 정치, 경제, 문화, 교육, 산업 등 많은 영역과 가족단위에서도 끈끈했던 집단주의적인 관계 망이 붕괴되고 말았다. 해방 이후 급격하게 개인주의가 도입되면서 전통적인 가족주의 가치관이 붕괴되었기 때문이다.

여론조사 전문기관인 입소스(IPSOS)가 발표한 통계(2023)에 의하면 "도움이 필요할 때 나를 도와 줄 친구나 가족이 1명 이상이 있다"는 질문에 한국은 61%만이 있다고 응답(30위)해서 함께 논의하고 공유할 관계 망이 32개국 중에서 사실상 꼴지로 세계에서 관계 망이 가장 빈약한 국민이 되었다. 한국인의 41%는 "최근에 아주 괴로운 일을 겪었다"고 응답했고, 35%는 "혼자서는 해결할 수 없는 어려운 상황에 놓여 있다"고 실토하고 있는 것으로 보아 극단적인 개인주의로 행복한 생활을 위해서 시급하게 인간관계라는 관계 망을 회복해야 할 시점에 왔다.

이러한 관계 망의 확대 필요성은 일본과 한국 다음으로는 대부분의 남미권이 뒤를 따르고 있으며, 많은 아프리카권 국가들은 아직도 생존 욕구에 집착하면서 관계 망은 물론 경제적으로도 행복의 후진성을 면하지 못하고 있다. 인류가 이제 행복하게 살기 위한 조건이 물질이 아니고 관계의 망을 회복하고 확장해 가는 것임을 인식하기 시작했다. 이제 사회적 동물이라는 인간본성의 길을 다시 찾아가고 있는 중이다.

관계가 더욱 중요해 지는 이유

인류는 600~700만 년 전 유인원으로부터 갈라져 나온 오스트랄로피데쿠스(Australopithecus)에서 시작된다. 이 때의 뇌 무게는 400g 정도로 작았지만, 이 후 초기 100만 년 동안은 10만 년마다 4.6%씩 커졌고 호모사피엔스가 출현한 이후부터는 10만 년마다 7.6%씩 폭풍 성장하였다. 그러다가 지난 2만 년 사이에는 뇌의 크기는 오히려 줄어들고 있다.

남아프리카에서 400만 년 전에 발견된 오스트랄로피데쿠스 화석의 뇌 용량은 400g 정도로 추정되며, 이후 170만 년 전에 발굴된 최초의 직립원인(直立猿人)인 호모 에렉투스(Homo Erectus) 뇌의 용량은 1,000g 정도로 늘어난다. 그리고 13만 년 전 독일의 계곡에서 발견된 인류의 조상인 네안데르탈인(Neanderthalensis)의 뇌 용량은 1,600g까지 커진다. 이처럼 인간의 뇌는 200만 년 가까이 계속된 진화과정을 통해서 점점 커졌다. 그래서 인간 뇌의 크기는 지능과 관련된 척도가 된다는 전제하에서 여러 인종을 구분하는 기준으로도 사용하게 되었다.

이처럼 인류의 뇌 용량이 진화하면서 점차 작아지는 이유가 어떠한 원인일까? 아프리카 지역에서 살아온 초기 인류 조상은 열매, 뿌리, 과일 등 식물성 자원들이 풍부했지만 갑작스런 기후의 변화로 생활터전이 건조하게 변화하자 식물만을 의존하는 방식으로는 생존하기 어렵게 되어 더욱 다양한 먹거리를 찾아 거리가 먼 곳까지 이동하게 되었다. 처음에 이동하지 않고 살던 때보다 더 많은 에너지가 필요하게 되었고, 결국은 생존을 위해서 원래는 먹지 않던 고기도 먹을 수밖에 없게 되었다.

날카로운 발톱과 이빨을 가진 사자와 같은 동물들은 자신이 가지고 태어난 신체적 특징만으로도 살아가는데 불편하지 않아서 별도로 지적 능력을 발달시킬 필요가 없었으나, 날카로운 발톱도 털 가죽도 없는 인간이 스스로 먹거리를 구하기 위해서는 반드시 어떤 도구가 필요했다. 이런 이유로 인간은 획기적인 생존 방법을 찾게 된다. 사자, 하이에나, 독수리 같은 맹수들이 내장과 고기를 먹고 버린 뼈에서 돌을 이용해 골수를 빼먹는 방법을 찾게 되고, 이러한 돌은 점차 쓸만한 석기로 발전하게 된다. 이러한 오랜 세월을 거치면서 석기를 이용해 점차 고기를 먹게 되고 필요 양보다 더 많은 영양분을 단번에 섭취할 수 있는 기회를 갖게 되었다. 이런 도구의 발달로 필요한 에너지 이외의 잉여의 에너지를 얻게 되었다. 이러한 생활은 사바나 일부 지역에서 선택했던 전략이었고 그렇게 해서 생존하게 된 초기 인간이 우리의 조상이라고 가정한다.

400~500만 년 전의 뇌의 무게는 오늘 날의 침팬지 뇌의 무게와 비슷해 400g 정도였고, 이후 200~300만 년 후의 호모 하빌리스 때에는

750g 정도로 커졌지만, 몸은 여전히 100cm 전후로 작았다. 그리고 200만 년 전 호모 에렉투스의 뇌의 무게는 1,000g에 육박하였고 몸집도 170cm 정도로 커진다. 결국 호모 에렉투스는 150만 년 전에 불을 사용하는 능력을 터득하게 되고 건장한 체력과 뛰어난 전술로 석기를 다루어 많은 동물들을 사냥할 수 있게 되었다.

그러나 그 많은 고기를 다 먹기 위해서는 보다 나은 소화 기관을 갖추어야 할 당면 문제가 생기게 되었다. 마침내 식물을 먹는데 길 들었던 몸은 기름진 고기도 소화시킬 수 있는 "아포지방 단백질(Apolipoprotein)"을 분비하는 기능이 진화되었으며, 그래서 150만 년 전에는 이 유전자가 출현하게 된다. 마침내 호모 에렉투스는 큰 두뇌와 건장한 몸집을 하고 상당히 효율적인 소화력을 갖추면서 본격적으로 사냥을 즐기면서 육류를 먹기 시작하게 되었다. 이제 고기를 소화하는데 사용된 에너지는 상당히 절약되었고 소화기관의 크기도 줄면서 남는 에너지는 뇌의 조직을 발달시키는데 쓰이게 되었다. 이러한 결과로 석기시대에는 뇌가 1,500g 정도로 커지게 되었지만, 이 후 2만 년 전부터는 뇌의 무게가 줄기 시작해서 지금은 1,400g 정도로 100g 정도 줄어들어서 인간의 뇌는 테니스 공 하나 정도의 크기를 잃어버리는 꼴이 되었다.

이 처럼 수렵생활을 하던 석기시대까지 뇌가 커지다가 2만 년 전부터는 다시 줄어들게 된 것에 대해 또 다른 객관적인 근거를 들어 설명해야 한다. 이렇게 뇌가 줄어든 이유를 설명하는 기준으로 "기억"해야 할 자료가 대폭 감소하였기 때문이라고 설명하는 가설이 있다. 원시 수렵시대에는 사냥기술, 먹을 것과 먹을 수 없는 것을 구분하는 지식, 주변 환경과 지리에 관련된 기억, 도구를 만들고, 생활 터전을 잡는 방법에 이르기까지 모든 것 하나 하나를 개인 스스로의 머리로 해결 해야만 했다. 뿐만 아니라 이런 지식에 관한 모든 것을 완벽히 기억했다가 다음 세대에게 정확히 전달해야 했다. 이와 같은 일로 해서 뇌 용량이 클수록 생존경쟁에 유리했을 것으로 판단된다.

그러나 부족을 구성하는 단위가 커지면서 점차 사회적 조직체계가 구성되고 자료를 함께 나누어 공유하면서 생존에 필요한 자료들을 모두 기억해 두지 않아도 충분하게 생존할 수 있게 되었다. 그러므로 뇌의 용량은 점차 자연스럽게 줄게 되었다는 논리다. 보다 정확히 말하면 인간이 가족 단위라는 작은 개인적인 생활을 하다가 점차 집단적 생활로 변화하게 되었고, 이런 집단생활은 개인이 알아야 하고 기억해야 했던 정보들을 여러 사람들이 함께 공유하면서 뇌의 크기가 줄어들어도 생활하는데 특별히 위협을 받지 않게 되었다. 즉 인간은 보다 넓은 협력관계 속에 모여 살면서 스스로 "자기 가축화"하며 길들인 결과 정보를 나누어서 공유할 수 있게 되었다. 이처럼 점차 집단화가 이루어지면서 분업이 유리하다는 진리를 인식하게 되었다. 인간이 사회적 동물로 분업화 되고 사회화 되고 가축화가 되었기 때문에 현대는 개인적으로 고립상태에 빠지거나 격리되는 것을 두려워하게 된다.

이처럼 개인적인 행동보다는 집단적인 분업이 훨씬 더 효과적이라는 사실을 깨닫는 결정적인 계기가 된 것은 아마도 제1차 산업혁명 기간이었을 것이다. 1776년에 스미스가 국부론을 출판하면서 분업과 전문화가 생산성 향상에 미치는 영향력을 비교한 재미있는 고전적 실험이 있다. 옷핀 공장에서 10명이 처음부터 끝까지 모든 공정을 각자가 혼자서 만든다고 가정하면 한 사람이 하루에 20개를 만들 수 있어서 10명이 하루에 총 200개의 옷핀을 만들 수 있다. 그런데 옷핀 제조 공정을 18개 단위로 세분화하여 분업을 했더니 한 사람이 하루에 4,800개를 만들어서 10명이 하루에 총 48,000개를 만들어 낼 수 있다. 개인별 작업에 비해 분업이 무려 240배나 더 높은 생산성을 향상시킨 것이다.

이제 집단적 사회관계 망 속에서 살면서 생활에 필요한 정보를 개인별로 모든 것을 기억할 필요가 없어졌다. 즉 정보의 분업화와 전문화를 통해서 더 많은 정보를 더 빠른 시간 내에 이루어 내는 시대에서 살아가게 되었다. 뇌가 진화를 거치면서 초기 아날로그 형식으로 용량이 커지는 방향으로 발전하다가 2만 년 전부터는 디지털 형식으로 진화하는 모습을 보인 것이다. 뇌 조직의 관계 망이 기능적으로 더 복잡하게 연결되면서 뇌 영역 간 정보를 처리하는 양과 속도 측면이 발전해 가는 형태로 뇌가 진화하는 것이다.

예를 들면 머리의 뒤통수 아랫 쪽에 야구공 만한 크기의 소뇌 조직이 있는데, 소뇌는 운동 조절에 관여한다는 원시적인 가설만이 알려져 있었다. 그러나 20여 년 전부터 소뇌의 다른 새로운 기능이 밝혀졌다. 소뇌에는 대뇌피질에 비해서 주름이 더 많은데, 운동관련 조절능력은 일부 기능이고 오히려 감각의 통합과 조절, 그리고 대뇌피질과 연합하는 학습기능이 더 중요한 역할을 한다는 새로운 사실이 밝혀지고 있다.

인류의 인지능력의 진화 과정은 단순한 뇌 용량의 크기 뿐만 아니라 다른 뇌 부위끼리 새롭게 협력관계를 구축하면서 진화를 거듭하고 있다. 정보를 처리하는 세포의 수가 수천 억 개가 있고, 각 세포마다 각각의 기지국이라고 하는 시냅스가 수백 조가 되는 정보처리 기능을 갖고 있다. 사실 인간의 뇌는 진화를 거듭하면서 크기가 커지기도 했지만 크기보다 기능이 더 정교하게 진화하고 있다.

인간의 뇌는 이미 2만 년 전부터 아날로그 시대를 뛰어넘어 디지털 시대로 진화 방향을 전환하였다. 그리고 인간은 초기 원시시대의 개별적인 개인 생활에서 점차 집단적인 생활을 거치면서 사회적인 동물로 진화하고 분업의 장점을 터득하게 되었고 이제 전문화 시대로 접어들어 뇌 기능도 크기에서 협동과 협력이라는 사회적 기능 중심으로 진화하고 있다. 이제 인간은 개별적으로 홀로 살아가기 어려운 사회적 동물로서 관계 망을 넓히면서 살아가도록 진화하고 있다. 개인적인 행동보다는 집단적인 행동이 훨씬 더 효율적이라는 것이 증명되었다.

그래서 진화론적으로 볼 때 삶에서 개인주의보다는 집단주의가 보다 더 효율성이 크다는 사실을 이해하게 된다. 이제 국가건 가족이건 개인이건 모든 조직은 아무리 힘이 강해도 독불장군으로 혼자서는 외롭고 쓸쓸해서 살아갈 수가 없게 되었다. 반세기 전만해도 이웃집 숟가락이 몇 개인지 알았을 정도로 이웃간 교류가 활발했지만 지금은 극단적인 개인주의와 언론의 자유로 배를 타고 산을 오르자는 사람, 기차를 타고 바다를 건너자는 사람, 걸어서 강을 건너자는 사람들로 북새통이다. 이제는 앞집과 엘리베이터 안에서 매일 만나도 서로 인사도 없이 모른 채 하며 살고 있어서 외로움과 고독의 무덤을 스스로 파고 있는 불행한 시대에 살고 있다.

관계의 심리적 효과와 의미

일명 신경초(神經草, sensitive plant)라고 불리는 미모사(mimosa)는 잎을 건드리면 바로 잎을 옴츠려 반으로 접는 특징이 있는 유명한 식물이다. 이렇게 잎을 옴츠리는 반응은 일종의 방어기제인데, 식물의 운동은 동물보다 에너지 효율성이 매우 낮아서 반응하는데 상당히 많은 에너지를 소모하기 때문에 이러한 움직임이 신기하여 계속 만지면 지나친 스트레스로 시들어 말라 버릴 수 있다. 그러나 사람에 의한 자극이 아닌 자연에 의한 반복적인 자극은 기억을 하고 있어서 자연적인 바람이나 비와 같은 기후에 의한 반복적 자극에는 몇 번 옴츠리는 반응을 하다가 곧 잎을 접는 반응을 멈춘다. 미모사는 자연적인 자극과 일반적인 접촉 자극을 구별할 수 있는 능력이 있는 것이다.

집에 있는 화초에게도 사랑의 마음을 담아 잎도 다듬어 주며 정성껏 물을 주고 키우면 화초도 이런 접촉 관계를 알아차리고 긍정적으로 반응하지만, 귀찮은 마음으로 억지로 키우면 화초도 부정적인 반응을 보이면서 잘 자라지 않는다. 식물들도 주변의 접촉관계라는 자극에 적절히 선택적으로 긍정적 반응도 하고 부정적 반응도 하는 것이다.

동물은 종류에 따라서 동료와 관계를 맺으며 살기보다는 독립적으로 홀로 살아가는 것을 좋아하는 동물도 있지만, 대부분의 동물은 동료와 깊은 관계를 맺으며 함께 살아가기를 좋아하는 사회적 동물이다.

사람들도 근래에 홀로 살기를 좋아해서 혼밥, 혼술, 혼자 여행하며 모든 것을 혼자 행동하고 혼자 결정하기를 좋아하는 1인 가구가 증가하고 있지만 기본적으로 사람은 사회적 동물이기 때문에 관계의 망을 떠나서 홀로 살게 되면 심리적인 외로움과 고독에서 헤어나기 힘들게 된다. 수많은 세월을 집단으로 사회적 관계를 맺으며 진화를 거듭했기 때문이다. 사람은 진화를 거듭하면서 자연과 사람들, 소위 천지인(天地人)과 긍정적인 관계를 맺으며 살아왔다. 그래서 죄수에게 가장 무거운 벌칙은 독방에서 혼자 살게 하는 것일 만큼 누구도 모든 관계를 끊고 살 수는 없다. 그런데 이런 물리적 관계보다 "나와 나와의 관계"가 어떤 다른 관계보다도 더 중요하다는 사실을 알아야 한다.

산업사회를 맞으며 사람들은 도시에 모여 살고 있지만 오랜 동안 자연과의 관계를 온 몸으로 느끼며 살아왔다. 하버드대학의 생물학자 윌슨(Edward Wilson) 교수가 처음으로 바이오 필리아(Biophilia), 즉 "녹색 갈증"이라는 용어를 사용하면서, 현대인은 과학의 발달로 편안한 생활을 하고 있지만 언제나 자연을 느끼고 자연 속에서 살고 싶은 "자연으로의 회귀본능"을 가지고 있다는 것이 인간의 유전적 관계 본능이라고 주장한다. 진화 심리학자들은 인간은 아직도 인류 조상들이 거주하던 아프리카 동부와 비슷한 환경에 본능적으로 이끌리게 된다는 "사바나 가설"을 주장한다.

인간이 최초로 경험하는 접촉 관계는 아마도 출산할 때 엄마의 산도를 통해서 세상에 나오는 순간일 것이다. 요즘은 인공 분만 기술을 빌리고 있지만 자연분만으로 엄마와의 접촉 관계를 충분히 느끼며 출산하고 모유를 먹어야 건강한 아이로 자랄 수 있다. 엄마의 산도를 통해 그냥 미끄러져 나오는 것이 아니라 나선형으로 빙빙 돌면서 온 몸에 강력한 접촉 관계를 흠뻑 받으면서 세상에 나온다. 이런 접촉 관계도 없이 제왕절개술로 세상에 나오면 면역력이 약할 뿐만 아니라 소두아(小頭兒)로 태어나서 지적인 발달에도 장애가 될 수 있다.

동물들은 자기가 낳은 새끼를 끝없이 핥아준다. 특히 머리와 복부를 많이 핥아주며 배변할 때에는 항문도 핥아 준다. 이런 접촉의 의미를 이해하기 위해 염소가 새끼를 낳을 때 새끼의 반은 어미가 키우고, 반은 사람이 좋은 시설에서 키웠다. 몇 주간 키운 다음 두 집단의 새끼에게 어떤 차이가 있는지 머리 부분에서 혈액을 채취하여 성분을 분석했는데 몇 가지 분명한 차이가 있었다.

첫째는 혈액의 양에서 차이가 있었다. 어미기 많이 핥아 준 세끼의 머리에는 많은 혈액이 흘렀는데, 이는 그만큼 많은 영양분이 공급되고 있다는 긍정적인 증거다. 둘째는 성장 호르몬 분비에서 차이가 있었다. 새끼들이 출산 후 가장 빨리 성장해야 할 부분은 머리 쪽인데, 어미가 핥아 주는 행위로 이 영역에 성장 호르몬이 원활하게 공급이 되는 것이다. 셋째는 면역성분에서 큰 차이가 있었다. 핥아주는 부분에 면역 성분이 집중적으로 공급되므로 여러 병원균으로부터 안정적으로 대처할 수 있다. 노인들에게도 마사지라는 신체 접촉관계를 통해 면역력을 강화하면 욕창 등 다양한 피부 질환을 예방할 수 있음을 이미 알고 있다.

아이들은 성장하면서 친밀한 관계를 표현하기 위해서 칭찬이나 귀엽다는 의미로 머리를 쓰다듬거나 엉덩이를 또닥이는 짧은 신체적 접촉 관계를 받으면서 자란다. 인간은 만남으로 자란다는 말이 있듯이 원시 시대의 녹색 갈증을 풀기 위한 대리 대상을 찾고 인간관계를 통해 대리 만족을 느끼려 하는 것이 인간관계의 참 모습이다. 이러한 원초적 접촉 관계를 상실하게 되면, 특히 내가 나와의 관계를 분명히 하지 못하고 나의 정체성을 잃게 되면 사회에서 고립되어 외로움이나 우울증 같은 심리적 부작용으로 고생하게 된다.

사람에 대한 접촉 관계의 효과에 대한 최초의 실험은 아마도 할로우(Harlow)가 1962년에 실시한 원숭이에 대한 "애착 실험"일 것이다. 할로우는 어미와 새끼와의 접촉 관계를 두 가지 조건으로 분리하여 실험을 했다. 한 조건은 어미와 새끼의 관계를 분리하여 "철사"로 조잡스럽게 만든 대리모 인형과 함께 놀도록 했고, 또 한 조건은 "부드러운 천"으로 만든 대리모 인형과 함께 놀도록 했다. 그런 후 실험실을 개방했더니 모든 새끼들이 "철사 대리모"에서 떨어져서 "천 대리모"와 대부분의 시간을 보내며 놀고 있는 것을 알게 되었다. 이 실험으로 새끼와 어미와의 애착관계에서 "수유"가 가장 중요하다고 믿어왔던 종래의 가설에서 접촉이라는 "관계"가 훨씬 더 중요하다는 가설을 주장하는 계기가 되었다.

아프리카 내전으로 부모를 잃은 아이들에게 영양분을 충분히 공급하는 보육원에서 보살폈는데도 계속 아픈 환자가 발생하고 죽어가는 아이들이 발생하였다. 그래서 영양분 공급 이외에 별도로 사랑으로 안아주는 따듯한 접촉 관계를 자주했더니 건강에 상당히 긍정적인 효과를 볼 수 있어서 질병 발병률과 사망률 모두 급격하게 감소하였다. 신체적인 접촉뿐 아니라 심리적인 접촉 관계 모두 건강과 행복에 중요한 역할을 한다는 사실을 확인한 것이다.

사랑하는 가족, 연인과 포옹이라는 물리적 접촉 관계로 감사를 표현하면 옥시토신 호르몬이 분비되어 마음을 안정시켜주고, 면역력도 강화시켜 준다. 뿐만 아니라 코르티졸 호르몬 분비를 억제하여 불면증이나 우울증에서 벗어날 수도 있고, 스트레스 해소에도 도움이 된다. 그러나 무엇보다도 물리적인 포옹이라는 관계는 서로의 유대감을 깊게 형성시켜 준다. 400여 국가를 대상으로 일상적으로 포옹을 하는 국가와 그렇지 않은 국가 어린이의 질병 발병률을 비교해 보았더니 포옹이 질병 발병률을 낮추는 효과가 있음을 확인하였다.

모든 인간은 기본적으로 사회적 동물이기 때문에 크건 작건 부단한 접촉관계 속에서 살아가야 한다. 그런데 근래에 들어 아직은 미숙한 개인주의적인 가치관과 정제되지 않은 표현의 자유로 사람들과의 접촉관계가 위축되어 기껏해야 식구들과의 소통만으로 살아가는 사람들이 많아졌다. 인간은 "관계"라는 영양제를 먹으며 살아야 배가 부르고 건강을 지킬 수 있는 사회적 동물이다. 그래서 뭉쳐서 같이 살게 되면 건강과 행복을 약속할 수 있다. 헤어져서 혼자 살게 되면 외롭고 쓸쓸하여 육체적으로 병에 걸리게 되고 심리적으로 마음의 고독이 찾아와 괴로워진다. 우리는 만남이라는 관계를 통하여 건강과 행복을 찾아야 한다.

사회적 관계를 통한 공유와 협치 정신인 "우분트(Ubunte)"라는 의미를 새기며 통합된 마음으로 행복하게 살아가야 한다. 빨리 가려면 혼자 가고 멀리 가려면 함께 가라고 하는 아프리카 코사족(Xhosa)의 속담이 내 머리 속에서 맴돈다.

행복으로 가는 마음의 길

한국은 세계 205개 국가 중 경제 규모로 10위권에 드는 강국이다. 세계적으로 GNP가 3만 달러를 넘게 되면 경제적으로 선진국에 진입했다고 하는데, 우리의 경제는 2018년에 이미 31,349 달러에 이르렀고, 현재 35,000 달러를 넘어섰다. 이제 1인당 GNI로 계산해도 세계 32위에 오른 경제적으로 부자 나라가 되었다. 해방이 되면서 1953년에 1인당 GNP가 겨우 67달러였지만 70여 년이 지난 현재의 경제규모가 500배 이상 증가했다. 그런데 우리의 행복 수준은 경제 강국으로서 체면이 부끄러울 정도로 세계 153개 조사대상 국가 중에서 60위권으로 겨우 중위권에 있다. 경제적으로 부유하지만 행복수준은 너무 낮은 순위에 올라 있어서 실망감이 크다.

어떻게 사는 것이 행복하게 살아가는 최선의 방법이 될까? 무엇보다도 가장 중요한 것은 물질에 대한 집착에서 벗어나 마음이 부자인 성숙한 사람이 되어야 한다. 이웃들과 비교하기보다 각자의 적절한 분수를 지키며 살아야 한다. 북유럽 국가들은 경제적으로도 부유하여 충분한 사회복지시설을 갖추고 빈부격차도 적고 인구밀도까지 낮아 이웃과의 비교도 흔하지 않다. 그러므로 우리도 이런 경제 중심적인 측면보다는 경제 외적인 생활가치관에서 행복한 이유를 찾아서 우리도 행복 선진국으로 가기 위해 배워야 할 것이 무엇인지 알아 봐야 한다.

그러기 위해서는 행복 국가 최상위에 있는 북유럽의 정치 지도자들의 생활태도부터 알아보려고 한다. 그들의 청렴도는 세계에서 가장 높다. 국제 투명성기구가 발표한 부패인식지수(CPI, 2021) 순위에서 덴마크, 뉴질랜드, 스웨덴, 핀란드, 스위스 등 북유럽 국가의 청렴도가 가장 높으며 한국은 32위에 올라서 싱가포르, 홍콩, 일본, UAE, 부탄, 타이완, 카타르 등 아시아 중동지역 국가들이 모두 우리보다 청렴도에서 우위에 있다. 그럼에도 우리나라가 전년도 33위에서 32위(2021)로 한 단계 올라 선 것에 대해 역대 최대 성적이라며 정부의 반부패 개혁의지의 결과라면서 그간의 비결을 밝히는 보도를 했던 기억이 있다.

스웨덴의 최연소 부총리였던 살린(Mona Sahlin)이 1995년에 마트에서 가족에게 선물할 초코릿, 아기 기저귀 등 34만원 상당의 개인용품을 법인카드로 구입했다고 해서 국민의 공분을 사서 사임했던 일이 있다. 스웨덴의 엘란데르(Tage Erlander)는 스웨덴 국민이 가장 존경하는 청렴했던 정치인으로 무려 23년(1946~1969) 연속으로 총리를 역임했다. 그가 별세한 후 부인이 집에서 짐을 정리하다가 정부 마크가 새겨진 펜을 발견하고 총리실에 찾아가 이를 반납했다는 유명한 이야기가 전해지고 있다. 스웨덴은 1776년에 세계 최초로 모든 정부기록문서에 대한 접근권은 당연히 국민의 권리라면서 어제 총리가 누구와 어떤 음식을 얼마나 먹었는지를 물으면 오늘 바로 상세하게 그 내역을 알 수가 있다.

핀란드는 매년 11월 1일을 기점으로 전국 세무서의 전용 PC를 통해 전 국민의 과세 데이터를 공개한다. 다른 사람이 얼마를 버는 지, 그래서 얼마의 세금을 내는 지 확인을 할 수 있어서 이 날은 "질투의 날"이라는 별명이 붙기도 한다. 공무원이 아닌 개인도 국민의 눈높이에 맞지 않는 행동을 하면 그의 신분에 준하는 벌금을 납부해야 한다. 핀란드의 핀리틸라 그룹 야리 바르 회장은 2009년에 겨우 제한 속도 1km를 초과했다고 11만 2000유로(약 1억 6천만 원)의 벌금을 냈고, 스위스의 한 부자는 제한 속도를 40km를 넘겨서 29만 9천 스위스 프랑(약 4억 4천 300만 원)의 벌금을 내야 했다. 똑같은 위법행위를 저질렀어도 사회적 지위와 재력에 따라서 부과되는 벌금액은 크게 달라진다.

이처럼 누구나 평등하게 살아야 한다는 사고가 생활철학으로 자리를 잡는 데는 바이킹의 정신이 크게 작용했다. 바이킹은 서기 800년부터 약 300년 동안 해적 활동했는데 빼앗은 물품을 모두 똑같이 공평하게 분배하는 것이 중요한 규칙이었다. 만약에 졸병이 금팔찌를 숨겼다가 발각이 되어 곤장을 10대 맞았다면 지도자인 부두목의 경우는 100대를 맞는 식으로 지도하는 위치와 직급에 따라서 벌칙이 차등 적용된다. 우리는 바이킹을 해적이라는 의미에서 부정적 시각을 갖고 있지만 북유럽인은 선조인 바이킹으로부터 평등사상과 지도자의 무거운 책임감과 같은 정신을 깊이 실천하고 있다. 이런 철학으로 지금 그들은 경제적인 빈부차이 없이 모두가 평등한 수입을 보장 받으며 이웃의 수입과 지출 내역도 언제든지 열람할 수가 있어서 누가 과소비하는지 근검절약 하는지를 상세히 알 수가 있다. 그러기 때문에 평등을 넘어 과소비를 즐기는 사람은 이웃의 따가운 눈총을 받으며 살아야 한다.

장관, 국회의장, 의원들은 모두 버스나 지하철을 이용하는데, 간혹 택시를 타면 뉴스에 나올 정도다. 북유럽 국가 국회의원은 대부분 자전거나 대중교통을 이용하여 출퇴근 한다. 스웨덴 국회의원 월급은 830만 원 정도이며 비서나 보좌관은 따로 없으며 두 명의 의원들에게 공동으로 한 명의 조사관이 배정될 뿐이다. 그리고 점심으로 도시락을 먹는 것도 상식이 되었다.

스웨덴의 국회의원도 당연히 근로자로서 어떤 특권도 없다. 업무로 인해 비행기를 이용해도 가장 값이 싼 좌석을 이용하고 택시보다 대중교통을 더 많이 이용한다. 자택이 의사당에서 50km 이상 떨어져 있으면 거실이 포함된 방 두개인 낡은 아파트를 따로 배정받는 것이 특혜의 전부다. 회의에 전원 참석하는 것이 원칙이며 출장이나 병이 나면 확인서를 제출하고 대리인이 참석해야 한다. 4년 임기에 입법 발의도 하지 않게 되면 근무태만으로 퇴출압력을 받는다. 정부로부터 예산 지원을 받지 않는 순수한 민간인의 기부금으로 운영되는 수 만개 단체들의 감시를 피할 수 없기 때문이다. 시의원들은 국회의원보다도 더 큰 희생과 봉사로 보수도 어떠한 특권도 없는 순수한 명예 봉사직이다. 우리 정치인과 행정 관리들은 하루가 멀다 하고 선진국을 시찰(?)하고 다니는데 도대체 무엇을 보고 배워오는지 모르겠다.

이런 지도자들의 청렴, 봉사, 희생정신은 바이킹의 정신이 녹아 있는 가치관에서 찾아 볼 수 있다. 국민들의 가슴 속에는 "얀테(Jante)의 법칙"이 숨겨져 있다. "보통 사람의 법칙"이라 하기도 하는데 덴마크와 스칸디나비아 지역에서 통용되는 개념이다. 산데모세(Sandemose)가 쓴 풍자 소설인 "도망자"에서 주인공이 지켜야 할 지침이었는데, 마을에서 "보통 사람들"보다 똑똑하거나 잘 난 듯이 처신하게 되면 이 법칙에 따라 이상한 사람으로 취급을 받게 된다.

그의 소설에서 지켜야 하는 "보통사람 법칙"은 다음과 같다.

1. 당신이 특별한 사람이라고 생각하지 말라.
2. 당신이 남들보다 좋은 사람이라고 착각하지 말라.
3. 당신이 다른 사람들보다 더 똑똑하다고 생각하지 말라.
4. 당신이 다른 사람보다 더 낫다고 자만하지 말라.
5. 당신이 다른 사람보다 더 많이 안다고 생각하지 말라.
6. 당신이 다른 사람보다 중요하다고 생각하지 말라.
7. 당신이 모든 것을 잘 한다고 생각하지 말라.
8. 다른 사람을 비웃지 말라.
9. 다른 사람이 당신에게 관심 있다고 생각하지 말라.
10. 당신이 다른 사람에게 무엇이든 가르칠 수 있다고 생각하지 말라.

이런 불문율을 깨는 사람은 마을의 공동체를 깨는 적으로 간주된다. 노르딕 지역에 퍼진 행동지침으로 평범함에서 벗어나려는 행동이나 개인적으로 야심을 품는 행동은 적절하지 못한 것으로 인식하도록 하는 사회적인 규칙으로 자리를 잡고 있다. 금권력과 권위의식은 통할 수도 없지만 그렇게 행동하는 사람들은 부끄러운 행동으로 손가락질을 당한다.

스웨덴 국민들에게 일반화된 라곰(Lagom)이란 가치관도 알아두어야 할 필요가 있다. "너무 많지도 너무 적지도 않은"이라는 뜻으로 일과 삶의 균형을 뜻하는 "워라벨(work and life balance)"이라고 하는 생활철학으로 바쁜 일상 속에서 여유와 행복을 찾으려고 한다. 지나치지 않는 "적당함"을 삶의 가치로 삼고, 야심찬 계획보다는 충분히 실현이 가능한 계획을 세우고, 작은 성취를 축하하며, 나를 아끼고 기꺼이 거절하는 예의를 익힌다. 행복의 기준을 관계, 친밀함, 편안함, 화목함, 평등함에서 찾으려 노력한다. 라곰이라는 뜻은 우리 문화의 과유불급(過猶不及)과 유사한 의미다. 그들은 가급적 새로운 것을 사지 않고, 오래된 물건에 더 큰 가치를 두고, 지금 가지고 있는 것으로 이미 충분하다고 생각하며 살아간다.

핀란드 사람도 "보통사람 법칙"이라는 도덕적 규범을 잘 지키며 살고 있지만, 특히 그들은 자신의 취미나 여가 활동을 직업이나 가정의 일만큼 중요하게 생각한다. 취미와 여가 활동도 자기 계발과 관련되어야 하는 것으로 인식하기 때문에 거기에서 무엇인가를 배워야 한다는 뜻이 강하다. 그래서 그들은 취미와 여가 활동도 자기계발과 관련이 있는 것을 선택한다. 집을 수리하는 일, 텃밭 가꾸는 일, 요리하는 일, 자동차를 고치는 일에서부터 수영과 같은 운동이나 여행, 동물과 철새를 연구하는 일, 환경 운동 등등 모든 취미와 여가 활동을 전문가 수준에서 관여한다. 돈 좀 있고 여유가 있으면 맛 집에서 맛있는 음식을 먹고 마시고 노래하고 노는 소비적이고 향락적인 여가활동에 빠져있는 우리의 여가문화와 비교하면 큰 차이가 있다.

행복 선진국들은 이처럼 경제적으로는 검소하여 경제동물(Economic Animal)로 행동하는 것을 부끄러워하고, 정신적으로 일과 가정과 여가활동의 균형을 중요하게 지키려 하고 친구와의 친밀한 인간관계 망을 확충하려는 삶의 목표를 가지고 살아간다. 이에 비해서 우리의 현실은 높은 자리에 올라서서 출세하고 돈도 많이 벌고 소비도 많이 하는 부자를 성공의 기준으로 삼으려 할 뿐 인격적으로 훌륭하고 검소하게 살아가는 것을 성공 기준으로 보지 않는다. 언론도 벼락같이 출세하거나 부자가 되어 흥청거리는 사람을 전국에 방송하면서 시청자들을 유혹시키고 있어서 언론의 사회적 기능을 다시 한 번 음미하게 한다. 경제적으로는 선진 대열에 합류했지만 3등급 언론에 장단을 맞추어 춤추는 병든 3등급 정치권과 국민의 의식구조, 그리고 3등급 교육 정책을 개혁하는 전반적인 운동을 전개하지 않는다면 선진국으로 가는 행복의 길은 험난하기만 할 것이다.

그러나 다행스럽게도 이제 행복으로 가는 긍정적 희망이 보이기도 한다. 미국의 뉴스앤월드리포트(USNWR)가 세계의 85개 국가에서 1만 7천여 명을 대상으로 정치, 경제, 군사력을 중심으로 "2022 세계에서 가장 강력한 국가" 순위를 조사하여 발표하였다. 미국, 중국, 러시아, 독일, 영국에 이어 한국이 6위에 올라 있어서 세계의 강국으로 화려하게 등장했다. 이에 더욱 희망적인 사실은 행복을 이기적인 부귀 개념에서 이타적인 개념으로 확장해 나가고 있다는 징후가 보이고 있다는 사실이다. KBS, 한국정치학회, 사회학회가 공동으로 조사한 "2023년 신년 여론조사"에 의하면 인생에서 가장 중요하게 여겨 왔던 부귀의 가치인 현금과 자산(37%)이란 가치보다 인간관계(54%)를 더 중요하게 생각하기 시작했다는 점이다. 이기적 가치에서 이제 이타적 가치를 중요시하는 변화조짐이 있다는 희망을 발견할 수 있다.

아프리카 속담에 "빨리 가려면 혼자 가고 멀리 가려면 함께 가라"는 말이 있듯이 사람들은 사회적 동물로 관계의 망을 떠나서 혼자서 살 수는 없다. 돈과 권력과 법적인 대처만을 중요시 하던 사회에서 이제 양심과 도덕과 예의를 중시하는 인간관계 중심 사회가 중요하다는 것을 인식하기 시작했다는 의미로 해석이 된다. 삶의 가치관을 부귀영화라는 생존본능에서 인간관계의 망을 확장하려 한다는 점에서 행복 선진국을 향한 첫발을 떼기 시작했다는 것에 의미를 두고 싶다. 행복한 삶을 위해 인간관계의 망을 중시하는 마음의 부자가 되는 것이 무엇보다 중요하다.

나가는 말

행복에 영향을 주는 요인을 유전, 환경, 의도적 행동 등 세 가지 영역으로 나눠서 설명했다. 이론적으로 행복에 가장 큰 영향을 끼치는 요인은 제1장에서 논한 유전이다. 유전 요인 중에서 가장 크게 영향을 미치는 것은 물론 생식본능과 관련된 성적 행동이다. 자기의 유전자를 많이 남기기 위해서 외모를 최대로 아름답게 꾸며 이성에게 성적 매력을 풍기려 한다. 수컷의 이런 행동을 대표하는 "황소의 법칙"이 있다. 황소는 암소에 대한 욕심으로 자신이 짝짓기를 하지 않았던 암소가 남아있는 한 동일한 암소와는 절대로 짝짓기를 반복하지 않는다.

심리학 용어에 "쿨리지 효과(Coolidge Effect)"라는 말이 있다. 미국의 30대 대통령을 역임한 쿨리지(Coolidge) 대통령 부부의 일화에서 비롯된 용어지만, 동물 행동학자 비치(Beach)가 대통령 개그로 꾸민 농담이다. 대통령 부인이 농장주에게 "수탉은 하루에 몇 번 암탉과 관계를 갖느냐"고 물었는데, 농장 주인은 "수탉은 암탉과 매일 여러 번의 관계를 갖는다"고 대답했다. 부부관계가 시원찮은 대통령에게 이 의미를 잘 이해하라는 뜻이었다. 대통령도 농장주에게 "수탉은 항상 같은 암탉하고만 관계를 갖느냐"고 물었더니 농장주는 "수탉은 항상 다른 암탉하고만 관계를 갖는다"고 말했다. 대통령이 부인에게 이 내용을 당당하게 전해 주었다. 이런 유머가 뜻하는 것은 가능하면 유전자를 많이 남기고자 하는 생물학적 비밀 지령서를 설명하고자 하는 것이다. 이러한 성적 외도는 학력이나 지위와는 상관없이 벼락같이 내려지는 생물학적이면서 동물적인 지령이며, 이를 실행할 실천의 문제는 인격이라는 인간성에 의해 최종 결정된다. 성적 외도는 동물적인 성적 충동과 인간적인 인격과의 싸움에서 이기는 쪽으로 결정되는 문제이다.

제2장에서는 행복에 영향을 미치는 환경요인에 대해서 알아보았는데, 환경요인 중에서 가장 중요하게 다룬 요인은 부귀와 관련된 돈에 관한 것이었다. 그런데 행복에 영향을 주는 부귀와 관련된 물질과 환경적 요인은 행복에 예상보다 훨씬 적은 영향을 미친다. 분명한 것은 돈으로는 의사는 살 수 있어도 건강은 살 수가 없으며, 화려한 주택은 살 수가 있지만 행복한 가정은 살 수가 없다. 다시 말하면 행복이란 금권이나 권력으로는 절대 살 수가 없다는 의미이다. 우리가 평생 돈과 권력을 위해 고생하면서 살아 왔지만 돈과 권력만으로는 행복을 약속하지 못한다는 것은 그것이 기껏해야 불만족요인에 해당하기 때문이다. 삶을 살아가며 경험하는 불만족요인은 부족하고 없으면 불편하지만 불만족요인이 충족되었다고 만족이나 행복수준을 올려주지는 못한다. 돈 많고 권력이 있으면 삶에서 불편한 것은 없어지겠지만 그렇다고 그것이 만족과 행복한 생활을 보장하지는 못한다는 의미다. 이에 대해서는 "이스털린 역설"로 잘 설명했다.

지금까지 우리는 삶에서 경제적인 돈이 부족해서 불편하고 힘든 생활을 했지만 해방 이후 짧은 기간에 궁핍한 경제생활을 거의 해결했다. 물질적 경제적인 수준은 이제 세계 선진 대열에 올라섰다. 미국 US News지가 경제, 군사, 통신, 외교력 등을 중심으로 조사한 세계 10대 강대국 순위 통계(2022)에서 한국은 당당하게 6위에 올랐다. 행복하게 살기를 원치 않는 사람은 없지만, 행복을 약속한다고 생각하는 조건은 국가마다 사람마다 다 달라서, 누구는 돈이 많아야 행복하고, 누구는 높은 자리까지 출세를 해야 행복하고, 누구는 평등과 자유가 보장되어야 행복할 수 있다고 한다. 그런데 우리들은 지금까지 돈을 많이 벌거나 높은 자리에 출세를 한다는 것, 즉 부귀 욕구만이 행복할 수 있는 조건이라고 잘못된 생각을 해왔다.

방정환재단이 지난해에 공개한 "한국 어린이, 청소년의 행복지수" 결과를 보면 이러한 사실을 확인할 수 있다. 조사 대상 OECD 22개국 중에서 한국 어린이 청소년의 행복지수는 22위로 최하위인데, 행복을 위해서 필요한 것으로 돈과 성적과 자격증 등 물질적 가치를 꼽은 학생이 38.6%로 가장 많았다. 2009년도 조사와 비교하면 가족, 친구 등 "관계"라는 가치를 선택한 비율은 10.8% 줄어든 반면에 "물질적 가치"는 9.5% 증가했다. 우리 학생들은 아직도 돈, 성적, 자격증 등 물질적인 것이 행복의 척도라고 여기는 증거다.

마지막으로 제3장에서는 행복에 영향을 미치는 의도적 행동에 대해서 살펴보았다. 행복에 영향을 미치는 의도적 행동은 사실상 행복과 불행을 결정하는 중요한 역할을 한다. 마음먹기에 따라서 행복하지 못한 유전자 씨앗도 새싹이 트지 못하게 할 수 있고, 부귀와 관련된 물질적인 환경이나 경제적인 돈 문제도 얼마든지 의도적 행동으로 극복해 낼 수 있기 때문이다.

우리들은 그 동안 건강과 행복에 별로 도움이 되지 않는 돈과 출세를 위해 평생을 고생하며 살아온 세월에 대해 이제 한 번 쯤 되돌아 볼 시기가 되었다. 우리들은 지금까지 많은 자손들을 남기려는 생식본능에 충실했으며, 더 좋은 것을 먹고 더 잘 살기 위해서 풍부한 먹거리와 호화스런 주택을 마련하고, 더 아름답게 치장하고 더 화려한 옷을 입기 위해서 생존본능에 목숨을 걸고 합법과 불법을 동원하며 격렬하게 살아왔다. 그런데 우리가 지금 전심전력으로 살아왔던 이러한 생식본능과 생존본능은 하찮은 동물들도 모두 살아가면서 추구하는 일반적인 행동에 불과한 것들이다.

이제는 우리도 힘들게 먹고 사느라고 방치했거나 잊어버렸던 관계망을 다시 회복시켜야 할 때가 되었다. 사람으로 태어나 생식본능과 생존본능에만 힘을 쏟는다면 동물 그 이상도 이하도 아니다. 진정한 인간의 모습을 보이기 위해서는 동물 이상의 또 다른 인간적 욕구에 충실해야 한다. 그러한 인간적인 욕구가 바로 행복을 추구하는 행동이다.

행복은 삶의 목표가 아니라 과정 그 자체다. 맛 좋은 과일을 수확하기 위해서 농부가 1년 내내 땀을 흘리며 열심히 가꾸어 가을에 추수하지만 행복은 1년 내내 땀을 흘리다가 가을에 수확하는 것이 아니라 매일 과일나무를 가꾸어가는 과정 자체가 행복이어야 한다. 이것저것을 참고 견디며 살아가다 마지막에 행복이라는 목표점에 도달하는 것이라고 생각한다면 이러한 생각은 잘못된 삶이다. 이제 우리가 살아가는 삶의 목표가 항상 이웃과 경쟁해서 승리하여 더욱 더 높은 자리에 오르고 이웃보다 더 많은 돈을 벌어 부자가 되어 더 잘 먹고 더 많이 소비하는 꿈을 꾸는 것이 아니라는 것을 깨달아야 한다.

행복의 가치를 행복 진화론적 입장에서 살펴보면 제1 단계에서는 생식본능과 생존본능을 위해 자신만의 경제적인 부귀에 집중한다. 그리고 이 욕구가 충족되면 제2단계로 관계의 망을 "나" 중심에서 "너"로 확장한다. 이기적인 개인주의 가치관에서 이타적인 가치관으로 이동하는 단계이며, 동물적 욕구에서 인간적 욕구로 이동하는 단계이기도 하다. 그런 후 다음 단계에서는 관계의 망을 나와 너를 넘어서 "우리"까지 확대해 가고, 마지막으로 모든 환경이라는 "공동체"로 확대해 가면서 발전해 나간다. 그러므로 가장 큰 행복의 수준은 모든 공동체와 함께 공유하는 가치에서 발견하게 된다.

이와 같은 논리를 입증하는 방대하고 실증적이고 결정적인 연구 결과가 있다. 하버드대학의 월딩어(Robert Waldinger)가 75년간 쌓아온 자료를 근거로 "무엇이 행복을 결정하는가?"라는 연구결과(2015)를 발표했다. 연구에 의하면 행복은 우리가 삶의 목표로 믿어왔던 돈, 권력, 명예에 있지 않았다. 평생 동안 열심히 노력해 온 과정을 통해 얻는 성취감도 행복에 그렇게 큰 역할을 하지 못했다. 연구에서 밝혀진 행복의 조건들은 바로 "인간관계"였다. 이러한 인간관계에서 가장 중요한 기본 단위가 가족관계인데, 가족을 의미하는 영어의 "Family"는 Father and Mother I love you, 즉 "아버님 어머님 저는 두 분을 사랑합니다"라는 첫 글자를 모아서 만든 단어라고 생각해 본다.

이러한 사실을 입증하는 또 다른 최근의 자료가 있다. 국제연합(UN)이 세계행복보고서를 출간한 10년 동안의 자료를 분석하여 행복을 이끄는 가장 중요한 것이 무엇인지를 추적해 보았다. 그 결과 "친사회적 사회(Prosocial Society)"가 행복을 만드는 가장 중요한 요인이라는 것을 알 수 있었다. 즉 사회적 연관성, 공동체 정서, 신뢰 등과 같은 친시회적 요소들이 행복과 밀접한 관련이 있는 것으로 확인 되었다. 특히 한국인의 행복지수를 설명하는 지표 중에서 1인당 GDP와 기대수명 등은 비교적 상위권에 있지만, "삶을 선택할 자유"에 대해서는 개혁이 필요하다는 분석이다. 다시 말하면 사회적 지지, 관용, 부패인식 등에 대해서는 상당한 개선이 요구되는 것으로 분석되었다.

이처럼 행복에 가장 중요한 역할을 하는 우리들의 "관계의 신뢰도"는 안타깝게도 세계 최하위권에 있다. 영국의 레가툼(Legatum)연구소가 발표한 "2023 번영지수"에서 관계의 신뢰도 지표인 "사회적 자본지수"가 167개국 중에서 107위로 하위권에 있다. 동아시아-태평양 18개 국가 중에서도 15위로 이웃 일본과 중국에 비해서도 훨씬 낮다. 사법 시스템(155위), 군(132위), 정치(114위), 정부(111위)에 대한 신뢰도는 하위권이며, 노동시장 유연성(158위)은 만년 꼴찌를 면하지 못하고 있다. 정치, 사법, 입법권은 물론 시민단체와 노조 등 비영리 단체에 대한 사회적 신뢰도 역시 바닥권에 있다.

방송뉴스 신뢰도 순위도 46개 조사 대상 국가 중에서 41위로 최하위 수준이다. 영국 로이터 저널리즘 연구소가 발표한 "2023 디지털 뉴스 리포트"에 의하면 한국의 뉴스 신뢰도는 28%로 10명 중에서 7명은 뉴스 내용을 믿지 않는다는 뜻이다. 가짜 뉴스로 인한 경제적 손실이 얼마나 되는지를 연구한 현대경제연구원의 보고에 의하면 2017년 한 해 동안의 연간 피해액이 30조 900억 원에 이른다고 한다. 가짜 뉴스 건수를 실제 기사의 1%로 가정한 예측이지만 이는 GNP(2015)의 1.9%에 해당하는 수준이라고 한다.

그러면 일반 국민들의 신뢰도는 믿을 만한가? 지나치게 개인주의적인 가치관으로 상대방의 "다름"을 인정하고 공유하고 조정하려는 협력적인 관계보다는 상대방 의견을 "틀림"으로 해석하고 싸워서 이기겠다는 경쟁과 투쟁의 관계로 갈등만을 일으키고 있다. 그래서 가정에서는 부부관계, 부모-자식 관계, 친척간 관계의 신뢰도가 낮아졌고, 산업계에서는 상하 관계, 기업에서는 노사 관계, 교육계에서는 학교와 교사관계, 교사-학생 관계, 국민과 시민단체 등 대부분의 가정이나 사회 전반에서 관계에 대한 신뢰도가 모두 바닥권이다. 해방 이후 국가의 교육방향이 오직 부귀를 얻기 위한 수단에만 집중되어 있고, 가족 단위의 붕괴로 형제와 친인척 간의 관계도 멀어지고 가정교육을 시킬 수 있는 어른이나 밥상머리 교육을 시킬 수 있는 집안의 어른도 존재하지 않아서 인격과 윤리관을 배울 기회가 없어진 탓이다.

월딩어는 관계가 행복에 미치는 상관성을 다음과 같이 요약하고 있다. 첫째는 가족, 친구, 공동체와의 연결의 망이 많을수록 행복 수준도 높았다. 인간관계 연결의 망이 단절되어서 느끼는 외로움은 행복 수준을 떨어뜨리고 정신적인 건강에도 나쁜 영향을 준다. 둘째는 얼마나 많은 연결을 하고 있느냐보다는 "친밀도"가 중요하다. 친밀도가 높은 관계 망을 갖고 있으면 행복 수준도 그만큼 더 높아진다. 관계 망의 "양"보다 "질"이 훨씬 더 중요하다는 의미다.

논어 19장에 구이경지(久而敬之)라는 말이 나온다. 제(齊) 나라 때 5척 단신이었던 안평중(安平仲)은 비록 외모는 보잘 것이 없었지만 주위 사람들과 참으로 잘 사귀었다는 것을 공자가 제자들에게 설명하는 대화의 일부분이다. 인간관계에서 가장 중요한 것은 아무리 가깝고 오래 사귀었어도 서로 존경하는 태도를 잃지 않아야 한다는 뜻이 있다. 가까운 사이라며 격의 없이 말을 함부로 하고 거칠게 대한다면 상대방에게 자칫 상처를 줄 수 있다. 더 조심하고 더 배려해야 좋은 관계가 유지될 수 있으며 아무리 가깝거나 어려운 관계에 있어도 충심으로 진실을 직언할 수 있어야 한다.

행복 선진국을 따라가다 보면 이기주의적 가치관에서 점차 이타주의적 가치관으로 관계의 영역을 넓히고 있음을 알 수 있다. 우리도 아직은 관계의 망이 부모-자녀 관계에 국한되어 있지만 나 자신만의 개인적이고 이기적 가치관에서 이타적인 가치관으로 한 걸음 확장해 가려하는 자료를 볼 때에 행복 선진국으로 가는 첫발을 떼기 시작했다는 긍정적인 신호를 읽을 수 있다.

사람들은 누구나 수명을 다 할 때까지 아프지 않고 건강하고 즐겁게 편히 오래 살고 싶어 한다. 그런데 그렇게 살기 위한 가장 좋은 방법은 행복한 마음으로 살아가야 한다. 행복한 마음으로 살아가기만 한다면 통계적으로 건강하게 고생하지 않고 편안하게 수명을 10년에서 20년 정도 더 늘릴 수 있을 뿐만 아니라 직업과 취미의 세계에서도 의미에 몰입하면서 창조적인 재미를 느끼며 일 할 수 있고, 사람들과의 사회적 관계에서도 친밀한 우정 관계를 나눌 수 있다.

우리는 지금까지 부귀라는 삶의 목표에서 벗어나지 못하고 오직 돈과 권력의 가치에만 매달려 살아왔기 때문에 가족 간의 화목한 관계망 유지와 건전한 여가활동에는 무관심했다. 이제 우리도 행복 선진국으로 가기 위해 일과 가정과의 균형을 넘어 "일과 가정과 관계"라는 3박자의 균형을 유지하는 의식개혁을 전개해야 한다. 그런데 일과 가정과의 균형을 뜻하는 우리의 워라벨(Work and Life Balance) 수준은 아직은 OECD 국가 중에서 최하위권에 머물러 있다. "보건사회연구"에 발표된 노혜진(2023)의 논문에 의하면 노동시간의 적절성은 31개 OECD 국가 중에서 하위 세 번째로 29위이며, 가족시간 보상수준은 20위에 머물러 있다. 노동시간은 과도하게 길고, 가족과 보내는 시간은 너무 짧아서 일과 삶의 균형이 전혀 조화를 이루지 못하고 있다. 여기에 얼마 되지도 않는 짧은 여가 시간을 보내는 내용에 대해서도 한 번쯤 재고해 보아야 할 필요가 있다. 먹고 마시고 떠들고 노는 향락적인 소비문화와 단순한 관람으로 즐기려는 여가활동에서 벗어나 참여하는 적극적인 여가활동으로 바꾸어야 한다. 자기 계발과 관련되는 생산적이고 전문적인 활동을 통하여 사회적 관계 망도 확장하는 여가활동으로 전환하여야 한다. 물론 "일과 가정과 관계"라는 삶의 목표를 성취하기 위해서 항상 긍정적인 마음으로 감사하고 웃음이 넘치는 생활을 해야 행복한 세상을 꿈꿀 수 있다.

이와 같은 삶의 목표와 과정에 대한 혁신적 개혁을 위해서 국민간 빈부격차를 줄여서 누구나 보통 사람으로 평등하게 살 수 있는 사회 경제적인 기본이 마련되어야 하지만, 철학, 정치, 경제 등 관련 분야에서 그 해법들이 깊이 논의 되어야 한다. 그리고 심리학 분야에서도 그간 미숙한 개인주의적 가치에 바탕을 둔 서양식 이론과 기법을 넘어서 우리의 문화배경과 가치관에 맞는 한국식 이론과 기법들을 개발해야 한다. 이제부터 한국인의 행동을 설명하고 이해하고 도움도 줄 수 있는 "한국 심리학"의 이론과 여러 기법들이 대안으로 제시되어야 한다.

도킨스가 이기적 유전자도 사회적 문화적 환경에 따라서 변화하고 진화한다고 말하고 있기 때문에 우리의 미성숙한 개인주의적인 유전자도 계속해서 사회적 동물로서 보다 성숙한 집단주의적 관계의 망을 강화하는 이타적 유전자로 변화하고 진화하게 될 것이다.

행동주의 심리학의 창시자인 제임스(William James)는 인간은 자기의 태도를 바꾸어서 스스로 자신의 인생을 변화시킬 수 있는 위대한 능력을 가지고 태어났다고 말하면서 생각을 바꾸면 태도가 바뀌고, 태도가 바뀌면 행동이 바뀌고, 행동이 바뀌면 습관이 바뀌고, 습관이 바뀌면 운명이 바뀌고, 마침내 운명이 바뀌면 행복이 찾아온다고 주장했다. 정말로 모든 것은 생각하는 대로 된다는 말을 믿어야 한다.